中国经济
文库
应用经济学精品系列

中国经济文库·应用经济学精品系列（二）

U0962126

王文涛
张秋龙 ◎著

# 国际化市场化背景下粮食目标价格补贴制度试点及演变研究

Research on The Pilot and Evolution of Grain Target Price Subsidy System under The Background of Internationalization and Marketization

中国经济出版社
CHINA ECONOMIC PUBLISHING HOUSE
北 京

**图书在版编目（CIP）数据**

国际化市场化背景下粮食目标价格补贴制度试点及演变研究／王文涛，张秋龙著．--北京：中国经济出版社，2022.6

ISBN 978-7-5136-6798-2

Ⅰ．①国… Ⅱ．①王…②张… Ⅲ．①粮食-价格补贴-财政政策-研究-中国 Ⅳ．①F326.11

**中国版本图书馆 CIP 数据核字（2021）第 281135 号**

责任编辑　孙晓霞
责任印制　马小宾
封面设计　华子图文

**出版发行**　中国经济出版社
**印 刷 者**　北京九州迅驰传媒文化有限公司
**经 销 者**　各地新华书店
**开　　本**　710mm×1000mm　1/16
**印　　张**　15
**字　　数**　220 千字
**版　　次**　2022 年 6 月第 1 版
**印　　次**　2022 年 6 月第 1 次
**定　　价**　68.00 元
**广告经营许可证**　京西工商广字第 8179 号

**中国经济出版社**　**网址** www.economyph.com **社址** 北京市东城区安定门外大街 58 号 **邮编** 100011
本版图书如存在印装质量问题，请与本社销售中心联系调换（联系电话：010-57512564）

# 前言 Preface

粮食补贴政策事关国家粮食安全、农民收入和国际贸易摩擦大局。粮食目标价格补贴制度具有价格支持和收入支持双重特征，在发达国家有悠久的历史，但在我国还是一种新生事物。由于应对国际粮食竞争及适应国内外环境变化的需要，我国的粮食目标价格补贴制度在先期探索的基础上，经历了从试点到演变的过程，而且会继续演变。

2001 年我国加入世界贸易组织（World Trade Organization，WTO），开始实行高度开放的贸易政策，受国内粮食生产成本提高等因素影响，粮食进口对我国粮食生产形成一定的冲击。2008 年国家发布的《国家粮食安全中长期规划纲要（2008—2020 年）》就提出探索研究建立适合中国国情的粮食目标价格补贴制度。自 2014 年起，我国为应对粮食生产量、库存量和进口量三量齐增的难题，在东北三省和内蒙古自治区进行大豆目标价格补贴制度试点，以期取得粮食目标价格补贴经验，向其他粮食作物推广。但是，大豆目标价格补贴政策试点的实施，似乎没有取得理想的政策效果，其经历了从饱受争议到最终演变为粮食生产者补贴制度的过程。2016 年，我国对玉米实施生产者补贴制度，政策效果较好。为此，自 2017 年起，我国就将大豆目标价格补贴政策定为生产者补贴制度，自 2018 年起，我国对稻谷在降低最低收购价的基础上实施粮食生产者补贴制度。但是，中国的粮食生产者补贴制度受美国向 WTO 起诉中国农业国内支持案等外部影响而继续改革。2016 年，美国向 WTO 发起了针对中国农业国内支持的诉讼（DS511案），最终专家组报告指出我国必须改革相关制度。为此，2019 年中央一号文件提出要按照适应 WTO 规则的原则，抓紧研究制定完善农业支持保护政策的意见，2020年，我国首次宣布对稻谷、小麦实施限量收购。随着我国农产品市场的进一步开放，特别是《中美第一阶段经贸协议》的签署，国际市场对我国粮食市场的冲击还会进一步加强，如何保护我国的粮食市场，制定并实施适应WTO规则和减少贸易摩擦的粮食补贴制度，需要我们不断加强理论与实践研究。

本书紧密结合粮食国际化、市场化的现实背景，以《中共中央国务院关于坚持农业农村优先发展做好“三农”工作的若干意见》等文件精神为指导，综合运用统计学、国际经济学等多学科知识，从界定粮食目标价格概念入手，围绕粮食目标价格补贴制度试点及演变，粮食目标价格补贴制度的国际经验与模式、粮食补贴的国际约束、大豆目标价格补贴制度试点调查及效应评价，粮食生产者补贴制度的本质与效应评价、国际比较与机制设计、基础保障等方面进行了深入全面的研究。主要贡献如下：（1）结合粮食国际化和市场化的新进展及国内外的政策实践与理论成果，全面界定了粮食目标价格及其补贴的概念，首次提出了粮食目标价格补贴制度的模式与结构，有利于理论界从特殊的、传统的目标价格补贴向广义的、科学的目标价格补贴认识转变；（2）首次全面分析了大豆目标价格补贴制度的产量效应、价差效应和加工效应，特别是从理论上论证了与播种面积挂钩的目标价格就是农户生产的边际收益或平均收益，从而明晰了目标价格对粮食产量的作用；（3）首次全面分析了美国诉中国农业国内支持案（DS511案）对我国粮食市场及粮食补贴制度的影响；（4）从理论上全面分析了粮食生产者补贴制度的政策效应，从实践上对粮食生产者补贴制度的成效进行了全面评价；（5）在对粮食生产者补贴效应等进行分析的基础上，对中美两国农业补贴政策进行了比较全面的分析，构建了粮食生产者补贴机制；（6）提出了可以有效衡量新时期我国粮食安全水平的粮食自给率系列指标和粮食适度进口衡量标准，以及要构建集成化的补贴政策体系等观点，可为我国粮食安全政策的制定及保持长效性提供决策参考。

在本书的写作过程中，笔者一方面查阅了国内外大量的文献资料；

另一方面开展了两次大型的调研活动，包括2015年初远赴黑龙江省大豆主产区针对目标价格补贴制度试点进行实地调查、2020年5~6月组织调研队伍对东北粮食主产区和南方稻谷主产区的粮食补贴制度进行线上调研与实地调查，力图加深对理论和实践的研究。在此，对调研过程中给予支持的各位朋友和专家等表示衷心感谢！由于时间仓促、学术水平有限，书中纰漏之处在所难免，还请各位专家和同仁多提宝贵意见与建议。

# 目录
Contents

## 第一部分　综　述

# 第二部分 粮食目标价格补贴制度研究前提与基础

# 第三部分　粮食目标价格补贴制度试点：大豆目标价格补贴政策研究

# 第四部分　粮食目标价格补贴制度演变：生产者补贴制度研究

# 第一部分

## 综　述

# 第一章　绪论

## 第一节　研究背景与意义

### 一、研究背景

粮食补贴政策事关国家粮食安全、农民收入和国际贸易摩擦大局。长期以来，中国的粮食补贴政策较好地实现了各种政策目标，在粮食安全方面取得的成就获得了世界赞誉。粮食目标价格补贴制度是我国适应粮食国际化市场化背景而进行的粮食补贴制度改革的产物，其经历了从大豆目标价格补贴政策试点到粮食生产者补贴制度的演变，而且在不断变革。因此，粮食目标价格补贴制度是近年来理论界和政府关注的热点。

2008 年爆发的全球粮食危机，促使我国开始重视国际市场对国内市场的冲击，国家发展改革委发布的《国家粮食安全中长期规划纲要（2008—2020 年)》提出要探索研究建立适合中国国情的粮食目标价格补贴制度。自 2014 年起，我国为应对粮食生产量、进口量和库存量三量齐增的难题，对我国的大豆临时收储政策进行市场化改革，首次在东北三省和内蒙古自治区试点大豆目标价格补贴政策，以期取得成熟经验后，向谷物推广。但是，大豆目标价格补贴政策试点似乎没有取得理想的效果，不仅在政策实施中存在着补贴面积测量难、价差较大等问题，而且理论界对目标价格补贴的理论研究产生了争议，甚至产生了目标价格补贴存废之争①。最典型的就是国务院发展研究中心的程国强、中国农业大学的柯炳生提出了目标价格补贴的升级版，即对任何农产品或粮食都提供相同的补贴，不再对特定的农产品实施补贴。这实质上是要废除针对特定农产品的补贴，包括大豆目标价格补贴政策②。

从我国政策改革来看，我国的粮食目标价格补贴政策不断演化。2016年，我国提出农业供给侧结构性改革，对玉米实行了"生产者补贴+市场化收购"的生产者补贴制度，该制度在形式上与大豆目标价格补贴政策不同。玉米生产者补贴制度一经实施，就取得了较为满意的政策效果，改革的当年年底，玉米价格就具有了国际竞争力。因此，自2017年起，我国放弃了大豆目标价格补贴政策，改为实施大豆生产者补贴制度。而且，我国自2018年起对稻谷的最低收购价制度进行改革，并实施稻谷生产者补贴制度。

作为我国粮食市场化改革的粮食补贴政策，日益受到国际市场的挑战。2016年9月，美国向WTO起诉中国对稻谷、小麦、玉米三种谷物仅以市场价格支持（MPS）单一形式的补贴就超过了对WTO承诺的微量允许补贴的上限（DS511案）。2019年，WTO发布了针对该案的专家组报告，报告虽然在某些方面支持了中国的诉求，专家组以中国玉米价格支持政策已改革为由驳回了美国对中国玉米价格支持政策的诉求，但是明确了MPS的测算方法，从而裁定中国要进一步改革国内支持政策，这就为美国农民创造了更为有利的进入中国这一全球最大农产品市场的竞争机会③。我国最终接受了专家组报告的裁决结果，在2019年中央一号文件中，提出要建立适应WTO规则的农业支持保护政策。中美两国商定，在2020年3月底完成支持价格政策改革。2020年1月16日签署的《中美第一阶段经

① 王文涛，张秋龙．大豆目标价格补贴政策效应的理论分析及整体性框架建议[J]．湖南师范大学社会科学学报，2016，45(2)：126－134.

② 王文涛，王富刚．贸易摩擦背景下玉米生产者补贴制度的经济效应及政策优化[J]．湘潭大学学报（哲学社会科学版），2018，42(6)：17－23.

③ United States Wins WTO Dispute Finding China Provides Excessive Government Support to its Grain Producers[EB/OL]. https://www.usda.gov/media/press－releases/2019/02/28/united－states－wins－wto－dispute－finding－china－provides－excessive，02/28/2019.

贸协议》，再次确认我国要报告专家组报告对农业国内支持政策进行改革。具体到政策改革，2020 年我国首次公布了稻谷、小麦的限量收购政策，这给农民收入、国家粮食安全又带来了新的挑战。因此，为适应粮食市场化和国际化的要求，我国粮食补贴政策还要不断进行改革，难度不断加大。

## 二、研究意义

### （一）理论意义

国际化市场化背景下的粮食补贴政策改革必须加强理论研究，以指导当前中国的政策实践。中国的粮食补贴政策已经不仅是一个国内问题，还是一个贸易问题，开始受到实质性的国际约束。因为农业国内支持政策属于《WTO 农业协议》的重要内容，是贸易政策的重要组成部分，所以理论界对粮食目标价格补贴等政策进行了孜孜不倦的理论研究，以指导中国的政策实践。虽然市场经济条件下的粮食目标价格补贴制度在发达国家有悠久的历史，但是在我国是新生事物。这就要求我们借鉴国际经验，立足中国国情及市场开放度高的实际，从理论上对粮食目标价格补贴制度进行深入系统的研究。例如，粮食目标价格补贴制度的内涵和本质是什么？为什么中国早先提出要探讨实施的粮食目标价格补贴制度，在大豆中试点后却被粮食生产者补贴制度所替代？通过研究就会发现，从本质上来说，目标价格补贴与生产者补贴甚至直接补贴都从属于目标价格补贴的范畴，只不过这些制度所适应的内外部环境及具体的政策实践有所差异。当前亟待研究的重要问题有：面临国际补贴约束及高度开放的市场条件，中国粮食生产者补贴机制应如何设计，以达到补贴不超限、粮食安全有保障、农民收入有提高等政策目标。

### （二）现实意义

1. 有助于正确评价粮食目标价格制度和生产者补贴制度效应

曾经被寄予厚望的大豆目标价格补贴政策试点经历了从饱受争议到最终退出的结局，而粮食生产者补贴制度由于在玉米品种实施中取得了良好成效而迅速扩展到大豆和稻谷，但是美国诉中国农业国内支持案要求粮食生产者补贴制度再次改革。这里提出的问题就是，必须客观地评价粮食目标价格补贴效应与生产者补贴效应，不能因为在某个品种试点成效不明显就简单地否认该制度，也不能因为在某个品种试点成效明显就简单地肯定该制度，必须考虑粮食品种、贸易政策等方面的差异。当前关于粮食目标价格补贴制度的效应评价，主要考察大豆目标价格补贴政策试点的表面成效而忽视了大豆的特殊性，并不能客观评价目标价格补贴制度的本质特征，评价的客观性有待加强。而关于生产者补贴制度效应的评价，作为一个新出现的问题，除本书的相关研究成果外，其他相关研究成果很少。

2. 可为构建适应 WTO 规则，实现国家政策目标的粮食补贴政策提供依据

2019 年中央一号文件提出要按照适应 WTO 规则的原则，抓紧研究制定完善农业支持保护政策的意见，而美国诉中国农业国内支持案的专家组报告又要求中国改革农业国内支持政策，因此中国的粮食补贴和支持政策必然要不断变革。尤为重要的是，2020 年我国首次对作为口粮作物的稻谷、小麦实施限量收购政策，这将对农民提高收入和实现口粮绝对安全的粮食安全战略提出新的挑战。这必然要求我们加强粮食补贴政策的研究，达到既遵守 WTO 规则，减缓中美贸易摩擦，又保障国家粮食安全和提高农民收入的目的。因此，本书研究的前瞻性是不言而喻的。

## 第二节　国内外文献综述

### 一、关于目标价格补贴定义及其政策目标研究

要准确理解目标价格补贴，首先要了解什么是目标价格。然而，究竟什么是目标价格，学术界还存在一定的争议。美国历次的农业法案中关于“目标价格”的定义是指用来计算生产者得到的差价补贴或反周期补贴的工具。目前，国内还没有形成明确统一的粮食目标价格概念。其主要有三

种观点：第一种观点认为目标价格是一种上限价格，是农产品价格变动的上限，当实际市场价格大于目标价格时，政府就会对市场进行干预[①②]；第二种观点则与之相对，认为目标价格是一种下限价格，当实际市场价格小于目标价格时，政府按照两者的差价向农民提供差额补贴[③]；第三种观点认为目标价格既不是上限价格也不是下限价格，而是一种具有多种职能目标的政策性参考价格[④⑤⑥⑦]。如孔祥平[⑧]和许伟认为，粮食目标价格是国家或某一地区为稳定生产、保障粮食安全，综合一定时期内种粮成本和种粮农民合理收益等因素的一种政策性参考价格。对于目标价格补贴，目前还没有一个明确的定义。我们认为，目标价格补贴是指依据目标价格计算得到的给予生产者的各种补贴。

任何一项农业政策都应有其明确的政策目标，粮食目标价格补贴制度也不例外。美国的粮食目标价格补贴制度虽然时间跨度大，每个特定历史阶段的政策目标也在通过历次的农业法案不断进行调整，但是主要的政策目标仍然集中于增加农民收入、减少农产品剩余、稳定粮价等[⑨]。国内学者围绕我国实施粮食目标价格补贴制度的目标进行了大量研究，比较一致的观点是保障粮食安全、促进农民增收、稳定粮价[⑩⑪⑫]。但伍世安[⑬]等则认为，实施目标价格补贴政策的目标还应包括均衡城乡居民收入、协调现

---

① 刘卓甫．物价手册[M]．北京：中国财政经济出版社，1982.

② 伍世安，刘萍，付兴．论中国粮食目标价格的目标及测算：以玉米为例[J]．江西财经大学学报，2012(1).

③ 刘颖．国外粮食流通体制比较与启示[J]．世界农业，2008(1).

④ 中国价格协会课题组．解放思想敢于变革敢于创新：价格改革 30 年的回顾与展望[J]．价格理论与实践，2008(6).

⑤ 李林茂，冷崇总，李群．建立粮食收购"三元一补"价格机制的思考[J]．价格月刊，2009(11).

⑥ 吉林省物价局粮价课题组．关于实行玉米目标价格政策的探讨[J]．价格理论与实践，2010(11).

⑦ 张千友．粮食目标价格：内涵、障碍与突破[J]．价格理论与实践，2011(3).

⑧ 孔祥平，许伟．关于建立粮食目标价格的几点思考[J]．价格理论与实践，2010(3).

⑨ USDA，Economic Research Service．"Rice Situation and Outlook Yearbook" research report，64，1992.

⑩ 戴冠来．粮食目标价格的地位和作用[J]．中国物价，2009(10).

⑪ 李林茂，冷崇总，李群．建立粮食收购"三元一补"价格机制的思考[J]．价格月刊，2009(11).

⑫ 孔祥平，许伟．关于建立粮食目标价格的几点思考[J]．价格理论与实践，2010(3).

⑬ 伍世安，刘萍，付兴．论中国粮食目标价格的目标及测算：以玉米为例[J]．江西财经大学学报，2012(1).

期货价格、衔接国内外粮价等。

## 二、关于目标价格构成与确定研究

美国1973年农业法案确立的目标价格定价原则为“生产成本+基本收益”。虽然以后历次的农业法案会基于生产价格指数、利息、税收以及工资率等进行适当的调整，但是基本的定价原则还是延续了下来。美国农业部首先会依据农业统计服务局在全国收集的粮食销售价格、投入价格以及收益等数据初步确定粮食目标价格，其次由国会讨论产生最后的目标价格，并写入农业法案①。美国的粮食目标价格一般较低，仅略高于全国营销贷款率。国内学者在目标价格的定价原则上基本达成了一致，认为应当采取“生产成本+基本收益”。但是有关生产成本的理解还存在分歧，一种观点认为生产成本包括物质与服务费用，人工成本以及土地成本三大方面②③。另一种观点则认为生产成本的内涵应该更加丰富，如在生产过程中对环境的损害而产生的环境成本也应计算在内④。在农产品目标价格测算方面，国内学者针对稻谷、玉米、小麦、大豆等粮食品种进行了具体测算⑤⑥⑦⑧⑨，其中生产成本和合理收益多采用前5年的平均值进行调整得出。而伍世安⑩等（2012）则基于保障粮食安全、均衡城乡居民收入、协调现货期货价格、衔接国际国内价格、控制物价总体水平等五个政策目标分别进行了测算，然后按照一定的权重进行了价格合成。

---

① Olson, Provisions and Potential Impacts of the Average Crop Revenue Election (ACRE) Program [R]. Department of Applied Economics, University of Minnesota: Staff Papers, 2008.

② 刘刚，侯晋封．完善粮食补贴政策实行反周期性粮食直接补贴[J]．宏观经济管理，2008(6).

③ 吉林省物价局粮价课题组．关于实行玉米目标价格政策的探讨[J]．价格理论与实践，2010(11).

④ 李林茂，冷崇总，李群．建立粮食收购“三元一补”价格机制的思考[J]．价格月刊，2009(11).

⑤ 孔祥平，许伟．关于建立粮食目标价格的几点思考[J]．价格理论与实践，2010(3).

⑥ 广东省价格协会课题组．建立广东稻谷目标价格政策研究[J]．市场经济与价格，2010(1).

⑦ 吉林省物价局粮价课题组．关于实行玉米目标价格政策的探讨[J]．价格理论与实践，2010(11).

⑧ 王文涛．粮食目标价格和反周期补贴政策研究：基于市场化国际化背景下的分析[J]．价格理论与实践，2011(12).

⑨ 徐雪高，沈贵银，翟雪玲．我国大豆目标价格补贴研究[J]．价格理论与实践，2013(3).

⑩ 伍世安，刘萍，付兴．论中国粮食目标价格的目标及测算：以玉米为例[J]．江西财经大学学报，2012(1).

对于“生产成本+合理收益”的定价原则，有学者持不同意见。黄季焜等[①]（2015）认为，目标价格的政策目标应以抵御市场风险为主，促进农民增收为辅。因此，目标价格应依据其长期价格变动趋势而定。而Noel（1989）则从经济效率观点出发，提出给定农产品目标价格应设定在均衡价格水平，或是将各种农产品目标价格设定为高于市场价格相同比例的水平[②]。

## 三、关于目标价格补贴计算方法及操作方式研究

美国粮食目标价格补贴的计算方法在不同的历史时期略有不同。2002—2013年的目标价格补贴主要指反周期支付，其计算公式与差价补贴相比，增加了直接支付部分，具体为：反周期支付=反周期支付率×反周期补贴单产×反周期补贴面积，其中反周期支付率=目标价格-有效价格，有效价格=直接支付率+max（该农产品市场平均价格，营销贷款率）。上述公式中的补贴单产与补贴面积，在不同的历史时期有不同规定，但大多以历史的面积和产量为基础确定，基本上是一种脱钩支付。

中国目标价格补贴的计算公式为：目标价格补贴=（目标价格-采价期内的平均市场价格）×农产品数量。目前，最大的争议主要集中于该公式中的“农产品数量”到底是农民的实际农产品销售量，还是农产品总产量。一种观点认为，按照农产品实际销售量来计算目标价格补贴不仅可以有效提高农民的种粮积极性，卖的粮食越多得到的补贴越多，还可以有效避免一些弄虚作假、套取国家补贴的行为[③][④]。另一种观点则认为，按照农产品的总产量来计算目标价格补贴要更加准确，因为政府公布的目标价格是以农产品总产量的生产成本和收益进行计算的，如果按照实际销售量进

① 黄季焜，王丹，胡继亮．对实施农产品目标价格政策的思考：基于新疆棉花目标价格改革试点的分析[J]．中国农村经济，2015(5)．

② NOEL D. Uri. Target Prices, Market Prices, and Economic Efficiency in Agriculture in the United States[J]. Journal of Consumer Policy, 1989(12): 1-17.

③ 李林茂，冷崇总，李群．建立粮食收购“三元一补”价格机制的思考[J]．价格月刊，2009(11)．

④ 广东省价格协会课题组．建立广东稻谷目标价格政策研究[J]．市场经济与价格，2010(1)．

行计算就会造成农民应有的生产成本与收益受损，并且在具体执行的过程中十分困难，缺乏可操作性[①②]。我国试点阶段的目标价格补贴政策仍然是一种与当期种植面积和产量完全挂钩的补贴政策[③]。但是这种完全挂钩的补贴方式，存在着补贴信息统计难的问题，已经影响到了我国目标价格补贴政策的实施与推广，迫切需要向脱钩补贴转变[④⑤]。

对于中国粮食、棉花的目标价格补贴操作问题，学者普遍认为操作成本太高，统计农户的种植面积难，并容易产生腐败现象，甚至影响了政府的日常运营，同时存在市场监测价格偏高等问题[⑥⑦⑧⑨⑩⑪]。

## 四、关于目标价格补贴效应研究

国外学者围绕各个历史时期的目标价格补贴政策对生产者、消费者、纳税人以及政府产生的影响进行了深入研究。目标价格补贴政策的效应主要包括产量效应、成本效应、福利效应等方面。

### （一）关于目标价格补贴的产量效应研究

目标价格补贴政策最核心的问题就是分析其对农作物产量的影响。早期关于目标价格补贴政策的研究，主要通过分析农业生产者的预期销售价格，进而研究其对种植决策以及产量的影响。Paul（1978）将农产品市场划分为“疲软市场”“一般市场”以及“坚挺市场”，考察在不同市场情

---

① 吉林省物价局粮价课题组．关于实行玉米目标价格政策的探讨[J]．价格理论与实践,2010(11).

② 徐雪高,沈贵银,翟雪玲．我国大豆目标价格补贴研究[J]．价格理论与实践,2013(3).

③ 辽宁省大豆目标价格改革试点工作实施方案．[EB/OL]．http://www.lnprice.gov.cn/wjweb/price/temp/be0b866f-decd-42e8-89ae-332333d3a263.pdf.

④ 刘慧,赵一夫．完善农产品目标价格补贴的思考[N]．农民日报,2016-01-16(003).

⑤ 黄季焜,王丹,胡继亮．对实施农产品目标价格政策的思考:基于新疆棉花目标价格改革试点的分析[J]．中国农村经济,2015(5).

⑥ 卢凌宵,刘慧,秦富．我国农产品目标价格补贴试点研究[J]．农业经济问题,2015(7).

⑦ 刘慧,秦富,陈秧分,等．大豆目标价格改革试点进展情况的个案研究[J]．经济纵横,2016(2).

⑧ 张晶,王克．农产品目标价格改革试点:例证大豆产业[J]．改革,2016(7).

⑨ 黄季焜,王丹,胡继亮．对实施农产品目标价格政策的思考:基于新疆棉花目标价格改革试点的分析[J]．中国农村经济,2015(5).

⑩ 王文涛,张秋龙,聂挺．大豆目标价格补贴试点政策评价及完善措施[J]．价格理论与实践,2015(7).

⑪ 徐雪高,齐皓天,张振,等．大豆目标价格补贴政策及其执行效果分析[J]．中国物价,2017(2).

况下，目标价格对农业生产者预期价格及种植决策的影响①。研究发现，在“疲软市场”上，农业生产者的预期销售价格更接近目标价格；然而在“坚挺市场”上，农业生产者的预期销售价格更接近上一期的市场价格，甚至当市场价格非常高时，目标价格等支持价格对农业生产者的种植决策基本没有影响。

近期的研究成果指出，目标价格补贴政策的产量效应还可以分为财富效应、保险效应以及挂钩效应②③④。①财富效应是指由补贴所带来的农业生产者收入的增加，或者补贴通过资本化入农地价值来提高总的生产者财富，进而影响生产者规避风险的态度及其由于信贷约束减少而增加农业投资，从而对农户的种植决策和产量产生影响。对于持续的风险厌恶生产者，目标价格补贴政策所带来的财富效应不会改变其种植决策；对于风险厌恶递减的生产者，财富效应的增加会促使其扩大种植面积，导致产出增加；而对于风险厌恶递增的生产者，财富效应的增加反而导致其种植面积减少，从而减少产出⑤。②保险效应是指目标价格补贴政策所带来的减少收入波动的功能，从而对农户生产决策产生影响。目标价格补贴政策的保险效应对风险中立者和风险偏好者影响不大，但对于风险厌恶者有较大影响。Westcott 等（2003）针对美国 2002 年农业法案中的反周期补贴进行了研究，研究表明反周期补贴不会直接影响农民的生产决策，但由于反周期补贴与当期的市场价格相联系，可能会通过间接的保险效应而影响产量。反周期补贴的保险效应会使收益风险降低，从而促使一部分农业生产者转而种植高风险、高收益的农作物。研究还发现以历史面积和产量数据为基础计算的反周期补贴，并不能完全抵销由市场价格下降而带来的收入损

① Paul Gallagher. The Effectiveness of Price Support Policy——Some Evidence for U. S. Corn Acreage Response [J]. Agriculture Economics Research, 1978(4): 8 – 14.

② David A. Hennessy, The Production Effects of Agriculture Income Support Policies under Uncertainty [J]. American Journal of Agricultural Economics, 1998(1): 46 – 57.

③ Paul C. Westcott, Leslie A. Meyer, U. S. Cotton Supply Response Under The 2002 Farm Act, USDA, Economic Research Service, presented: Friday, February 21, 2003.

④ Paul C. Westcott, Counter – Cyclical Payments Under The 2002 Farm Act: Production Effects Likely to Be Limited [J]. Choices, 2005(3): 201 – 205.

⑤ 王文涛，张美玲．我国粮食生产者补贴制度渊源、理论基础与改革方向[J]．农村经济，2019(2).

失。Westcott（2005）在进一步研究中发现，反周期补贴由于其巨大的保险效应为农业生产者提供了一种新的保险工具，会直接影响到农业生产者使用其他风险管理工具的策略。但随着农场规模的扩大，收入水平的增加，抵御风险的能力增强，农户对风险的厌恶程度会降低[①]。因此反周期补贴对那些规模较大的农场影响较小，但对于中小规模的农场十分重要。③挂钩效应是指目标价格补贴与农户的生产量或价格挂钩，从而对农民生产决策产生影响。如营销贷款直接与农户产量和市场价格挂钩，反周期补贴与市场价格有关，与农产品生产部分挂钩，因此它们对农户当期的生产决策有影响。营销贷款率相当于农户的边际收益，直接影响农户的生产决策。David 通过对美国爱达荷州的玉米产量进行分析，认为目标价格补贴是一种部分脱钩的收入支持政策，主要是为了抵御农业生产者的种植风险，保险效应非常大，而财富效应较小，虽然对产量有一定的影响但是几乎可以忽略不计。总体来看，只要目标价格超过市场价格，产量效应就不可避免。在没有产量限制的条件下，生产者会持续增加供给，从而超过需求。然而目标价格与市场价格的差距越小，这种效应就越小。目标价格比市场价格高会产生资源调整问题，因为这会鼓励生产者多生产目标价格高于市场价格比例大的农产品，而减少目标价格高于市场价格比例小的农产品的生产。

在实证分析方面，学者们主要是通过建立供给反应模型进行分析的。农业生产者的供给反应一般会受到预期市场价格、投入成本、农业技术水平、自然灾害、农业政策等多重因素的影响。Farhad 等（2000）将目标价格、营销贷款率等合为供给诱导价格，实证研究了其对美国五个水稻种植州的种植面积影响。研究结果表明，短期内农业生产者对目标价格的变化不太敏感，并不会显著影响水稻的种植面积，但从长期来看，目标价格对水稻种植面积的影响是显著的[②]。在同一目标价格水平下，不同地区的面

① Chavas J, holt M T. Acreage Decisions Under Risk: The Case of Corn and Soybeans [J]. American Journal of Agricultural Economics, 1990(72): 529 - 538.

② A. A. Farhad Chowdhury, Cary W. Herndon, Supply Response of Farm Program in Rice - Growing States [J]. IAER, 2000(4): 771 - 781.

积供给反应存在差异，这表明资源禀赋的差异会影响目标价格补贴政策的实施效果。Michael 和 Salassi（1995）基于将目标价格与农业生产成本相结合的视角，将预期价格、市场价格、贷款率、目标价格合为供给诱导价格，研究了美国的水稻种植面积供给反应。结果表明，短期价格和生产成本都是缺乏弹性的，但生产成本弹性大于价格弹性。估计长期价格弹性，在美国国家层面上随着价格变化无弹性，但是生产成本有弹性①。可见，实施目标价格政策时，要提高产量效应，必须注重降低生产成本。

### （二）关于目标价格补贴的成本效应研究

目标价格是由农产品的平均生产成本决定，但是目标价格补贴会对农产品的生产成本产生影响，即目标价格补贴具有成本效应。这是因为，用生产成本作为确定目标价格的标准有很多缺点，其主要缺点是内在的测量问题。没有简单有意义的方法来决定合适的生产成本，以产生足够影响生产决策的信号。任何高于市场价格的价格都会自我实现，因为生产成本将提高到目标价格为止②③。用于生产的要素是引致需求，要素的价格取决于产品的价格。在一定程度上，产品价格通过监管程序设置为高于均衡价格水平，因此要素价格必然会相应提高。另外，超过均衡价格的价格水平会影响实际使用的生产要素的数量和生产率。肥料和杀虫剂的使用数量与单位产出的边际成本，是用于生产这种农产品的价格的函数。最终，在其他条件不变的情况下，农产品的平均总生产成本会达到目标价格。这种结果没有发生的原因在于，其他条件特别是农业政策并没有保持不变。

### （三）关于目标价格补贴福利效应研究

传统的福利分析假设一般建立在完全竞争市场条件下，分析政策实施前后市场主体的福利变化情况。在完全竞争市场条件下，目标价格使消费

---

① Michael E, Salassi. The Responsiveness of U. S. Rice Acreage to Price and Production Costs [J]. Journal of Agricultural and Applied Economics, 1995(12): 386 - 399.

② Odin Knudsen; John Nash. Domestic Price Stabilization Schemes in Developing Countries [J]. Economic Development and Cultural Change, Vol. 38, No. 3. (Apr., 1990), pp. 539 - 558.

③ Noel D. Uri. Target Prices, Market Prices, and Economic Efficiency in Agriculture in the United States [J]. Journal of Consumer Policy 12: 1 - 17, 1989.

者愿意接受的需求价格大于真实的需求价格，这样会使生产者福利增加而消费者和纳税人的福利受损，并且会使消费者和纳税人的支出成本超过转移到农业生产者手中的收入，导致社会福利的净损失[①②③]。Erik 等（1986）对传统的完全竞争市场条件下的目标价格补贴政策福利分析提出了质疑，他们认为在完全竞争市场条件的假设下会造成对生产者福利水平的高估，并且要将目标价格补贴政策与已经存在的价格支持政策结合起来进行分析，否则会产生错误的结论[④]。Robert（1990）在非完全竞争市场条件假设下研究了目标价格补贴政策的福利效应，研究发现在非完全竞争市场条件下，市场主体的福利情况与目标价格水平的高低有直接关系，当目标价格较低时，消费者福利增加，生产者福利受损；当目标价格较高时，消费者福利受损，而生产者福利增加；但通过随机补偿能够实现帕累托改进，使得消费者和生产者福利都有所增加[⑤]。Carlo 等针对存在市场垄断行为下的目标价格补贴福利情况进行了研究[⑥]。研究发现，传统的非完全竞争市场条件下对目标价格补贴政策的分析很可能是错误的，在存在市场垄断的情况下，目标价格补贴政策会增加纳税者的负担，导致政府行政成本支出加大，社会整体净福利水平下降。研究还发现，在非完全竞争市场条件下，目标价格补贴政策不一定比营销贷款率等支持价格更有效率，大型粮食购销企业很可能会截取本应该转移给农民的收入，使得政策执行走样，但是通过优化价格支持措施可以有效改善福利。Andrew 等（2006）还

---

① Harberger, Arnold C. Three Basic Postulates for Applied Welfare Economics: An Interpretive Essay [J]. Economic Literature, 1971(9): 785 – 797.

② Lichtenberg, Erik, Zilberman, et al. The Welfare Economics of Regulation in Revenue – Supported Industries, Department of Agricultural and Resource Economics, University of California – Berkeley, 1985.

③ Helms, J. Expected Consumer's Surplus and The Welfare Effects of Price Stabilization, International Economics Review, XXVI(1985): 603 – 618.

④ Erik Lichtenberg, David Zilberman. The Welfare Economics of Price Supports in U. S. Agriculture [J]. the American Economic Review, 1986(5): 1135 – 1141.

⑤ Robert Innes, Government Target Price Intervention in Economics With Incomplete Markets [J]. The Quarterly Journal of Economics, 1990(4): 1035 – 1052.

⑥ Carlo Russo, Rachael E, Goodhue, et al. Aagricultural Support Policies in Imperfectly Competitive Markets: Why Market Power Matters in Policy Design [J]. American Journal of Agricultural Economics, 2011(10): 1129 – 1140.

就目标价格补贴对全球经济福利的影响进行了研究①。研究表明，目标价格补贴是一种部分脱钩的补贴政策，其与传统的价格支持政策相比，对生产和贸易的扭曲较小，使国内农产品价格更加趋近于世界农产品市场价格，因此对全球经济福利的影响不大。

国内关于粮食目标价格补贴效应的研究如下：①价格效应。方燕、李磊（2016）建立 GARCH 模型研究发现，大豆目标价格政策的实施有效减少了大豆价格波动的集簇性、不对称性，有利于大豆价格回归市场定价；徐建玲、钱馨蕾（2017）运用 GARCH 模型和 VAR 模型研究发现，目标价格补贴政策实施后大豆期货市场更加有效，期货价格和现货价格联系更加紧密，通过期货价格能预测未来现货价格；朱宁、刘慧、秦富（2015）研究发现，目标价格补贴政策降低了我国大豆产品价格波动幅度和市场风险程度，有利于稳定大豆产品价格。②产量效应。胡迪、杨向阳、王舒娟（2019）则建立包括市场价格和目标价格在内的预期价格生产决策模型，当市场价格低于目标价格时，预期价格就是目标价格，而且农户是否对政策熟悉直接影响到农户生产决策及最终的粮食产量②。还有学者建立包括国内市场和国际市场的局部均衡模型，指出目标价格补贴的实施有利于增加大豆产量③④；贺超飞、于冷（2018）则通过建立双重差分模型研究发现，临时收储政策改为目标价格补贴政策的首年，大豆种植面积显著提高，次年显著减少⑤，可见，大豆目标价格补贴政策的产量效应有波动。此外，还有学者研究了粮食目标价格政策的收入效应⑥。

---

① Andrew Schmitz, Troy G, Schmitz, et al. Agricultural Subsidies in Developed Countries: Impact on Global Welfare [J]. Review of Agricultural Economics, 2006(3) :416－425.

② 胡迪，杨向阳，王舒娟．大豆目标价格补贴政策对农户生产行为的影响[J]．农业技术经济，2019(3)．

③ 田聪颖，肖海峰．目标价格补贴与生产者补贴比较：对我国大豆直补方式选择的思考[J]．农业经济问题，2018(12)．

④ 耿仲钟，肖海峰．最低收购价政策与目标价格政策的比较与思考[J]．新疆大学学报(哲学·人文社会科学版)，2015(4)．

⑤ 贺超飞，于冷．临时收储政策改为目标价格制度促进大豆扩种了么?：基于双重差分方法的分析[J]．中国农村经济，2018(9)．

⑥ 王长春．粮食目标价格对粮户种粮收入的影响及对策研究：以东北大豆为例[J]．河南工业大学学报(社会科学版)2017(3)．

## 五、关于目标价格补贴政策的国际约束研究

WTO 农业协议将国内农业支持区分为“黄箱”“绿箱”以及“蓝箱”政策。中国在入世协定中承诺将综合支持量保持为0，而仅协商保留8.5%的微量允许。目标价格补贴属于国内农业支持政策中的“黄箱”补贴部分，相比于最低收购价等价格支持政策其补贴力度更大，因此实施目标价格补贴政策不得不考虑国际规则的约束，否则极易超限违规，引起贸易摩擦与争端。

在21世纪初，我国的农业支持水平还相对较低。李先德、宗义湘（2005）运用OECD的方法对我国1994—2003年的农业支持水平进行了实证分析①，研究结果表明，我国农业生产者支持水平从2000年起才开始由负向正转变，农业支持水平较低。Gale等（2005）对中国2004年补贴支付水平进行了测算，结果表明当时我国每吨粮食补贴为2~5美元，不到当年粮食总产值的2%②。但是自2004年以来，我国政府年年提高农产品支持价格，扩大补贴范围，农业支持水平有了显著提高。经合组织③（2011）和黄季焜等（2011）④的测算结果显示，中国农业支持绝对总量已接近发达国家平均水平，但相对水平仍然较低。程国强（2011）运用OECD的生产者支持估计（Producer Support Estimate，PSE）方法实证测算了我国的农业支持水平⑤。结果显示，早在2007—2009年，中国农业平均支持总量就已达到了6204亿元，其绝对水平仅次于欧盟、美国，但已高于韩国和日本。美国农业部2013年的报告⑥则进一步指出，2008—2013年，中国的油菜支持价格提高了30%，小麦的支持价格提高了63%，玉米的支持价格提

---

① 李先德，宗义湘．中国农业支持水平衡量与评价[J]．农业经济问题，2005（增刊）．

② Gale，Fred，Bryan Lohmar，et al. China's New Farm Subsidies，WRS－0501，USDA，Economic Research Service，2005.

③ OECD. Working Party on Agricultural Policies and Markets. Agricultural Policies in OECD Countries and Emerging Economies，2011[R]．Paris：OECD，2011.

④ 黄季焜，等．粮食直补和农资综合补贴对农业生产的影响[J]．农业技术经济，2011（1）．

⑤ 程国强．中国农业政策的支持水平与结构特征[J]．发展研究，2011（9）．

⑥ Fred Gale. Grow and Evolution in China's Agricultural Support Policies[R]．USDA，Economics Research Report，Number 153，August 2013.

高了 66% ~69%，不同品种的大米支持价格提高了 92% ~105%。中国每年提高粮食支持价格的政策，不仅使中国的国内支持总量日益接近 8.5% 的临界值，还直接导致中国国内粮价高于国际市场。因此，我国的“黄箱”补贴空间已经十分有限，不少国内专家学者曾指出建立目标价格补贴政策必须考虑 WTO 农业协议的约束①②③④。大豆和棉花目标价格补贴政策试点以来，特定目标价格补贴已经接近上限，但是非特定农产品目标价格补贴还未达“黄箱”补贴上限。因此，程国强（2015）⑤、柯柄生（2015）⑥提出要实施目标价格补贴升级版，即不针对特定农产品实行目标价格补贴，而是按耕地面积对农户种植的所有农产品进行等量补贴。但是至于怎样实施，还没有一个可信服的操作方案。2018 年底，我国向 WTO 通报的农业国内支持政策显示，我国以目标价格补贴为主的大豆补贴在 2014—2016 年超限。总之，对我国目标价格补贴实施约束的问题，大多只是停留在定性分析层面，还需要根据我国目标价格补贴的政策实施空间，进一步深入研究。

## 六、关于粮食目标价格补贴政策的完善及演变研究

对于我国试点 3 年后改为生产者补贴制度的大豆目标价格补贴政策，学者们始终关注大豆目标价格补贴政策存在的问题，并总结和借鉴国外农产品目标价格政策的经验，提出了相关的改革建议，如要建立半挂钩的补

① 程国强．中国农业政策的支持水平与结构特征[J]．发展研究，2011(9)．

② 王文涛．粮食目标价格和反周期补贴政策研究：基于市场化国际化背景下的分析[J]．价格理论与实践，2011(12)．

③ 徐雪高，沈贵银，翟雪玲．我国大豆目标价格补贴研究[J]．价格理论与实践，2013(3)．

④ 孟丽．关于我国实行大豆目标价格政策的探讨[J]．中国畜牧杂志，2014(10)．

⑤ 程国强．中国农业补贴：制度设计与政策选择[M]．北京：中国发展出版社，2011．

⑥ 柯炳生．让农业补贴与价格分离[EB/OL]．http://news.youth.cn/gn/201503/t20150305_6504192.htm．

贴机制、建立配套措施等①②③④⑤⑥⑦⑧。还有学者总结了粮食目标价格补贴政策的理论困境⑨⑩⑪，大豆目标价格政策行不通的原因⑫，探讨了玉米目标价格补贴政策实施的可行性或被舍弃的原因⑬⑭。

对于目标价格补贴演变后的粮食生产者补贴制度，学者们探讨了玉米生产者补贴政策的成效，对临时收储制度、目标价格补贴与粮食生产者补贴的异同点进行了比较⑮⑯，还对中外粮食生产者补贴制度进行了比较⑰⑱。

## 七、国内外研究评价

通过前述分析发现，国内外对粮食目标价格补贴制度的相关研究取得了丰硕的成果，有利于指导中国粮食补贴的理论研究与政策实践。国外无

---

① 韩冰，李思经．日本农产品目标价格政策的操作方式及对我国的启示[J]．中国食物与营养，2017(7)．

② 田聪颖，肖海峰．农产品目标价格补贴政策的国际比较与启示[J]．经济纵横，2016(1)．

③ 谭砚文，曾华盛．美国农业目标价格补贴政策的演变及对中国的启示[J]．农村经济，2015(9)．

④ 秦中春．国外农产品目标价格制度的分析与借鉴[J]．区域经济评论，2015(3)．

⑤ 刘武兵，李婷．目标价格：欧盟经济与中国的市场调控[J]．世界农业，2017(9)．

⑥ 姚升，张宁．美国农产品目标价格补贴政策的演变[J]．世界农业，2016(12)．

⑦ 韦敬楠，张立中，张美艳．我国建立农产品目标价格的国际经验借鉴[J]．湖南农业科学，2016(5)．

⑧ 齐皓天，徐雪高，王兴华．美国农产品目标价格补贴政策演化路径分析[J]．中国农村经济，2016(10)．

⑨ 汪希成，秦彦腾．农产品目标价格补贴制度研究的理论困境：基于农产品目标价格补贴制度研究进展[J]．农村经济，2016(2)．

⑩ 詹琳，蒋和平．粮食目标价格改革的困局与突破[J]．农业经济问题，2015(2)．

⑪ 武舜臣，吴闻潭，蒋文斌．目标价格是应对"托市困局"的良方吗：对当前国内价格改革效果的再思考[J]．当代经济管理，2017(1)．

⑫ 蔡海龙，马英辉．大豆目标价格政策缘何在中国走不通?：基于 EDM 的福利效应分析[J]．南京农业大学学报(社会科学版)，2018(11)．

⑬ 宫斌斌，杨宁，刘文明，等．我国玉米目标价格政策的内涵及要点分析[J]．中国农机化学报，2017(9)．

⑭ 姜天龙，郭庆海．玉米目标价格改革：难点及其路径选择[J]．农村经济，2017(6)．

⑮ 田聪颖，肖海峰．目标价格补贴与生产者补贴的比较：对我国大豆直补贴方式选择的思考[J]．农业经济问题，2018(12)．

⑯ 耿仲钟，肖海峰。最低收购与目标价格政策的比较与思考[J]．新疆大学学报(哲学社会科学版权)，2016(4)．

⑰ 田聪颖，肖海峰．生产者补贴政策与农户种植结构调整[J]．哈尔滨工业大学学报(社会科学版)，2018(5)．

⑱ 李辉，刘细发．农业生产者补贴的国际比较及对中国的借鉴[J]．学术论坛，2015(6)．

论是对农产品目标价格补贴制度实践还是理论研究都较为成熟和完善，我国则起步较晚，相对滞后。我国对粮食目标价格补贴制度的研究，始于2008年全球粮食危机以及国外粮食进口对国内市场冲击背景下国家出台的《国家中长期粮食安全规划纲要（2008—2020年）》。国内学者目前的研究大多集中于目标价格补贴的定义、政策目标、水平测算、操作方式、国际经验、试点存在问题及完善建议等方面，研究零散，还需要根据国内外形势的变化与政策实践，加深理论和政策研究。

（1）对目标价格的本质、内涵、国际经验等还需要深入研究，这是粮食目标价格制度研究的起点。当前的研究理论界没有达成一致观点，还不适应国内实践的变化，因此出现了目标价格补贴试点前呼声高，试点后昙花一现的尴尬现象。

（2）科学评价大豆目标价格补贴政策效应。就当前来看，对目标价格补贴政策实践中存在问题的浅层调查研究较多，科学评价大豆目标价格补贴政策效应的成果较少，这也是导致大豆目标价格补贴政策产生争议的重要原因之一。对于效应的评价，主要是产量效应的评价，并没有立足大豆市场高度开放、大豆在国家粮食安全中的地位、生产与加工的关联等因素，对其进行全面科学的评价。

（3）粮食补贴政策的国际约束条件是亟待研究的重要问题。很多学者虽然认识到我国粮食面临的“黄箱”补贴约束问题，但是“黄箱”补贴的测算本身就是有争议的问题，而且我国粮食市场开放及进口对“黄箱”补贴影响很大。毫无疑问，美国向WTO起诉中国粮食国内支持案的专家组报告，对我国粮食补贴造成了进一步的约束，我国必须于2020年3月完成对粮食市场价格支持制度的改革，因此迫切需要加强理论和对策研究。

（4）大豆目标价格补贴政策试点后我国又实施了粮食生产者补贴制度，相关理论研究有待深化。从表面来看，我国粮食目标价格补贴制度已经终结，改为实施粮食生产者补贴制度了，理论研究和政策热点应该转向粮食生产者补贴制度。就当前来看，粮食生产者补贴制度的理论研究成果还不多，关于效应的分析更少，在中美贸易摩擦及粮食补贴的国际约束下，如果不加强理论研究，贸然的补贴政策改革将引发粮食安全或贸易摩擦等问题。这要求我们加强粮食生产者补贴制度效应、机制构建及支撑条件的研究。但是，粮食生产者补贴制度与目标价格补贴有什么关联呢？从字面上看，目标价格补贴也是对生产者的补贴，所以必须探讨这两种制度的本质关联，并在此基础上，运用粮食目标价格补贴制度试点的经验来完善我国粮食生产者补贴制度。

## 第三节　研究内容及重要观点

### 一、粮食目标价格补贴制度概论

粮食目标价格补贴制度在我国属于新生事物，因此对粮食目标价格补贴制度的概括性认识是本书研究的前提和基础。具体研究如下：

1. 目标价格及其补贴政策的内涵

国内外关于目标价格的概念并未达成一致。国内关于目标价格的定义有上限价格、下限价格和参考价格三种观点，从提高操作性的角度出发，本书提出，目标价格是一种基于以保障农民基本收益为核心政策目标而设定的参考价格。目标价格补贴是指依据目标价格计算得到的给予生产者的各种补贴，因此对应于不同的补贴政策设计，目标价格补贴的种类和构成也会不同。我国实行的差价补贴仅是目标价格补贴的特殊形式。

2. 粮食目标价格补贴制度的国际经验

通过总结美国、日本、墨西哥等国的粮食目标价格补贴制度实施经验，以期对我国有所借鉴。以美国为例，总结了美国粮食目标价格补贴制度的发展历程、主要特征、具体操作方式，其主要特征有：农业生产者必须以签订合同的形式参加计划、补贴水平以历史面积和产量为基础、补贴方式灵活多样、目标价格水平设置较低、目标价格与支持价格及市场价格并存、政策覆盖的农产品范围广、补贴政策适时调整等。

3. 粮食目标价格补贴制度的模式与结构

通过分析发现，国内外粮食目标价格补贴制度最典型或最一般的模式就是美国的直接补贴与反周期补贴制度（DCP），根据支持价格是否实施、直接补贴或反周期补贴是否为零，可以延伸出不同的补贴结构。

## 二、目标价格补贴国际约束及其影响

国际约束是我国制定粮食目标价格补贴制度所必须遵守的外部约束条件。其主要研究内容如下：

（1）农业协议及入世承诺约束。加入 WTO 后，我国实行了高度开放的农产品贸易政策，主要体现在市场准入、国内支持和出口补贴三个方面，而且随着市场开放程度的加深与农产品生产成本的提高，市场准入和出口补贴方面的承诺及变化就会开始对国内支持政策的制定以及实施产生不利的影响。

（2）中国农业国内支持通报总结。对我国向 WTO 通报的 1996—2016 年农业国内支持研究发现，我国特定农产品补贴由入世前的零值或负值开始增加，自 2011 年起部分特定农产品的补贴超限，这也导致农业综合支持总量（Total Aggregate Measurement of Support，TAMS）超过了承诺的零值上限。同时我们发现，大豆、棉花目标价格补贴超过了特定农产品补贴上限。

（3）美国起诉中国农业国内支持案（DS511 案）评价及影响。总结专家组报告的结论与主要发现，对其进行评价，探讨该案对粮食生产者补贴制度的短期和长期影响。

## 三、大豆目标价格补贴政策及其调查

首先总结我国大豆目标价格政策的特点，其次对大豆目标价格补贴政策进行调查研究，以期发现目标价格实施过程中存在的问题，并在实际调查中验证相关理论。通过对目标价格补贴政策试点区域黑龙江省的实地调查，课题组发现了目标价格补贴政策实施中存在的问题，如目标价格水平低、补贴对象难落实、补贴面积难统计、补贴发放时间晚、补贴品种不明确、政策宣传不到位等，同时发现了影响农户大豆种植决策的因素，如大豆目标价格、大豆市场价格、替代作物价格和生产成本等。

## 四、目标价格补贴效应评价及框架设计

大豆目标价格补贴政策效应评价是本书研究的重要内容之一。通过理论分析发现，大豆的目标价格就是农户生产大豆的边际收益或平均收益，是决定农户播种面积的关键变量，因此目标价格与临时收储价格的产量效应相同。大豆目标价格补贴政策产量效应的影响因素有：大豆目标价格、大豆市场价格、大豆生产成本、替代作物价格及政策设计与执行状况。实施大豆目标价格补贴政策后，产量仍然增长缓慢的原因在于，大豆目标价格水平偏低、目标价格补贴政策实施范围小于临时收储价格政策、目标价格补贴促使农资价格和生产成本提高、目标价格政策宣传执行不到位等，但是目标价格补贴的长期产量效应会好于短期产量效应。对目标价格的价差效应的分析，通过建立国内外市场均衡模型可以得出国内外价差应为零的结论。但现实是，目标价格补贴政策实施期间，经历了价差先扩大后缩小但最终价差仍然不为零的过程，即长期价差仍然很大。其原因在于，国产大豆与进口大豆实质是两种产品、两个市场，有限的目标价格补贴不足以消除由成本差决定的价差。分析大豆目标价格补贴政策的加工效应可以发现，导致国产大豆加工企业仍然普遍停产的原因在于：国产油豆的市场供应量难以满足规模加工企业的开工需求、加工国产大豆亏损、外资企业的战略性行为等。大豆目标价格补贴产量效应的实证分析方面，通过建立 DID 模型发现，目标价格补贴政策对提高产量有一定的政策效果，但还有待提高，而且大豆生产成本对大豆播种面积有负向影响。

大豆目标价格补贴政策的实施面临三种困境，即补贴总量面临 WTO“黄箱”补贴空间和国内财政双重压力、目标价格补贴政策设计复杂及执行难、利益调整难。要提高大豆目标价格政策的有效性，必须明确大豆在粮食安全中的地位和目标价格补贴的政策目标、建立保护和开发国产大豆的战略性贸易政策、完善目标价格补贴政策的设计与执行、建立健全政策

配套措施及支撑性条件。

## 五、粮食生产者补贴制度本质及效应

粮食生产者补贴制度的目标价格补贴本质及效应是本书延展研究所必须回答的重要问题。从理论探索的艰难性、现实约束和改革的必然性方面，分析了我国粮食目标价格补贴制度试点演变为粮食生产者补贴制度的动因。通过分析粮食生产者补贴的渊源，对我国的粮食直接补贴、目标价格补贴和生产者补贴制度进行比较分析，并根据目标价格补贴的定义分析发现，粮食生产者补贴制度与目标价格补贴制度相比，虽然在政策设计上有所不同，但是其在本质上仍属于目标价格补贴。建立供求局部均衡模型，分析玉米、稻谷生产者补贴制度的基本原理，分别分析这两种生产者补贴制度的产量效应、财政支出效应、收入公平效应，对玉米生产者补贴制度还要分析其去库存效应，对稻谷生产者补贴制度要结合中美农业国内支持争端案的裁决结果来分析其“黄箱”补贴效应。通过分析发现，由临时收储制度或最低收购价制度演变为粮食目标价格补贴制度，如果保证政策实施区域农民收入不变，则政策实施区域粮食产量不变，但是由于政策不公性存在，政策非实施区域的粮食产量会减少，从而导致粮食生产向主产区或政策实施区域集中，全国粮食产量会有下降趋势；不包括政府储粮支出在内的财政支出会增加；单纯的玉米生产者补贴制度不可能达到玉米去库存的政策效果；以稻谷收购量作为适用于管理价格的有效产量（QEP）计算出的 MPS“黄箱”补贴会小于我国承诺的特定农产品补贴上限；针对多个品种实施的粮食生产者补贴制度具有结构调整效应。通过对东北三省及内蒙古自治区粮食生产者补贴制度实施状况调查后发现，粮食生产者补贴制度取得了明显的成效，如粮食结构调整明显等，但是也存在着市场价格波动加大等问题。

## 六、生产者补贴制度比较及机制设计

在对粮食生产者补贴制度进行国际比较的基础上，探讨优化我国粮食生产者补贴制度的机制是本书研究的落脚点。从政策目标、约束条件、本质特征、政策结构、领取条件和补贴规模等方面，对比中美两国的粮食生产者补贴制度可以发现，中国的补贴政策改革与美国的变化趋势相同，但是存在特定农产品补贴过高、非特定农产品补贴及“绿箱”补贴利用不足等问题。粮食补贴机制的设计，要求立足WTO“黄箱”补贴约束和国内财政约束，特别是“黄箱”补贴约束条件，实现稳定粮食产量、农民收入、粮食价格以及确保收入公平等目标，这要求解决三个理论问题：实行生产者补贴制度是否要放弃支持价格制度、与当期种植面积脱钩的补贴是否会产生粮食安全问题、单一的补贴政策是否会达到政策效果。粮食生产者补贴机制的设计，其主要内容就是要完善粮食收购制度，短期内既要预测和提前宣布稻谷、小麦的收购量并向农民发放销售配额，还要夯实生产者补贴通报为“蓝箱”补贴的条件、把生产者补贴部分转化为固定补贴、建立区际补贴公平机制和补贴合约、建立粮食补贴制度的配套措施。

## 七、粮食生产者补贴制度的基础保障

粮食生产者补贴制度的基础保障，是确保我国粮食生产者补贴制度有效性和长效性的基础条件。单一地改革和完善粮食生产者补贴制度是不可能达到其政策目标的，而且生产者补贴政策的设计与完善的重要前提就是必须有明确的政策目标、良好的外部贸易环境、良好的内部基础条件。因此，这就要求我们对粮食安全的形势进行客观判断，合理实施适度进口战略，完善市场基础条件和提高调控能力。通过构建新的自给率指标体系并测算发现，我国的粮食安全水平实际上很高，不必过于担忧我国的粮食安全问题。我国的粮食进口经历了调剂余缺、进口快速增长和适度进口三个阶段，粮食适度进口有其必然性与可行性，完善适度进口战略要求把握适度进口的核心要义和基本标准、发挥好WTO的作用、加快实施粮食多元化及走出去战略等。加强市场基础条件，要求我国降低粮食生产成本、建设粮食全球供求信息系统、建设好期货市场、打造民族粮食企业航母、规制跨国粮商、加强对本国粮食特别是大豆的政府营销。加强粮食市场调控能力要求我国建立粮食统筹管理机构，提高粮食政策制定能力、应急反应能力和政策执行能力。

# 第四节 研究方法与路线

## 一、研究方法

本书吸收和借鉴了国际经济学、农业经济学等理论学说，综合运用定性分析与定量分析相结合、实证分析与规范分析相结合的方法，立足粮食国际化和市场化大背景，借鉴国际经验，研究适应国际贸易规则要求、确保我国粮食安全、具有中国特色的粮食目标价格补贴及生产者补贴制度。采用的主要研究方法如下。

1. 调查研究法

2015年，笔者远赴黑龙江省大豆主产区，对黑龙江省大豆协会、九三农垦尖山农场、讷河种粮大户和嫩江大豆城、九三油脂粮食收购加工企业等进行调研，同时向大豆种植户发放问卷；在课题研究期间，不断通过电话、微信等方式对黑龙江省大豆协会、农户、农场进行调研，取得了可靠的一手数据与资料。2020年5～6月，笔者又组织了一次对东北三省、内蒙古以及湖南等省份的更大规模的问卷调查和深度访谈活动，以总结粮食生产者补贴制度实施现状及成效，预判自2020年起新实施的稻谷限量收购政策的市场反应。

2. 比较分析法

作者通过对粮食目标价格补贴制度的研究，总结了美国、日本等国粮食目标价格管理的经验，并通过对中美两国补贴制度的比较，来判断我国粮食补贴制度是否符合国际趋势，以及我国未来的改革方向。同时，还对国内外粮食补贴政策及其演变进行比较分析，如比较目标价格补贴、生产者补贴、直接补贴制度间的异同，从而加深对我国当前补贴制度改革的认识，获取以往制度对现有制度改革的经验。

3. 现代数理分析法

一方面，作者运用西方经济学的理论，特别是供求均衡、福利经济学等理论，分析补贴政策对价格、产量、财政支出、“黄箱”补贴的影响等；另一方面，运用实地调研及从国内外网站收集大量的数据，进行统计性分析和计量分析，特别是建立了双重差分模型（DID）对政策效应进行评价。

## 二、研究路线

本书在总结粮食目标价格补贴基本原理、粮食补贴外部国际约束的基础上，探讨粮食目标价格补贴制度的试点及演变的效应评价、机制设计、基础保障，并最终提出完善我国粮食生产者补贴制度的对策建议。本书分为三大部分。

1. 研究前提与基础

包括目标价格补贴概论和粮食补贴的国际约束。目标价格补贴制度在我国属于新生事物，因此研究目标价格及其补贴的概念、内涵和国际经验，是我们研究目标价格补贴制度的基本前提。我国的粮食补贴又受国际约束，从入世承诺约束、中国历年向 WTO 通报的农业国内支持变化趋势、美国诉中国农业国内支持案对我国补贴政策所产生的影响等方面，探讨我国粮食补贴政策改革所面临的外部约束条件。

2. 粮食目标价格补贴制度试点研究。从大豆目标价格补贴政策基本内容、实施调查、效应评价再到整体性框架设计，层层展开分析。就大豆目标价格补贴政策基本内容而言，在总结我国大豆目标价格补贴政策内容的基础上，还将其与棉花目标价格补贴政策进行比较。就大豆目标价格补贴政策实施调查而言，笔者赴黑龙江省大豆产区调查研究政策设计与执行存在的问题。就大豆目标价格补贴政策效应评价而言，主要从产量效应、价差效应和加工效应三个方面来分析政策成效及其原因。其中，产量效应方面，通过理论与实地考察的方法，探求其影响因素，并建立实证模型加以验证。就大豆目标价格补贴政策的框架而言，首先分析政策实施困境，其次结合试点调查及效应评价的结果，提出完善我国大豆目标价格补贴政策的整体性框架设计方案。

3. 粮食生产者补贴制度研究。首先，分析目标价格补贴演变为粮食生产者补贴制度的动因，论证粮食生产者补贴制度的目标价格补贴本质，并进行效应评价；其次，对中美粮食生产者补贴制度在政策目标、约束条件、本质特征等方面进行比较；其次，探讨粮食生产者补贴制度的约束条件、政策目标、理论基础及机制设计；最后，从科学评价粮食安全形势、适度保护国内市场、加强粮食市场基础条件和调控能力建设等方面，探讨为粮食生产者补贴制度的制定与实施提供基础保障条件。

具体技术路线如图 1 -1 所示。

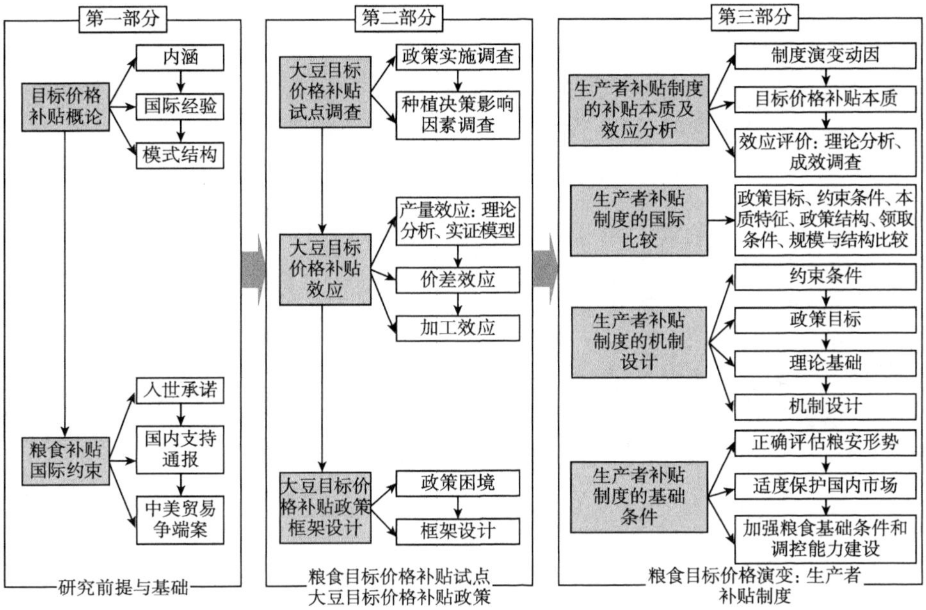


**图 1 -1　技术路线**

如图 1 -1 所示，本书三大部分之间的内在逻辑关系是：①目标价格补贴制度在我国属于新生事物，需要我们从理论上、国际经验上对其形成概括性的认识，而且我国补贴政策受到 WTO “黄箱” 补贴的实质性约束，因此对目标价格补贴概论和粮食补贴国际约束的研究就成为本书的研究前提；②粮食目标价格补贴制度试点和粮食生产者补贴制度的理论与实证研究，是本书研究的重要内容，并具有内在的学术关联。粮食生产者补贴制度本质上仍属于目标价格补贴，这既要加强各自的研究，又要突出两者间的联系，特别是目标价格补贴阶段的研究成果可为生产者补贴阶段提供必要的借鉴。对于我国的粮食目标价格补贴制度，由于是在大豆这个贸易自由化程度最高的品种上试点，所以不能仅凭其表面的成效，就对粮食目标价格补贴政策的成效和适用性做出简单判断，必须客观评价其效应，并总结经验教训。而对于粮食生产者补贴制度的研究，也不能仅凭表面的成效，就忽视其面临的挑战与威胁，这需要对政策效应进行客观评价，并在借鉴目标价格补贴阶段的研究成果的基础上，提出相应的改革建议。因此，粮食目标价格补贴阶段的研究与粮食生产者补贴制度阶段的研究，有其内在学术关联。

# 第二部分

## 粮食目标价格补贴制度研究前提与基础

自2014年起，我国开始对大豆进行粮食目标价格补贴制度试点。从2016年起，粮食目标价格补贴制度又向生产者补贴制度演变。目标价格补贴制度虽然在发达国家有悠久的历史，但是在我国还是新生事物。所以，作为一项新实施的制度，我们必须加强其理论研究，并总结国际经验，才能用于指导政策实践。同时，我们必须清醒地认识到，粮食目标价格补贴制度改革是我国适应国际市场冲击国内市场的压力而进行的改革，在实践中这种压力会不断加强与演变。传统的目标价格补贴属于“黄箱”补贴，我国对特定农产品的“黄箱”补贴总量还要受到国际约束，粮食等农产品市场准入的扩大也会对补贴产生影响，因此我们必须探讨国际约束对我国粮食目标价格补贴制度试点及其改革所产生的影响。所以，关于粮食目标价格补贴制度的概括性认识、粮食目标价格补贴制度的国际约束及其影响，是研究粮食目标价格补贴制度的前提与基础。第一部分共有两章，第二章为粮食目标价格补贴制度概论，主要研究粮食目标价格补贴制度的概念与内涵、国际经验、补贴模式与结构等；第三章为我国粮食目标价格补贴制度的国际约束及其影响，主要分析WTO农业协议及入世承诺约束、中国农业国内支持通报、美国诉中国农业国内支持案及其对我国粮食补贴制度的影响。

# 第二章　粮食目标价格补贴制度概论

目标价格补贴制度在发达国家有悠久的历史，但在我国尚属新生事物。因此，借鉴国内外特别是国外的实践经验及理论成果，对目标价格补贴制度形成概括性的认识是研究的起点和前提。本章探讨了目标价格的内涵、国际经验、模式与结构。

## 第一节　目标价格补贴政策的内涵

### 一、目标价格补贴的概念

要准确理解目标价格补贴的概念，必须先从目标价格的概念入手。目标价格补贴政策起源于美国 1973 年《农场法案》，美国历次的农场法案中关于“目标价格”的定义是指用来计算生产者得到的差价补贴或反周期补贴的工具。如按照 2002 年农业法的定义是，每蒲式耳（或在陆地棉、稻谷和其他油脂中的相关单位）农产品在属于规定范围内的产品中用于确定反周期支付的补贴率的价格，这种价格实际上是一种国家提供特定农业补贴的价格计算标准①。

国内学者有关目标价格的定义主要有三种观点。第一种观点认为目标价格是一种上限价格，是农产品价格变动的上限，实际市场价格不能高于

① 秦中春．国外农产品目标价格制度的分析与借鉴[J]．区域经济评论，2015(3)．

目标价格，否则政府将会对市场价格进行干预，欧盟的农产品目标价格就是典型的上限价格[①②]。第二种观点则认为目标价格是一种下限价格，当市场价格低于目标价格时，政府要提供价格支持[③]。第三种观点认为，目标价格既不是上限价格也不是下限价格，而是一种基于多功能的政策性参考价格[④⑤⑥⑦⑧]。如孔祥平[⑨]和许伟认为，粮食目标价格是某一国家或某一地区为稳定生产、保障粮食安全，综合一定时期内种粮成本和种粮农民合理收益等因素的一种政策性参考价格。2014 年公布的《新疆棉花目标价格改革试点工作实施方案》中的棉花目标价格是指棉花价格在主要由市场形成的基础上，国家制定的能够保障种植者获得基本收益的目标价格[⑩]。财政部《关于大豆目标价格补贴的指导意见》[⑪] 指出大豆目标价格补贴是指在大豆价格主要由市场形成的基础上，国家事先确定的能够保障农民获得基本收益的大豆目标价格。可见，官方公布的目标价格更加倾向于作为一种保障农民基本收益的政策性参考价格。本文认为，目标价格是一种基于以保障农民基本收益为核心的政策目标而设定的参考价格。

对于目标价格补贴，目前还没有一个明确的定义。我们认为，目标价格补贴是指依据目标价格计算得到的给予生产者的各种补贴。美国的目标价格补贴在不同的历史阶段其叫法也不同。1973—1995 年，主要是指差价补贴和营销贷款差额补贴。2002—2013 年，主要是指直接与反周期补贴、

---

① 刘卓甫．物价手册[M]．北京：中国财政经济出版社，1982.

② 伍世安，刘萍，付兴．论中国粮食目标价格的目标及测算：以玉米为例[J]．江西财经大学学报，2012(1).

③ 刘颖．国外粮食流通体制比较与启示[J]．世界农业，2008(1).

④ 中国价格协会课题组．解放思想　敢于变革　敢于创新：价格改革 30 年的回顾与展望[J]．价格理论与实践，2008(6).

⑤ 李林茂，冷崇总，李群．建立粮食收购“三元一补”价格机制的思考[J]．价格月刊，2009(11).

⑥ 吉林省物价局粮价课题组．关于实行玉米目标价格政策的探讨[J]．价格理论与实践，2010(11).

⑦ 张千友．粮食目标价格：内涵、障碍与突破[J]．价格理论与实践，2011(3).

⑧ 秦中春．科学理解农产品目标价格制度的内容[N]．中国经济时报，2014-9-22.

⑨ 孔祥平，许伟．关于建立粮食目标价格的几点思考[J]．价格理论与实践，2010(3).

⑩ 新疆棉花目标价格改革试点工作实施方案[EB/OL]．http://www.cfi.gov.cn/view-204-4698.html.

⑪ 财政部关于大豆目标价格补贴的指导意见（财建〔2014〕695 号）[EB/OL]．http://jjs.mof.gov.cn/zhengwuxinxi/zhengcefagui/201411/t20141128_1161139.html.

营销贷款差额补贴以及平均作物收入选择补贴。当前我国的目标价格补贴相对简单，是指依据政府事先确定的目标价格及实际的市场价格，按目标价格与市场价格的差价对农民实行的差价补贴。但是，随着我国粮食补贴政策的变化，目标价格补贴的种类和构成也会发生变化，或者越来越丰富。也就是说，我们不能狭隘地将目标价格补贴等同于差价补贴，仅包含差价补贴的目标价格补贴只是目标价格补贴的特殊形式而已[①]。

综上所述，对于目标价格及目标价格补贴必须准确地把握其内涵。①目标价格是政府保证农民粮食生产所获得的平均收益，这是其核心和本质。由于价格是波动的，并且市场平均价格不能保障农民获得基本的合理收益，这也是目标价格产生的根本原因。政府通过补贴，再加上农民从市场获得的收入，保障了农民生产单位农产品的平均收益，这个平均收益就是目标价格。或者说，当存在目标价格补贴时，价格与补贴是相互分离的。②所谓目标价格补贴，就是由市场价格、目标价格及补贴制度决定的各种补贴。一般而言，当市场价格小于目标价格，就需要政府给予农民补贴。根据美国及其他各国的补贴制度，补贴又分固定补贴和可变补贴，而且补贴既可以与实际产量或基期产量挂钩，又可以与价格挂钩或脱钩，总之补贴种类多种多样。如美国的直接补贴、生产灵活性合同补贴都属于固定补贴，反周期补贴、营销贷款补贴都与价格挂钩，但是反周期补贴又与基期产量挂钩，营销贷款补贴又与实际产量挂钩。2014—2016 年我国对大豆实行的目标价格补贴，仅是差价补贴，即固定补贴为零，而且补贴与实际产量播种面积挂钩，是目标价格补贴的特殊形式，是一种最简单的目标价格补贴。③目标价格可以是政府明确宣布的，也可以是心照不宣的或隐含的。政府可以明确宣布农产品目标价格的高低，并据此发布各种补贴。政府可以向农民发放补贴，再加上市场价格，来确定农民种粮的实际平均收益。如果实际平均收益小于政府的期望值的话，政府就有可能再增加补贴，或者采取措施提高市场价格，最终使平均收益的实际值等于期望值。

① 胡迪，杨向阳，王舒娟．大豆目标价格补贴政策对农户生产行为的影响[J]．农业技术经济，2019(3)．

那么，政府设定的农民生产农产品平均收益的期望值，就是农产品目标价格，但是这个目标价格是隐含的，不是政府明确规定的。

## 二、目标价格补贴政策目标

任何一项农业政策都应有其明确的政策目标，农产品目标价格补贴政策也不例外。美国的目标价格补贴政策虽然时间跨度大，每个特定历史阶段的政策目标通过历次的农业法案不断进行调整，但是主要的政策目标仍然集中于增加农民收入、减少农产品剩余、稳定粮价等方面①。国内学者围绕我国实施农产品目标价格补贴政策的目标进行了大量研究，比较一致的观点是保障粮食安全、促进农民增收、稳定粮价②③④。但伍世安等（2012）则认为，实施目标价格补贴政策的目标还应包括均衡城乡居民收入、协调现期货价格、衔接国际国内粮价等⑤。

从国家相关文件可以分析出国家的目标价格补贴政策目标。早在2008年国务院发布的《国家粮食安全中长期规划纲要（2008—2020年）》⑥就明确指出，借鉴国际经验，探索研究目标价格补贴政策，建立符合市场化要求、适合中国国情的新型粮食价格支持体系，促进粮食生产长期稳定发展。可见，促进粮食生产长期稳定发展是目标价格补贴政策的核心目标。而根据当时文件出台的国际背景，即一方面农产品进出口贸易出现逆差，大豆和棉花进口量逐年扩大；另一方面2008年发生了全球粮食危机，我们发现政策目标还包括应对国际冲击和保障本国粮食安全。2014年的中央一号文件以及随后各试点省份相继发布的棉花和大豆目标价格改革试点工作实施方案，明确指出了政府实施目标价格补贴政策的目标集中在保障粮食

---

① USDA, Economic Research Service. "Rice Situation and Outlook Yearbook" research report, 64, 1992.

② 戴冠来. 粮食目标价格的地位和作用[J]. 中国物价, 2009(10).

③ 李林茂, 冷崇总, 李群. 建立粮食收购"三元一补"价格机制的思考[J]. 价格月刊, 2009(11).

④ 孔祥平, 许伟. 关于建立粮食目标价格的几点思考[J]. 价格理论与实践, 2010(3).

⑤ 伍世安, 刘萍, 付兴. 论中国粮食目标价格的目标及测算: 以玉米为例[J]. 江西财经大学学报, 2012(1).

⑥ 国家粮食安全中长期规划纲要[EB/OL]. http://www.gov.cn/test/2008-11/14/content_1148698.htm.

安全、完善农产品价格形成机制、扭转国内外粮价大幅度倒挂局面、保障农民基本收益、统筹兼顾粮食加工企业利益等方面。虽然有部分学者认为目标价格补贴政策难以实现这么多目标（黄季焜，2015），或者认为目标价格政策要与其他政策配合才能实现国家的政策目标（秦中春，2015），但是无论如何都不能否认目标价格补贴政策对这些政策目标的重要作用。

综上所述，目标价格补贴政策目标主要有三个：①稳定生产与保障国家粮食安全。通过目标价格补贴政策的实施，稳定国内粮食生产，进而保障国家粮食安全。②农民增收。政府设定的目标价格要保障农民的基本收益，农民增收是稳定粮食生产的基础。③价补分离与降低国内粮食价格。临时收储等支持价格政策是价补合一的补贴方式，在我国关税与非关税壁垒很低、难以将国内外市场有效隔离的背景下，就会造成国内价格高于国际市场，从而产生一系列严重的问题：生产量、库存量和进口量三量齐增，用粮企业国产原料成本高，国产粮食国际竞争力弱和有效需求不足等。而实施目标价格政策，可以将补贴与价格分离，粮食价格由市场来决定，从而降低国内粮食价格，缩小国内外粮食价差。

## 三、目标价格定价原则及补贴测算

由于目标价格是一种基于以保障农民基本收益为核心的政策目标而设定的参考价格，因此现实中目标价格的定价法则要基于生产成本和基本收益。美国 1973 年《农业法案》确立的目标价格定价原则为“生产成本 + 基本收益”。虽然以后历次的农业法案会基于生产价格指数、利息、税收以及工资率等进行适当的调整，但是基本的定价原则还是延续了下来。美国农业部会依据农业统计服务局在全国收集的农产品销售价格、农产品投入价格以及农产品收益等数据初步确定农产品目标价格，然后由国会讨论产生最后的目标价格，并写入《农业法案》[①]。美国的农产品目标价格一般较低，仅略高于全国营销贷款率（营销贷款率类似中国的最低收购价或临

---

① Olson. Provisions and Potential Impacts of the Average Crop Revenue Election (ACRE) Program [R]. Department of Applied Economics, University of Minnesota: Staff Papers, 2008.

储价，属于支持价格），且目标价格一旦确定，基本上维持5年不变，直到该农业法案到期才会重新调整。

在目标价格的定价原则上，大部分学者认为应当采取“生产成本+基本收益”。但是有关生产成本的理解还存在分歧：一种观点认为生产成本包括物质与服务费用、人工成本以及土地成本三大方面①②；另一种观点则认为生产成本的内涵应该更加丰富，如在生产过程中把对环境的损害而产生的环境成本也应计算在内③。但是，把环境成本计算在目标价格内并据此给农民发放补贴的做法，意味着国家鼓励农民使用损害环境的生产方法，即环境污染越大，目标价格越高，农民获得补贴越多，生产就越多，因此这种方法是错误的。正如企业在生产中污染环境，进而产生了环境成本，国家纠正这种市场失灵的做法之一就是向企业征收污染税，而非向其增加补贴。征税的结果就是，产品价格提高，生产量减少至合理水平，国家可以利用征得的税收进行环境治理。环境污染成本应由生产者和消费者共同承担，而非纳税人补贴给生产者。因此，环境成本不应计入用于发放农民补贴的目标价格中。当然，也有部分学者不认同“生产成本+合理收益”的定价原则，如黄季焜等④（2015）认为目标价格的政策目标应以抵御市场风险为主，促进农民增收为辅，因此目标价格应依据其长期价格变动趋势而定；Noel（1989）则从经济效率观点出发，提出给定农产品目标价格应设定在均衡价格水平，或是将各种农产品目标价格设定为高于市场价格相同比例的水平⑤。这两位学者分析的科学性不言而喻，如果由目标价格确定的补贴都是与生产或价格挂钩的，则目标价格自然不宜过高，否则会产生过量生产及成本提高等效率低下的问题；但是，如果由目标价格确定的补贴还含有与生产或价格不挂钩的补贴，则目标价格就要适当提

① 刘刚，侯晋封．完善粮食补贴政策实行反周期性粮食直接补贴[J]．宏观经济管理，2008(6).

② 吉林省物价局粮价课题组．关于实行玉米目标价格政策的探讨[J]．价格理论与实践，2010(11).

③ 李林茂，冷崇总，李群．建立粮食收购“三元一补”价格机制的思考[J]．价格月刊，2009(11).

④ 黄季焜，王丹，胡继亮．对实施农产品目标价格政策的思考：基于新疆棉花目标价格改革试点的分析[J]．中国农村经济，2015(5).

⑤ Noel D. Uri. Target Prices, Market Prices, and Economic Efficiency in Agriculture in the United States[J]. Journal of Consumer Policy, 1989(12): 1 – 17.

高，才不会产生过量生产及成本提高的问题。因此，目标价格的高低还要取决于由目标价格政策决定的目标价格补贴结构，与生产或价格脱钩的补贴越多或占比越高，目标价格就越高，反之则越低。

具体到农产品目标价格测算方面，生产成本和合理收益多采用前5年的平均值进行调整得出①②③④⑤。虽然伍世安⑥等（2012）基于保障粮食安全、均衡城乡居民收入、协调现货期货价格、衔接国际国内价格、控制物价总体水平等五个政策目标，进行加权测算目标价格的做法有其科学性，但是从实际来看并不常用。从各试点省（自治区）公布的目标价格改革试点工作实施方案来看，我国农产品目标价格定价还是按照“生产成本+基本收益”的原则，即：目标价格=生产成本+基本收益。其中，基本收益=保障系数（$K$）×净利润，保障系数（$K$）取值为0～1⑦，而保障系数（$K$）具体取值的方法就不得而知了。2014—2016年，我国新疆棉花的目标价格分别为19800元/吨、19100元/吨、18600元/吨，内蒙古、东北的大豆目标价格均为4800元/吨。

就目标价格补贴测算而言，美国农产品目标价格补贴多以历史数据为依据确定补贴标准，对生产和市场的扭曲较少。其具体的目标价格补贴计算公式为：目标价格补贴=补贴支付率×核定的补贴单产×核定的补贴面积，补贴支付率=目标价格－max（该农产品市场平均价格，该农产品营销贷款率），其中核定的单产和核定的补贴面积均不是以当期的单产和面积为依据的。我国试点阶段的大豆目标价格补贴的计算公式可以概括为：目标价格补贴=（目标价格－采价期内的市场平均价格）×农产品数量。目前，学术界最大的争议主要集中于“农产品数量”到底应该是农民的实

① 孔祥平，许伟．关于建立粮食目标价格的几点思考[J]．价格理论与实践，2010(3)．

② 广东省价格协会课题组．建立广东稻谷目标价格政策研究[J]．市场经济与价格，2010(1)．

③ 吉林省物价局粮价课题组．关于实行玉米目标价格政策的探讨[J]．价格理论与实践，2010(11)．

④ 王文涛．粮食目标价格和反周期补贴政策研究：基于市场化国际化背景下的分析[J]．价格理论与实践，2011(12)．

⑤ 徐雪高，沈贵银，翟雪玲．我国大豆目标价格补贴研究[J]．价格理论与实践，2013(3)．

⑥ 伍世安，刘萍，付兴．论中国粮食目标价格的目标及测算：以玉米为例[J]．江西财经大学学报，2012(1)．

⑦ 卢凌宵，刘慧，秦富，等．我国农产品目标补贴试点研究[J]．农业经济问题，2015(7)．

际农产品销售量，还是农产品收获量。按照农产品实际销售量来计算目标价格补贴可以有效提高农民的种粮积极性，卖的粮食越多，得到的补贴越多，还可以有效避免一些弄虚作假套取国家补贴的行为。而按照农产品的总产量来计算目标价格补贴要更加准确，因为政府公布的目标价格是以农产品总产量的生产成本和收益进行计算的，如果按照实际销售量进行计算则会造成农民应有的生产成本与收益受损，并且在具体执行的过程中十分困难，缺乏可操作性。依据 2014 年以来国家大豆目标价格补贴改革试点的实际执行情况，大豆目标价格补贴的发放依据是当期的大豆收获量。2014 年黑龙江、吉林、内蒙古三省份的大豆目标价格补贴水平分别为：60. 5 元/亩、54. 0 元/亩、36. 6 元/亩。

综上所述，粮食目标价格的定价与补贴测算应坚持以下原则：①按“生产成本 + 基本收益”来确定目标价格，环境成本不应计入生产成本。②目标价格水平不应设置过高，否则会产生扭曲生产问题。③目标价格补贴应形式多样，操作简单。目标价格补贴不应全部与实际产量或播种面积挂钩，还应实行半挂钩或脱钩补贴。如美国的营销贷款补贴与价格及实际产量挂钩；直接补贴与基期面积而非实际播种面积挂钩；反周期补贴与价格和基期面积挂钩，而与实际播种面积脱钩。

## 四、目标价格补贴操作方式

实施目标价格补贴政策具体包括确定目标价格，监测采价期内市场价格，统计种植面积与产量，发放补贴等步骤。

（1）公布目标价格。美国的农产品目标价格写进了历年颁布的农业法案，直到该农业法案到期，中途不得变更目标价格。我国试点阶段的棉花和大豆目标价格由国家统一一年一定，并在作物播种前进行公布。同一品种的目标价格在各试点区域保持统一。

（2）监测市场价格。美国农产品市场平均价格的采价周期较长，一般为一个完整的市场营销年度，如 2008 年农业法案规定的玉米营销年度为 9 月1 日至次年 8 月 31 日。具体的价格监测与统计工作由美国农业部全国农业统计服务局完成①。中国农产品市场价格采用试点省份的平均价格，但采价期则较短。2014 年新疆棉花市场价格采价期为 9 月至 11 月，内蒙古和东北的大豆市场价格采价期为 10 月至次年 3 月。我国目标价格补贴试点阶段的农产品市场价格采价期较短，不能较好地反映农产品全年在市场上的价格运行情况。

（3）统计作物种植面积与产量。美国参加目标价格补贴计划的农业生产者，必须在规定时间内与政府签订种植合同，并按合同约定的种植面积进行农业生产。我国试点阶段的棉花和大豆种植面积首先由农户进行面积申报，其次由政府组织工作人员进行核实并汇总。其中，新疆维吾尔自治区要在每年的 7 月底完成播种面积的统计工作，在 12 月初完成棉花生产量统计工作。内蒙古自治区和东北三省要在每年的 3 月底前提供上一年度各县市大豆播种面积及产量数据。

（4）补贴发放。美国农产品目标价格补贴发放工作由商品信贷公司完成，生产者可以选择是否领取部分预先支付的目标价格补贴，如果领取的预先支付目标价格补贴大于最终实际应该支付的比例，则生产者必须退还剩余的部分。以 2008 年农业法案为例，2008—2010 年第一次发放预先支付的时间为该农作物市场年结束的 180 天后，可以领取不超过补贴总额的 40%，第二次支付是在每年的 10 月之后②。我国试点阶段的目标价格补贴发放遵循“省县包干总量，据实直补到户”的原则。财政将各试点省（自治区）的目标价格补贴总额发放到各省份，然后由各省份利用现行的粮食直补资金发放渠道逐级发放。试点阶段的大豆目标价格补贴发放时间为次年 5 月底前。2014 年的新疆棉花目标价格补贴分两次发放，第一次按照农户种植面积发放 60%，第二次按照农户的棉花交售量发放余下的 40%。自 2015 年起，棉花目标价格补贴改为一次性发放③。

---

① 彭超．美国农业目标价格补贴：操作方式及其对中国的借鉴[J]．世界农业，2013(11)．

② USDA. Food, Conservation, and Energy Act of 2008, May 13, 2008.

③ 2015 年新疆维吾尔自治区棉花目标价格改革试点工作实施方案[EB/OL]. http://www. xinjiang. gov. cn/xxgk/gwgb/zfwj/2015/257160. html.

## 第二节　粮食目标价格补贴制度的国际经验

粮食目标价格补贴制度在我国还是新生事物，完善我国粮食目标价格补贴制度必须注重对国际经验的借鉴。美国、日本作为发达国家的代表，其实施目标价格补贴政策的时间较长，积累了丰富的经验。墨西哥是拉丁美洲重要的农业大国，它与中国同为发展中国家，农业特征有诸多相似之处，墨西哥在实施目标价格补贴政策中的经验教训对中国具有一定的借鉴意义。本书与诸多介绍粮食等农产品目标价格补贴政策国际经验的文献不同之处在于，其并未介绍欧盟的目标价格补贴政策。这是因为欧盟的农产品目标价格是指农产品价格浮动的上限，并不是计算生产者获得差价补贴的工具，与我国实行的目标价格补贴政策有着本质区别。

### 一、美国粮食目标价格补贴制度实施经验

#### （一）美国粮食目标价格补贴制度的发展历程

美国粮食目标价格补贴制度自 1973 年诞生以来，经过 40 多年的不断发展与完善，已经成为美国最重要的农业支持政策，对保护农场主的种植积极性，稳定农民种粮收益，促进美国农业发展具有重大作用。在不同的历史发展阶段，美国粮食目标价格补贴政策通过大量的农场法案进行了适时调整，其主要可以分为四个阶段：政策启动阶段；临时取消阶段；重新启动阶段；变相延续阶段。

*1. 启动实施阶段：1973—1995 年*

在目标价格补贴政策实施之前，美国政府实行平价补贴、无追索权贷款等一系列价格支持政策，造成国内农业生产供过于求，大量农产品积压。但 20 世纪 70 年代初自然灾害带来的世界性粮食欠收，以及苏联对美国粮食的疯狂抢购，改变了美国国内的粮食供求结构。由供过于求转变为

供不应求的局面，其结果便是国内粮食价格普遍上涨①。针对这样的情况，1973年的《农场法案》取消了价格支持政策，启动了一种新的价格补贴政策："既定价格"（The Established Price）补贴政策。当年度市场平均价格低于既定价格时，启动既定价格补贴，补贴农业生产者；当年度市场平均价格高于既定价格时，则不启动。1977年农场法案取消了"既定价格"补贴，启用"目标价格"（Target Price）补贴政策。当年度市场平均价格低于目标价格时，启动目标价格补贴，补贴农业生产者；反之，则不启动。因此，可以说既定价格补贴实则是目标价格补贴的前身，其本质是一样的，只是称呼不同而已。在1977年农场法案颁布之后，目标价格补贴政策在历次的农场法案中不断调整与完善，一直延续到美国加入WTO前夕。

2. 临时取消阶段：1996—2001年

历经多年的乌拉圭回合谈判之后，1995年WTO成立，取代了1947年成立的关贸总协定。包括美国在内的各成员国签订了《WTO农业协定》，协定要求其成员国必须严格遵守协定中关于削减国内支持、出口补贴的承诺。美国加入WTO时，承诺的国内支持微量允许空间为5%。WTO按照对生产和贸易的市场扭曲程度将国内支持政策区分为"黄箱""绿箱""蓝箱"政策。美国在WTO成立之前，为提高本国农民收入、促进农产品出口，一直实行高额农业补贴，包括直接补贴、目标价格补贴以及农产品出口补贴等。美国的目标价格补贴等支持政策属于不可免除的"黄箱"政策部分，严重扭曲了全球农产品贸易，遭到其贸易伙伴的强烈谴责。为了遵守农业协定，减少贸易摩擦，缩减农业国内支持财政预算，完善农产品市场价格形成机制，1996年美国政府取消了目标价格补贴政策，转而用过渡性的"生产灵活性合同补贴"代替目标价格补贴等国内价格支持政策②。

3. 重新启动阶段：2002—2013年

美国2002年通过的《2002年农业安全和农村投资法案》（以下简称

---

① 岑剑．美国农产品目标价格支持政策及启示[J]．世界农业，2014(9)．

② 王文涛，张秋龙．美国农产品目标价格补贴政策及其对我国的借鉴[J]．价格理论与实践，2015(1)．

《2002年农场法案》）重新启动了目标价格补贴政策，称为“直接与反周期支付”（Direct and Counter - cyclical Payment，DCP）。当有效价格低于目标价格时，反周期补贴启动；反之则不启动。有效价格等于直接支付率加上年度市场平均价格或营销贷款率（类似中国的最低收购价或临储价）中的较大者[①]。目标价格与有效价格之差为反周期支付率，目标价格主要用来确定反周期支付率。2002年农场法案中规定享受反周期补贴的粮食有小麦、大麦、燕麦、花生、玉米、高粱、大豆、大米，以及高地棉和其他油料作物。2008年通过的《2008年食品、自然保护和能源法案》（以下简称《2008年农场法案》）基本上延续了2002年农场法案中的直接与反周期支付政策，只是针对目标价格、直接支付率、营销贷款率水平做了适当调整，并将反周期支付农产品的覆盖范围扩大到干豌豆、扁豆、大鹰嘴豆、小鹰嘴豆等豆类品种[②]。2012年，美国《2008年农场法案》到期，直接支付与反周期支付政策被迫延期执行一年，2014年新出台的农场法案废除了直接支付与反周期支付政策。然而，2002—2013年实行直接支付与反周期支付政策的10多年间，除花生、大麦、玉米、高粱、水稻等少数农产品在少数年份启动过反周期支付外，其余大部分农产品从未真正启动过。

4. 变相延续阶段：2014年至今

经过两年多的辩论，2014年美国政府终于通过了备受瞩目的《2014年食物、农场及就业法案》（以下简称《2014年农场法案》）。该法案取消了直接支付、反周期补贴以及平均作物收益选择计划，但保留了营销贷款差额补贴项目。新启动了两个保险项目，即价格损失保险计划（Price Loss Coverage，PLC）和农业风险保险计划（Agriculture Risk Coverage，ARC）[③]。价格损失保险计划是指政府依据农作物的历史产量、基地面积等因素制定一个“参考价格”，当年度市场平均价格低于“参考价格”时，价格损失保险计划启动，向农业生产者提供差额补贴。列入农业风险保险计划的农产品品

① USDA. Farm Security and Rural Investment Act of 2002, May 13, 2002.

② USDA. Food, Conservation, and Energy Act of 2008, May 13, 2008.

③ USDA. Food, Farm and Jobs Bill Act of 2014, May 13, 2014.

种与2008年农场法案相比，除高地棉外其余农产品全部包括在内，且各种农产品的参考价格与目标价格相比有大幅度提高。因此，从本质上来说，价格损失保险计划依然是目标价格补贴政策的延续，只是其手段更加隐蔽，将价格支持转变为保险计划。这表明美国在主动调整国内农业政策以更好地适应《WTO农业协定》规则的约束，逐渐由“黄箱”支持政策向“绿箱”支持政策转变。美国政府2018年通过的《农业提升法案》继续强化农业风险保障，同时提高了农产品营销贷款率①。

### （二）美国粮食目标价格补贴制度的主要特征

#### 1. 农业生产者必须以签订合同的形式参加计划

美国农业生产者要享受政府的目标价格补贴，必须在规定时间内与政府签订合同，逾期则不再受理。然而，并非所有农业生产者都具备签订直接与反周期支付计划合同的资格。《2008年农场法案》规定，农场基本面积小于10英亩的农场主不得参加该计划。参加直接与反周期支付计划的个人或经营实体在享受权利的同时，还必须履行合同规定的义务，主要包括必须承担种植在基本面积上农作物的风险并保证其收获后进行市场销售，必须向农业服务局提供基本种植面积的年度利用情况报告，必须在基本面积上从事农业或与农业相关的活动，基本面积上只能种植规定的作物品种等。

#### 2. 补贴水平的设计以历史面积和产量为基础

美国粮食目标价格补贴制度采取以历史数据为基础的方式，而不是依据该农作物当期的播种面积或收获产量。如2002—2013年实行的直接与反周期支付计划中，反周期支付面积等于基础面积乘以一定的百分比，而基础面积通常等于该农作物前几年播种面积的算术平均值；反周期支付单产同样是基于历史数据，通常等于该农作物前几年的平均产量乘以一定的百分比，如《2008年农场法案》中规定，反周期支付单产等于1998—2001年平均单产的93.5%。

① 美国《2018年农业提升法案》动向及启示[EB/OL]. http://www.sinotex.cn/wap/read.asp?id=140441,2018-12-22.

3. 补贴方式灵活多样

美国农业生产者不仅可以根据农场的实际情况选择参加不同的计划，而且在同一个计划中可以选择灵活多样的补贴方式。目标价格补贴政策给农业生产者提供了多种可供选择的补贴方式。如《2002 年农场法案》为农业生产者提供了 5 种计算反周期支付基础面积的选择方案和 3 种计算反周期支付单产水平的选择方案。农业生产者除了可以选择计算目标价格补贴的参数外，还可以选择是否提前领取部分目标价格补贴。如《2008 年农场法案》规定：2008—2010 年，凡是签订合同的农业生产者都可以选择分两次获得反周期补贴。第一次支付是在该农作物市场年结束的 180 天后可以获得不超过补贴总额的 40%，第二次支付是在每年的 10 月之后，不管是否预先领取了部分反周期补贴，其余部分都会在 10 月之后全部发放。这种灵活多样的选择方式，满足了不同规模、不同层次农业生产者的需求。

4. 目标价格水平设置较低

美国目标价格水平的确定要遵循“生产成本 + 基本收益”的基本原则，最终由农场法案确定并公布，且目标价格水平较低，主要为保障农业生产者有微利。与我国最低收购价及临时收储价相比，美国目标价格水平较低，如 2012 年中国大豆的临时收储价为 4. 6 元/千克，而美国大豆目标价格为 5. 8 美元/蒲式耳，约合人民币 1. 37 元/千克（2012 年美元兑人民币汇率约为 6. 3）。由于目标价格水平设置较低，加之近年来美国主要农产品市场价格坚挺，其目标价格补贴很少启动。2002—2012 年，仅有水稻、玉米、高粱等少数粮食品种启动过目标价格补贴①。

**表 2－1　美国 2013 年直接与反周期支付时间**

| 时间＼作物 | 大麦、燕麦、小麦 | 干豌豆、扁豆 | 水稻 | 玉米、高粱、大豆 | 其他油料作物 | 大鹰嘴豆、小鹰嘴豆 |
|---|---|---|---|---|---|---|
| 营销年度 | 6 月 1 日至次年 5 月 31 日 | 7 月 1 日至次年 6 月 30 日 | 8 月 1 日至次年 7 月 31 日 | 9 月 1 日至次年 8 月 31 日 | 时间不一 | 9 月 1 日至次年 8 月 31 日 |

① 王文涛，张秋龙．美国农产品目标价格补贴政策及其对我国的借鉴[J]．价格理论与实践，2015(1).

续表

| 时间 \ 作物 | 大麦、燕麦、小麦 | 干豌豆、扁豆 | 水稻 | 玉米、高粱、大豆 | 其他油料作物 | 大鹰嘴豆、小鹰嘴豆 |
|---|---|---|---|---|---|---|
| 2013 年 10 月开始发放 | 最后的直接补贴 | — | 最后的直接补贴 | 最后的直接补贴 | 最后的直接补贴 | — |
| 2014 年 10 月开始发放 | 最后的反周期补贴 | 最后的反周期补贴 | — | 最后的反周期补贴 | — | — |
| 2014 年 12 月开始发放 | — | — | — | — | 最后的反周期补贴 | 最后的反周期补贴 |
| 2015 年 1 月开始发放 | — | — | 水稻的最后反周期补贴 | — | — | — |

资料来源：根据美国 2008 年农场法案整理所得。

5. 支持价格、目标价格、市场价格三者并存

美国的粮食价格形成机制主要由商品营销贷款率、目标价格、市场价格三者共同构成。商品营销贷款率政策是指政府为了保证农业生产者顺利销售农产品，提前预测该农产品市场价格，并以此价格贷款给农业生产者，其实质是一种支持价格。美国政府实行目标价格补贴政策后，并没有取消商品营销贷款率政策，而是继续发挥其缓解农业生产者资金压力、保证顺利销售农产品的作用。即使 2014 年农场法案取消了目标价格补贴政策，但仍然保留了商品营销贷款率政策。由此可见，实施目标价格补贴政策并非要取代支持价格政策，而应该使支持价格、目标价格、市场价格三者并存，各司其责，密切配合，共同构成农产品价格形成机制。

6. 目标价格补贴政策覆盖的粮食范围广

美国粮食目标价格补贴制度涵盖的范围十分广泛，几乎包括了美国所有的主要农产品。《2002 年美国农场法案》规定享受目标价格补贴的粮食品种有 7 类，分别是小麦、玉米、高粱、大麦、燕麦、水稻、大豆。《2008 年农场法案》又将豌豆、扁豆、大鹰嘴豆、小鹰嘴豆等 4 种食用豆以及符合条件在基地面积上种植的野生稻也纳入目标价格补贴计划。《2014 年农场法案》中的价格损失保险计划将所有粮食覆盖在计划之内。

7. 适时调整目标价格补贴政策

为更好地适应农业发展情况的变化，美国目标价格补贴政策在历年农场法案中一直进行不断的调整，主要涉及农业生产者申请资格、补贴品种、补贴面积、目标价格水平、补贴计算方式等方面。如为了保证目标价格补贴的公平性，《2002 年农场法案》规定所有农产品的目标价格补贴总额不得超过 65000 美元。《2008 年农场法案》对申请参加目标价格补贴计划的农业生产者规定：非农场调整收入不得超过 500000 美元，且农场调整收入不得超过 750000 美元。美国的目标价格补贴政策在不同的发展阶段，基于国内外经济社会形势，主动灵活地进行调整，增加政策的针对性和有效性①。

### （三）美国粮食目标价格补贴的具体操作方式

1. 目标价格与市场价格的确定

实施目标价格补贴政策的核心是提前制定目标价格。美国确定目标价格遵循的基本原则是“生产成本 + 基本收益”，同时综合考虑国内外粮食比价关系、控制物价总水平等因素。粮食的农业投入价格、生产成本收益等信息由美国农业部全国农业统计服务局在各州的分支机构负责收集。政府在制定粮食目标价格时会参考农业部提供的统计数据，初步确定一个目标价格，最终通过的目标价格则由国会辩论产生②。《2002 年农场法案》和《2008 年农场法案》制定的目标价格水平普遍较低，仅略微高于营销贷款率，保证农业生产者有基本的盈利。粮食市场价格是指各农产品市场营销年度中各月平均销售价格，具体的数据采集工作也是由全国农业统计服务局负责。根据农作物的不同生产周期，对应的市场营销年度起止时间也不同，如小麦、大麦、燕麦的营销年度是 6 月 1 日至次年 5 月 31 日，玉米、高粱的营销年度则是 9 月 1 日至次年 8 月 31 日。

---

① 刘慧，李宁辉．基于直接和反周期支付的美国粮食调控政策探讨[J]．世界农业，2014(2)．

② Andrew Schmitz，Troy G，Schmitz，Frederick Rossi. Agricultural Subsidies in Developed Countries：Impact on Global Welfare [J]. Review of Agricultural Economics，2006(3)：416 –425.

**表 2－2　2002—2012 年美国粮食目标价格及贷款率**

| 农产品 | 指标 | 2002—2003 年 | 2004—2007 年 | 2008—2009 年 | 2010—2012 年 |
|---|---|---|---|---|---|
| 小麦（$/蒲式耳） | 贷款率（%） | 2.80 | 2.75 | 2.75 | 2.94 |
| | 目标价格 | 3.86 | 3.92 | 3.92 | 4.17 |
| 大麦（$/蒲式耳） | 贷款率（%） | 1.88 | 1.85 | 1.85 | 1.95 |
| | 目标价格 | 2.21 | 2.24 | 2.24 | 2.63 |
| 燕麦（$/蒲式耳） | 贷款率（%） | 1.35 | 1.33 | 1.33 | 1.39 |
| | 目标价格 | 1.40 | 1.44 | 1.44 | 1.79 |
| 玉米（$/蒲式耳） | 贷款率（%） | 1.98 | 1.95 | 1.95 | 1.95 |
| | 目标价格 | 2.60 | 2.63 | 2.63 | 2.63 |
| 大豆（$/蒲式耳） | 贷款率（%） | 5.00 | 5.00 | 5.00 | 5.00 |
| | 目标价格 | 5.80 | 5.80 | 5.80 | 6.00 |
| 大米（$/英担） | 贷款率（%） | 6.50 | 6.50 | 6.50 | 6.50 |
| | 目标价格 | 10.50 | 10.50 | 10.50 | 10.50 |
| 豌豆*（$/英担） | 贷款率（%） | — | — | 5.40 | 5.40 |
| | 目标价格 | — | — | 8.32 | 8.32 |
| 扁豆*（$/英担） | 贷款率（%） | — | — | 11.28 | 11.28 |
| | 目标价格 | — | — | 12.81 | 12.81 |
| 大鹰嘴豆*（$/英担） | 贷款率（%） | — | — | 11.28 | 11.28 |
| | 目标价格 | — | — | 12.81 | 12.81 |
| 小鹰嘴豆*（$/英担） | 贷款率（%） | — | — | 7.43 | 7.43 |
| | 目标价格 | — | — | 10.36 | 10.36 |

资料来源：根据美国 2002 年与《2008 年农场法案》整理得来。

注：带“*”的农作物是《2008 年农场法案》新增加的品种，因其 2002—2007 年未纳入目标价格补贴计划，故用“—”表示；《2002 年农场法案》中油料作物的统计单位为“磅”，2008 年之后改用“英担”，故 2002—2007 年的数据是依据 1 英担约为 112 磅折算而来。

### 2. 补贴面积与补贴单产的确定[①]

美国目标价格补贴面积与补贴单产均以历史数据为基础。核定的补贴面积等于该农作物在农场法案中规定的基础面积乘以一定的比率。《2008 年农场法案》中规定的反周期支付面积为基础面积的 85%。不同历史时期

① 王文涛，张秋龙．美国农产品目标价格补贴政策及其对我国的借鉴[J]．价格理论与实践，2015(1)．

的农场法案关于基础面积的规定各异，如《1985年农场法案》规定，农作物基础面积等于该年度前5年平均农作物播种面积，同时要考虑其收获面积；《2002年农场法案》则提供了基础面积等于2002年的生产灵活性合同面积、等于1998—2001年各作物年度平均播种面积或平均休耕面积等五种方案，以满足不同农业生产者的需求。目标价格补贴单产水平的确定同样给农业生产者提供了灵活多样的选择，如《2008年农场法案》规定的补贴单产水平可以有以下三种选择：等于生产灵活性合同的单产；等于生产灵活性合同的单产与1998—2001年各作物年度平均单产差额的70%；等于1998—2001年各作物年度平均单产的93.5%①。

3. 目标价格补贴计算方法及示例

目标价格补贴的具体计算方法在美国农业发展的不同历史阶段略有不同，但都大同小异，其原理和本质是一样的。本文以《2002年农场法案》及《2008年农场法案》确定的反周期支付（CCP）为例进行说明。反周期支付=反周期支付率×反周期补贴单产×反周期补贴面积，其中反周期支付率=目标价格－有效价格，有效价格=直接支付率+max（该农产品年度市场平均价格，该农产品营销贷款率），反周期补贴面积=核定的基础面积×85%。

举例说明如下：

例1：假设年度市场平均价格小于营销贷款率。

若2009年大豆的直接支付率为0.44美元/蒲式耳，营销贷款率为5美元/蒲式耳，年度市场平均价格为4.8美元/蒲式耳，目标价格为5.8美元/蒲式耳，核定的反周期支付单产为30蒲式耳/英亩，基础面积为100英亩。则反周期支付计算过程如下：

有效价格=直接支付率+max（该农产品年度市场平均价格，该农产品营销贷款率）=0.44美元/蒲式耳+5美元/蒲式耳=5.44美元/蒲式耳

反周期支付率=目标价格－有效价格=5.8美元/蒲式耳－5.44美元/蒲式耳=0.36美元/蒲式耳

反周期支付=反周期支付率×反周期补贴单产×反周期补贴面积=

---

① 彭超．美国农业目标价格补贴：操作方式及其对中国的借鉴[J]．世界农业，2013(11)．

0.36 美元/蒲式耳×30 蒲式耳/英亩×100 英亩×85% =918 美元

实际上，在市场平均价格小于营销贷款率的情况下，农业生产者能够获得反周期支付的最大值。

例 2：假设年度市场平均价格大于营销贷款率但小于目标价格。

若 2009 年大豆的直接支付率为 0.44 美元/蒲式耳，营销贷款率为 5 美元/蒲式耳，年度市场平均价格为 5.2 美元/蒲式耳，目标价格为 5.8 美元/蒲式耳，核定的反周期支付单产为 30 蒲式耳/英亩，基础面积为 100 英亩。则反周期支付计算过程如下：

有效价格 = 直接支付率 + max（该农产品年度市场平均价格，该农产品营销贷款率） = 0.44 美元/蒲式耳 +5.2 美元/蒲式耳 = 5.64 美元/蒲式耳

反周期支付率 = 目标价格 − 有效价格 =5.8 美元/蒲式耳 −5.64 美元/蒲式耳 =0.16 美元/蒲式耳

反周期支付 = 反周期支付率 × 反周期补贴单产 × 反周期补贴面积 = 0.16 美元/蒲式耳 ×30 蒲式耳/英亩 ×100 英亩 ×85% = 408 美元。

例 3：假设年度市场平均价格大于目标价格，在这种情况下，反周期支付率为负值，不启动反周期支付。

需要特别说明的是，以上举例仅用来对反周期支付的计算方法进行介绍。实际上实行反周期支付政策的 2002—2013 年，由于大豆市场价格上涨，绝大部分年份其市场价格接近或超过目标价格，因此大豆反周期支付很少启动过。

## 二、日本粮食目标价格补贴制度实施经验

日本作为一个人多地少、自然资源匮乏的岛国，十分重视本国农业生产。自 1961 年日本政府颁布《农业基本法》以来，开始对本国农业实行高额的农业补贴，以达到刺激农业生产，提高粮食自给率的政策目标。大米作为日本的主食，是其农业价格支持政策的核心，占到了整个农产品价格补贴总量的 70% 以上[①]。长期以来，日本针对大米实行“双重米价制”，

① 周建华，贺正楚．日本农业补贴政策的调整及启示[J]．农村经济，2005(10)．

即以较高的价格收购农户生产的大米，然后再以较低的价格卖给消费者。这种购销倒挂的制度严重扭曲了农产品市场价格。自日本加入 WTO 以来，受《WTO 农业协定》的约束，对本国的农业补贴政策进行了调整，朝着市场化方向改革，开始对水稻、大豆等农产品实施目标价格补贴政策。2004 年启动了稻米差价补贴政策，对种植水稻的农户实行差价补贴。2009 年出台了农户所得补偿制度，对经营者所生产的农产品成本与市场销售价格的差额给予补偿。其中，水稻种植户获得的大米所得补偿支付金包括固定补贴和目标价格补贴两部分。

日本的水稻目标价格补贴政策并不是普惠制的，只有达到一定条件的农户才能享受。水稻目标价格补贴的对象是按照政府规定的数量进行生产的商业化农户。政府规定的数量是指政府根据大米自给率目标，将自给粮食产量换算成种植面积后，分摊至每个农户，以指导农户进行生产，超过规定的部分不得享受补贴。商业化农户是指水稻种植面积在 0.3 公顷以上或年销售额在 50 万日元以上的农户，否则无法享受水稻目标价格补贴。日本的水稻目标价格补贴政策包括固定补贴和目标价格补贴两部分，目标价格补贴启动条件是市场平均价格低于目标价格，反之则不启动。

固定补贴的计算公式为：固定补贴 =（水稻的标准生产费用 - 水稻的标准生产价格）× 单位面积产量 × 补贴面积。其中，水稻的标准生产费用和生产价格由政府依据相关标准进行计算，如标准生产费用等于 2002—2008 年家庭人工费用奥林匹克平均值的 80%，再加上平均经营费用，为 228 日元/千克。政府公布的水稻单位面积产量为 5300 千克/公顷，补贴面积为政府核定的农户当年种植面积减去自用部分的面积，即以当年的水稻销售量为补贴依据。由固定补贴的计算公式可知，该补贴与当年稻谷的销售价格无关，仅与农户的种植面积有关。目标价格补贴的计算公式为：目标价格补贴 =（水稻目标价格 - 水稻实际销售价格）× 单位面积产量 × 补贴面积。其中，水稻目标价格以 2006—2008 年的水稻平均销售价格计算得出，为 200 日元/千克；水稻实际销售价格为采价期内的平均市场价格；单位面积产量和补贴面积与固定补贴中的数据相同①。

从日本农产品目标补贴政策的操作方式可见，日本农产品目标价格补贴的政策目标十分明显。即通过更加市场化的方式，稳定水稻等重要农产品的生产，同时要尽量规避《WTO农业协定》的限制，由直接的“黄箱”支持政策向“绿箱”支持政策转变，减少对农产品市场的扭曲。日本的目标价格补贴政策虽然与农户当年的种植面积直接挂钩，但是目标价格水平以及补贴产量均以历史数据确定，这说明日本政府在稳定并提高粮食产量和减少对农产品市场的干预之间进行了折中。中国作为一个人多地少的发展中国家，粮食安全始终是治国理政的头等大事。我国目前正面临着提高粮食自给率与减少对农产品市场的干预、提高农民收入与“黄箱”补贴空间面临实质性约束等难题。日本在实施粮食目标价格补贴制度中的部分经验与做法，如规定补贴领取条件、目标价格以历史平均销售价格为准等对完善中国目标价格补贴政策具有一定的借鉴意义。

## 三、墨西哥粮食目标价格补贴制度实施经验

墨西哥是拉丁美洲主要的农业大国，国内农业以种植业为主。墨西哥的农业与中国有着诸多的相似之处。比如粮食存在缺口，需要依赖国际市场；人均耕地少，小农生产的特征明显；农业生产的成本较高；政府长期以来对粮食市场进行干预等。因此，研究墨西哥的粮食目标价格补贴制度对完善中国的目标价格补贴政策有十分重要的借鉴意义。

长期以来，墨西哥政府为提高农民的生产积极性，增加粮食生产，提高粮食自给率，对玉米、小麦、大麦、大豆、水稻等主要粮食品种实行保护价收购。长期以来的保护价收购政策导致政府财政负担过重，农产品市场价格严重扭曲等问题②，这就迫使墨西哥政府开始进行农业政策改革。自20世纪80年代以来，墨西哥政府逐步取消主要粮食的直接价格支持政策，开始由价格支持向直接补贴转变。1994年，墨西哥与美国、加拿大签

① 田聪颖，肖海峰．农产品目标价格补贴政策的国际比较与启示[J]．经济纵横，2016(1)．

② 黄季焜，王晓兵，智华勇，等．粮食直补和农资综合补贴对农业生产的影响[J]．农业技术经济，2011(1)．

订了北美自由贸易协定（NAFTA），按照协定要求，消除三国间的关税和贸易壁垒。在北美自由贸易协定的影响下，墨西哥政府为了在不扭曲粮食贸易的前提下保证本国的粮食生产，将原有的政府保护价收购政策转变为目标价格补贴政策。

墨西哥的粮食目标价格补贴制度包括固定补贴和差价补贴两部分。固定补贴面向所有的农产品种植户，是一种普惠制的农业补贴，主要是为了降低农业生产成本，提高农产品竞争力，类似中国的种粮直补。固定补贴按照粮食的种植面积进行发放，与该粮食品种的市场价格不挂钩。差价补贴=（目标价格-市场平均价格）×单位面积产量×补贴面积。粮食的目标价格由政府事先公布，市场价格为该粮食采价期内的市场平均价格。差价补贴启动的条件是市场平均价格低于目标价格，反之则不启动。目前，已经有玉米、高粱、大麦等粮食品种纳入了目标价格补贴项目。墨西哥的粮食目标价格并非每一年都有所调整，而是在一定的时期内保持不变。如玉米在2003—2007年的目标价格为1650比索/吨，在2008—2013年目标价格为2100比索/吨。

自墨西哥政府实施粮食目标价格补贴制度以来，国内粮食价格与国际市场价格接轨，粮食价格形成机制日益完善。但由于国内粮食市场高度开放，本国粮食缺乏竞争力，导致粮食进口数量激增，受到国际市场的严重冲击。同时，存在目标价格水平定价不合理、补贴发放不公平、补贴效率低下等问题[①]。墨西哥政府在实施目标价格补贴政策时出现的这些问题，也是中国在实施目标价格补贴政策时应该注意和防范的。

## 第三节 粮食目标价格补贴的模式与结构

国内外实行的粮食目标价格政策丰富多样，那是否有统一的补贴模式与结构呢？通过前面对国外各种目标价格补贴政策实践进行总结后会发

① 毛频．我国农产品目标价格改革的墨西哥经验借鉴[J]．经济问题探索，2015(12)．

现，目标价格补贴的模式与结构还是客观存在的。其中，最典型的补贴结构就是美国 2002—2013 年实施的直接与反周期补贴（DCP），其他的补贴结构都是该补贴结构的特殊形式，或者说 DCP 就是常用的补贴模式。

目标价格补贴包括反周期补贴、营销贷款补贴（或称“支持价格补贴”）和固定补贴三种形式，并以反周期补贴为核心。在该模式中，有两种价格：市场价格与支持价格（贷款率），当市场价格低于支持价格时，政府向农民发放两者的价差补贴。因此，政府可以保证农民首先获得相当于支持价格的收入，同时，再向农民发放固定补贴。支持价格及固定补贴的和与目标价格的差就是反周期补贴。或者说：

$$目标价格 = 支持价格 + 固定补贴率 + 反周期补贴率 \quad (2-1)$$

当市场价格高于支持价格时，则有：

$$目标价格 = 市场价格 + 固定补贴率 + 反周期补贴率 \quad (2-2)$$

根据式（2－1），如果反周期补贴率为零的话，则有：目标价格 = 支持价格 + 固定补贴率，这种补贴结构就是美国 1996—2001 年实施的生产灵活性合同补贴；如果固定补贴率与反周期补贴率为零的话，则有：目标价格 = 支持价格，这就是传统的支持价格制度，如我国历史上实行的保护价制度、最低收购价制度等。这说明，支持价格与目标价格在一定条件下本质是相同的，传统的支持价格是目标价格的特殊形式，如果目标价格是用来保障农民收益的基准，那么支持价格同样如此。只不过，这两种制度的补贴结构不同，市场价格不同。

根据式（2－2），如果反周期补贴率为零的话，则有：目标价格 = 市场价格 + 固定补贴率。这种补贴结构对应的同样可以是生产灵活性合同补贴，以及我国的粮食生产者补贴制度、直接补贴制度。

如果不实行支持价格制度，且固定补贴率为零，则有：目标价格 = 市场价格 + 反周期补贴率，反周期补贴率 = 目标价格 － 市场价格。该补贴制度对应的就是中国实行的大豆目标价格补贴政策、美国实行的差价补贴制度。

可见，直接与反周期补贴（DCP）制度就是目标价格补贴的基本模式。各种补贴或收入有的与生产量挂钩，有的与价格挂钩，更有的与基期产量或面积挂钩。其中，与基期产量或面积挂钩，且补贴率固定的称为“脱钩补贴”；与价格挂钩，而与实际生产量脱钩，与基期产量或面积挂钩，称为“半挂钩补贴”。

# 第三章　我国粮食目标价格补贴制度的国际约束及其影响

我国加入 WTO 后，粮食补贴政策作为农业国内支持政策，还受到 WTO 的约束。随着粮食生产成本提高、市场开放力度加大等，我国的粮食补贴政策开始受到 WTO 的实质性约束。尤其是美国向 WTO 起诉中国农业国内支持争端案（DS511 案）的专家组报告明确了计算市场价格支持（Market Price Support，MPS）的计算方法，对中国农业国内支持政策的实施产生一定的影响，促使我国粮食补贴政策需要根据 WTO 的要求进一步改革。2020 年 1 月 16 日签署的《中美经贸协议》，使中国进一步扩大了对美国粮食等农产品的市场准入。其规定在 2017 年基数之上，中国从 2020 日历年自美采购和进口规模不少于 125 亿美元，2021 日历年自美采购和进口规模不少于 195 亿美元①。我国根据 WTO 专家组报告的要求，自 2020 年起对作为口粮作物的小麦、稻谷首次实行限量收购。关于 DS511 案，任慧、林海（2017）② 介绍了该案诉讼的过程和内容、中国的入世承诺和实际补贴、争议的原因和应对措施，但是对该案件的分析相对肤浅，如美国诉中国的补贴超限是特定农产品补贴超限，其统计口径并不是我们常说的四种粮食补贴，也没有从《WTO 农业协议》本身去分析争议本质。Lars

① 关于发布中美第一阶段经贸协议的公告［EB/OL］. http://www.mof.gov.cn/zhengwuxinxi/caizhengxinwen/202001/t20200116_3460124.htm.

② 任慧，林海．美国诉中国农业国内支持案分析［J］．国际经贸探索，2017（5）.

Brink 和 David Orden（2017）[①]、肖琼琪（2019）[②] 对该案的背景、具体争议进行了较为深入的研究，但是由于该研究早于我国接受 WTO 专家组报告的时间，因此还需要探讨该报告对我国粮食补贴制度的影响及未来改革方向。本章首先简要介绍我国农业方面的入世承诺；其次总结了我国向 WTO 通报的历年农业国内支持；最后对美国诉中国农业国内支持案的专家组报告进行评价，并分析其对我国补贴政策的制定与改革所产生的影响。

## 第一节　WTO 农业协议及入世承诺约束

我国于 2001 年加入 WTO，根据《中美农业协定》及《WTO 农业协议》，对粮食市场实行了高度开放政策。入世承诺的主要内容包括四个方面：①市场准入承诺：大幅度削减关税，对大豆等农产品实行单一关税约束。其中，大豆关税为 3%。中国农产品的关税仅为世界平均水平的 1/4。中国承诺取消小麦、大米、玉米、棉花、豆油、食糖等重要农产品的非关税措施，实行关税配额管理，并将部分关税配额分配给非国有企业[③]。②国内支持承诺：中国关于特定产品和非特定产品综合支持量的微量允许水平分别为相应年份农业产值的 8.5%，低于一般发展中国家 10.0% 的水平。而发达国家免予削减的农产品综合支持量的微量允许为 5%，虽然从表面来看低于中国，但是从实际可执行的水平来看，“黄箱”约束水平占农业总值的比重，欧盟为 25%、日本为 41%、美国为 9.5%，都高于中国承诺的“黄箱”补贴约束水平。同时，中国承诺针对发展中国家的补贴（发展箱）不予免除，如果这些补贴实施的话，就要计入相应的“黄箱”补贴。③出口补贴承诺：我国承诺取消农产品的出口补贴，包括价格补

① Lars Brink, David Orden. The United States WTO Complaint on China's Agricultural Domestic Support: Preliminary Observations (Paper), https://www.researchgate.net/publication/312611277_The_United_States_WTO_Complaint_on_China's_Agricultural_Domestic_Support_Preliminary_Observations.

② 肖琼琪. 应对美国起诉中国农产品补贴超限的理论分析与对策研究[J]. 湖南师范大学社会科学学报, 2019(4).

③ 王文涛. 确保安全的粮食供求紧平衡研究[D]. 长沙: 湖南大学, 2013.

贴、实物补贴，以及发展中国家可以享有的对出口产品加工、仓储、运输的补贴。而发达国家仅削减出口补贴，仍可以使用高额粮食出口补贴。如OECD 国家 1/3～2/3 的粮食出口需要补贴，欧盟、瑞士、美国和挪威 4 个OECD 成员国的出口补贴占全球的 97%[①]。④与农业相关的其他重要承诺：如中国放弃使用特殊保障措施来保护本国农产品市场、加强知识产权保护、取消外贸经营权审批制等[②]。

可见，我国入世承诺的内容比较宽泛，从现实来看，在我国加入 WTO 后的很长一段时间内，出口补贴、市场准入等其他政策似乎对农业国内支持政策没有影响。但是，从理论上分析，其他政策最终会对农业国内支持政策的实施与承诺履行产生影响。因为扩大市场准入及削减出口补贴，会进一步降低本国农产品的市场价格，降低农民收入和粮食产量，必然使本国农产品面临更严峻、更激烈的国际竞争。要改变不利的竞争地位，实现提高农民收入、稳定粮食价格、提高粮食产量等目标，就需要增加对农业的国内支持，这就有可能使本国的农业国内支持政策的实施受到入世承诺的“黄箱”补贴总量上限的约束。所以，我们分析农业国内支持政策所受到的约束，不能仅分析农业国内支持政策本身，还要分析其他政策对其所造成的影响。

## 第二节　中国农业国内支持通报

各国为加入 WTO，要把本国的农业国内支持向 WTO 进行通报，以作为国际贸易多边谈判补贴减让的基础。加入 WTO 后，各国还要对本国每年的农业国内支持向 WTO 进行通报，其目的在于让其他成员国监督本国补贴是否超限。就中国而言，作为后加入 WTO 的国家，中国减让的基期是 1996—1998 年。加入 WTO 后，中国也要通报本国的年度农业国内支持。最近的一次通报就是，2018 年底对 2011—2016 年农业国内支持进行的通

① 韩俊．中国食物生产能力与供求平衡战略研究[M]．北京：首都经济贸易大学出版社，2010.

② 江虹．WTO《农业协定》对发展中国家粮食安全的影响[J]．江西社会科学，2011(9).

报。通过对通报结果进行总结后发现，我国的农业国内支持在入世前为负支持，此后不断增加，2010 年前补贴没有超过入世承诺的限制，自 2011 年起农业国内支持开始超限，2014—2016 年大豆、棉花目标价格补贴超限，但是稻谷、小麦特定农产品补贴在 2012—2015 年都没有超限。

**表 3-1　1996—2016 年中国农业国内支持汇总**

| 年份 | 特定及非特定农产品占其产值的比例（%） | | | | | | | | TAMS（亿人民币） |
|---|---|---|---|---|---|---|---|---|---|
| | 玉米 | 小麦 | 大米 | 大豆 | 棉花 | 油菜籽 | 生猪 | 非特定农产品 | |
| 1996—1998 | 0.00 | 0.00 | 0.00 | — | 0.00 | — | — | 0.00 | 0.00 |
| 1999 | 0.00 | 0.00 | 0.00 | — | 0.00 | — | — | 0.00 | -958.01 |
| 2000 | 0.00 | 0.00 | 0.00 | — | 0.00 | — | — | 0.00 | -929.11 |
| 2001 | 0.00 | 0.00 | 0.00 | — | 0.00 | — | — | 0.00 | -753.28 |
| 2002 | 0.00 | 0.00 | 2.30 | 0.16 | 2.30 | — | — | 0.01 | 0.00 |
| 2003 | 0.00 | 0.00 | 1.31 | 0.56 | 1.31 | — | — | 0.05 | 0.00 |
| 2004 | 0.09 | 0.14 | 1.11 | 0.18 | 1.11 | — | — | 0.06 | 0.00 |
| 2005 | 0.09 | 0.65 | 1.25 | 0.17 | 1.25 | 0.90 | — | 0.06 | 0.00 |
| 2006 | 0.18 | -6.59 | 0.87 | 0.21 | 0.87 | 0.01 | — | 0.41 | 0.00 |
| 2007 | 0.16 | -3.96 | 3.29 | 0.22 | 3.29 | 0.82 | 0.3 | 0.69 | 0.00 |
| 2008 | 0.84 | -3.27 | 2.51 | 0.66 | 2.51 | 0.57 | 0.48 | 1.49 | 0.00 |
| 2009 | 2.32 | 2.00 | 4.63 | 1.72 | 4.63 | 1.45 | 0.07 | 1.63 | 0.00 |
| 2010 | 1.98 | 2.46 | 1.86 | 1.60 | 1.86 | 1.42 | 0.02 | 1.55 | 0.00 |
| 2011 | 1.95 | 2.03 | 1.54 | 5.48 | 11.95* | 10.88* | 0.38 | 1.41 | 258.30* |
| 2012 | 2.06 | 4.92 | 1.86 | 9.03* | 27.48* | 10.91* | 0.41 | 1.64 | 617.75* |
| 2013 | 10.93* | 3.34 | 6.94 | 4.31 | 28.44* | 14.50* | 0.08 | 1.53 | 1044.50* |
| 2014 | 15.67* | 7.25 | 6.13 | 12.59* | 23.84* | 7.94 | 0.06 | 1.46 | 617.75* |
| 2015 | 24.96* | 6.08 | 6.26 | 12.24* | 29.31* | 2.49 | 0.06 | 1.39 | 1448.09* |
| 2016 | 13.18* | 6.50 | 4.43 | 13.76* | 21.32* | 0.00 | 0.01 | 0.26 | 813.57* |

资料来源：1999—2016 年数据来自国家向 WTO 农业国内支持通报，1996—1998 年数据来源于中国入世文件 WT/ACC/CHN/38/Rev. 3。

注：①标“*”者为超过 WTO 限制。该标准是，按照入世承诺，我国对特定农产品与非特定农产品的补贴都不能超过其产值的 8.5%，TAMS 的约束上限为 0；

②标“—”者为我国未通报相关数据。

如表3－1所示，基期中国对农业的支持为负值，这就是我们常说的对农业负支持或者称“剥夺农业”。从1999—2001年，中国对农业的支持仍然为负值。自2002年起，国家开始支持农业，对大米、大豆、棉花的补贴开始为正，其中对玉米的补贴从2004年起才开始为正，对小麦的补贴由正负交替到从2009年起一直为正。就总的综合支持量（TAMS）而言，2001年前为负值，从2002年起为零，此后增加。从通报中可以看出，加入WTO后，我国的农业补贴或国内支持有增加的趋势，但是2010年前我国农业国内支持没有超限，符合WTO规定。

2018年底，我国通报了2011—2016年的农业国内支持。就反映农业国内支持总水平的TAMS而言，农业国内支持总体超限了。其中，特定农产品如棉花补贴一直超限，大豆补贴在2012年、2014—2016年都超限，玉米补贴在2013—2016年超限，但是小麦、大米在所有年份都不超限。

我国自2014年起对大豆、棉花实行了目标价格补贴试点，从表3－1可以看出以下三点：

（1）目标价格补贴超过了对特定农产品补贴比例8.5%的微量允许水平。这说明，目标价格补贴政策必须改革。我国在通报中说明，所有导致补贴超限的措施已经取消。其中，对棉花的补贴改革做了说明，根据国家发展改革委、财政部《关于深化棉花目标价格改革的通知》（发改价格〔2017〕516号），自2017年起补贴仅限于基期平均棉花产量（2012—2014年）的85%以内。根据《农业协定》第6条第5款（b）项，这种付款是以基本生产的85%或以下为基础的，从而属于可免除的“蓝箱”补贴措施。对玉米同样以“蓝箱”补贴通报，使其从2017年起免受WTO“黄箱”补贴约束。自2016年起，我国就已经实施了玉米生产者补贴制度改革，该制度在通报说明中同样将其作为“蓝箱”补贴。根据《财政部关于建立玉米生产者补贴制度的实施意见》（财建〔2016〕278号），补助金额按东北地区2014年（基期）玉米种植面积及固定产量数据，补贴率每年调整一次。这符合《农业协定》第6条第5款（a）项，按固定面积和产量的“蓝箱”措施补贴标准。由于玉米跨年收购，2016年虽然实施了属于“蓝箱”措施的生产者补贴，但是由于该年上半年还要收购2016年产玉米，因此仍然有以市场价格支持为形式的“黄箱”补贴，从而导致其补贴不为零。

（2）玉米2016年仍超限的原因在于，国家对于2015年生产的玉米还要在2016年进行收购，因此国家即使2016年实施了归为“蓝箱”补贴的生产者补贴制度，该年仍然会有以MPS为形式的“黄箱”补贴。但是自2017年起MPS补贴不再存在，因此玉米补贴不再超限。

（3）2011—2016年的通报方法有所调整，即稻谷（大米）的政府管理价格不再是稻谷收购价格，而是按出米率0.7进行了调整，从而使MPS增大，稻谷的综合支持量（Aggregate Measurement of Support，AMS）增加。

## 第三节　美国诉中国农业国内支持案及其对我国粮食补贴制度的影响

2016年9月，美国向WTO诉中国仅以市场价格支持形式对稻谷、小麦、玉米的补贴就超过了特定农产品补贴的微量允许上限，进而使中国农业综合支持总量超过了约束上限为零的承诺。WTO争端解决机构（Dispute Settlement Body，DSB）于2019年4月通过了该案件的专家组报告，明确了市场价格支持（MPS）的计算公式，并要求我国据其进行相关政策改革。这起案件，在一定程度上压缩了中国农业国内支持的补贴空间，进而推动粮食补贴制度等农业国内支持政策进一步进行市场化改革。

### 一、美国诉中国农业国内支持案及其评价

#### （一）案件简介

1. 案件过程

2016年9月13日，美国就中国对小麦、大米（籼米和粳米）、玉米等农产品采取的相关支持政策提起世贸组织争端解决机制下的磋商请求。

2016年9月29日，欧盟提出加入磋商。

2016 年 9 月 30 日，澳大利亚、加拿大、泰国要求加入磋商。

2016 年 10 月 15 日，菲律宾请求加入磋商。随后中国通知 DSB 接受澳大利亚、加拿大、欧盟、泰国加入磋商的请求。

2016 年 12 月 5 日，美国第一次要求成立专家组。

2016 年 12 月 16 日的会议上，中国就美国提起的相关支持政策向 DSB 做出相关说明，表示中方向来遵守 WTO 规则，并随时准备好捍卫自己的权利。当日，DSB 推迟了专家组的建立。

2017 年 1 月 25 日的会上，美国再次要求成立专家组，同时 DSB 成立专家组。

2017 年 6 月 24 日，经各方同意，专家组正式成立并指定第三方成员国。

2018 年 2 月 22 日，专家组主席通知 DSB，要于 2018 年第三季度前提供最终报告，并分发给各成员国。

2018 年 12 月 27 日，专家组主席通知 DSB，鉴于争议情况，专家组预计推迟提交最终报告。

2019 年 2 月 28 日，专家组提供最终报告并分发给各成员国。

2019 年 4 月 26 日，DSB 通过了专家组报告。

2019 年 5 月 16 日，中国通知 DSB，打算以符合其 WTO 义务的方式执行 DSB 的建议和裁决，并需要一段合理的时间来执行。

2019 年 6 月 10 日，美中两国通知 DSB，双方同意中国执行 DSB 建议和裁决的合理期限为自 2019 年 4 月 26 日起的 11 个月零 5 天。因此，合理期限定为 2020 年 3 月 31 日届满。

2020 年 4 月 1 日，美中两国通知 DSB，双方同意延长合理期限，至 2020 年 6 月 30 日到期。延长合理期限，将使美国有更长的时间来评估中国的行动①。

① WT/DS511/16：China – Domestic Support for Agricultural Producers – Modification of the Agreement under article 21.3(b) of the DSU[EB/OL]. https://docs.wto.org/dol2fe/Pages/FE_Search/FE_S_S006.aspx? Query = (@ Symbol =% 20wt/ds511/ * ) &Language = ENGLISH&Context = FomerScriptedSearch&languageUIChanged = true#.

2. 专家组报告的结论与主要发现

本次争端涉及中国2012—2015年以市场价格支持单一形式的“不公平”补贴与中国加入WTO承诺不符。本次争端的核心因素是对中国向小麦、大米和玉米提供的MPS的计算方法。根据《农业协议》(AOA),MPS由三个变量组成的数学公式计算:应用管理价格(AAP),固定外部参考价格(FERP)和可获得AAP的粮食产量(QEP)。就本案而言,将MPS的最终价值与中国8.5%的微量承诺进行比较。为了进行这种比较,MPS表示为所讨论商品生产总值的百分比。在目前的争议中,如果这个百分比高于中国8.5%的微量承诺,那么中国的超限补贴就成立。专家组发现,在2015年之后中国已取消玉米的市场价格补贴政策,因此,DSB裁定在美国启动争议之前,同玉米有关的MPS已经到期,专家小组最终拒绝就玉米措施做出裁决。

专家小组随后对如何定义变量进行了研究,首先是FERP基期的确定。通过评估,自1995年以来加入WTO的36个成员国承诺,通常使用AOA附件3第9段所列的1986—1988年FERP为基准期。专家小组认为,就中国入世情况,FERP应基于1996—1998年,中国在附表IV部分使用该基期保持了中国加入WTO对农业生产者的支持方式①。

AAP在各方之间没有争议,因为双方同意这是每年每种产品的相关法律文书中规定的价格。

关于QEP,QEP是以中国主要粮食生产省份的粮食产量总和来确定的,而不是政府实际收购量。在确定市场价格支持所需的所有组成部分后,专家组进行了计算,发现在2012—2015年的每一年中,中国都超过了8.5%的最低支持水平情况。由于中国的支持水平超过了微量水平,因此也超过了中国CLII第四部分第I部分规定的中国承诺水平“零”。在此基础上,专家小组得出结论认为,中国的行为与《农业协定》第3.2和6.3条规定的义务不一致。

---

① DS511: China — Domestic Support for Agricultural Producers[EB/OL]. https://www.wto.org/english/tratop_e/dispu_e/cases_e/ds511_e.htm.

3. 我国的反应及通报情况

2016 年 9 月 14 日，中国商务部就美国对中国农产品采取的相关支持政策提起世贸组织争端解决机制下的磋商请求发表谈话，强调中方一贯遵守世贸组织规则，中方对美方就此提出的磋商请求表示遗憾，将积极维护中国的产业利益和贸易利益。针对世贸组织于 2019 年 2 月 28 日发布的该案件的专家组报告，中国商务部条约法律司负责人发表谈话表示，专家组驳回了美方关于玉米补贴政策的诉请，中方对此表示欢迎，但专家组未能支持中方关于小麦、稻谷最低收购价政策补贴水平计算的主张，中方对此表示遗憾[①]。该发言人无疑是以我国 2018 年 11 月 24 日向 WTO 就其通报的我国 2011—2016 年农业国内支持为重要依据。因为根据该通报，我国 2012—2015 年对稻谷、小麦的补贴没有超限，作为市场价格支持的单项补贴更没有超过总体微量允许占其产值 8.5% 的约束水平。当然，通报还显示，我国的大豆、玉米补贴虽然在部分年份超限，但是自 2016 年起我国已经取消了导致补贴超限的措施，如 2016 年我国改临时收储制度为生产者补贴制度，从而使玉米补贴可按限产计划下不受 WTO 约束的“蓝箱”补贴通报，规避了 WTO 对“黄箱”补贴的限制。但是，当 DSB 于 2019 年 4 月 26 日通过了专家组报告后，中国又提出遵守 WTO 裁决结果，并与美国商定过渡期为 11 个月零 5 天，即 2020 年 3 月 31 日之前完成改革。2020 年 4 月 1 日，中国又宣布将这一期限延长至 2020 年 6 月 30 日。中国态度转变的原因可能在于，为了维持 WTO 的权威性及缓合中美贸易摩擦的需要。

## （二）专家组报告评价

1. 法律本质

专家组报告实质是对《WTO 农业协议》关于 MPS 计算的解释，从法理上讲，是以下两点如何解释或处理的问题：《WTO 农业协议》中规定了可“根据”（In Accordance With）附件 3 计算 MPS，同时“考虑”（Take

① 商务部条约法律司负责人就世贸组织发布美诉我粮食补贴世贸争端案专家组报告发表谈话[EB/OL]. http://www.mofcom.gov.cn/article/ae/sjjd/201903/20190302839155.shtml.

Into Account）入世减让表文件的数据构成与算法（CDM）。概括来说，就是如何解释“根据”与“考虑”的关系。《WTO 农业协议》规定，“TAMS”和“AMS”指以货币形式表示的、有利于基本农产品生产者对某一农产品提供的年度支持水平，或指有利于一般农业生产者的非特定产品支持，不包括在计划下提供的、根据本协议附件 2 的规定可免除削减的支持。此种支持包括对于实施期任何一年及此后提供的支持，是指依照本协议附件 3 的规定计算的支持，同时考虑该成员减让表第四部分引用的支持材料表中使用的构成数据和方法①。

2. 观点采纳

专家组采纳中美两国的部分观点。①有资格获得管理价格的产量 QEP：专家组赞成美国观点，即有资格获得管理价格的产量是相关省份和地区产量，因为实施价格支持的法律文书确实没有明确或隐含地对支持价格有资格的产量施加任何限制。专家组对不合格的劣质粮食做了轻微调整，但没有减少有资格的产量，因为该项目仅在一年的一部分时间内运作，或者在农场消费一些粮食。②固定外部参考价格 FERP 的基准年：专家组同意中国观点，即世贸组织成员已接受 1996—1998 年作为基准年，因为它被用于中国的加入文件。它指出，这与 1995 年加入世贸组织的其他成员国家使用 1986—1988 年之后的情况是一致的。专家组还发现，随着时间的推移，持续测量 MPS 需要使用相同基准年的固定外部参考价格。③大米价格比较：专家组赞同美国的观点，认为大米支持度衡量的是未加工的稻米，但接受中国的换算系数 0. 7，而不是美国提出的系数 0. 6。④玉米价格支持：专家组同意美国观点，即 2012—2015 年，玉米的 MPS 是争端中的一个问题，但也同意中国观点，即玉米的价格支持已于 2016 年结束。由于缺乏裁决玉米 MPS 的要求，专家组拒绝就玉米价格支持作出裁决。⑤小麦和大米 AMS 遵守限制：专家组认为，中国在 2012—2015 年每年超过了其小麦和大米的 AMS 限制［小麦每年平均超额 299 亿元（48 亿美元），水稻

① Agreement on Agriculture[EB/OL]. [2019 - 05 - 12]. https:/ /www. wto. org/english/docs_e/legal_e/14 - ag_01_e. htm.

平均每年超额 977 亿元（157 亿美元）]，因此没有遵守其在《农业协定》第 3.2 条和第 6.3 条下的承诺。专家组建议中国采取符合其义务的措施。小麦的 MPSS 百分比平均为 18.6%，籼稻为 29.3%，粳稻为 18.6%[①]。

3. MPS 的计算方法存在高估现象

专家组报告明确了 MPS 计算方法被高估的原因有两个：①FERP 存在低估现象。根据《WTO 农业协议》，FERP 是以历史年份的国际市场价格为准，不随农产品生产成本、通货膨胀等因素的变化而变化[②]，即使政府按低于农民生产成本从而使农民亏损的价格收购，也可能使 AAP 与 FERP 的差大于零。虽然美国诉中国农业国内支持案（DS511 案）专家组报告接受了中国提出的 FERP 的基期为 1996—1998 年而不是美国提出的基期为 1986—1988 年的观点，从表面来看对我国是有利的，但是由于该基期 FERP 仍小于稻谷、小麦的生产成本，因此仍然高估了反映政府向农民转移收入的 MPS。例如，2012—2017 年，我国小麦的生产成本分别为 2112.0 元/吨、2389.6 元/吨、2210.0 元/吨、2288.2 元/吨、2429.8 元/吨、2317.8 元/吨[③]，而小麦的 FERP 仅为 1698.13 元/吨。当然，这种不合理是由《WTO 农业协议》本身的缺陷造成的。②QEP 有可能存在高估现象。《WTO 农业协议》没有明确规定 QEP 的定义，当前对 QEP 有 3 种不同的确定方法：政府收购量、政府事先宣布的收购量[④]、总产量。中国加入 WTO 的减让表 QEP 采用的是政府收购量，但是 DS511 案专家组接受了美国的观点，裁定 QEP 应为支持价格政策实施省份的全部粮食产量，其理由是中国没有对粮食收购量施加任何明显或隐含的数量限制。根据专家组的计算方法，即使我国政府没有收购一粒粮食，QEP 仍然是政策实施省份的总产量，这使得 MPS 值与收购全部产量时相同。当然，关于 MPS 的计算

① Lars Brink, David Orden, Carl Zulauf. WTO Dispute Panel Report on China's Agricultural Support[N]. farmdoc daily, 2019-03-06.

② 张晓京，李捷理．多边贸易谈判中的粮食安全关切探析：以〈巴厘决议〉为视角[J]．武大国际法评论，2015(2).

③ 资料来源于《2018 农产品成本收益资料汇编》，中国统计出版社 2018 年版，表 1-7-1。

④ 在美国诉韩国进口限制牛肉案(DS161 案)中，上诉机构裁定，政府事先宣布购买的数量而不是实际收购量为有资格获得管理价格的数量 QEP.

方法仍存在争议，但对其高估难以避免。

## 二、专家组报告对我国粮食补贴支持政策的影响

专家组报告明确了计算 MPS 的规则，这对我国农业补贴政策的实施无疑会产生一定的影响。从总体来看，专家组报告短期内对我国当前市场价格支持政策及其目标的影响相对较小。但从长期来看，必然会推动我国粮食补贴支持政策进一步市场化改革。

### （一）市场价格支持方式必须调整

根据当前专家组确定的 QEP 定义，我国当前的稻谷生产者补贴制度、小麦的最低收购价制度的实施，都会使我国仅以 MPS 为单一形式的补贴超过微量允许。当前中国农业国内支持向 WTO 仅通报至 2016 年，而美国要求中国尽快通报最近几年的补贴数据。这说明，从表面来看，如果我国要遵守入世承诺，只能降低最低收购价，否则会再次面临补贴超限的风险。有没有破解之法呢？显然有。那就是提前宣布收购数量，则提前宣布的收购量就为 QEP。提前宣布的收购量可以用预测的方法来确定，这样可保证提前宣布的收购量与实际收购量接近。根据我国的历史数据及向 WTO 通报的经验来看，用实际的收购量作为 QEP 而计算出的 MPS 是不会超过微量允许水平的①。从实际政策改革来看，我国已经宣布 2020 年首次对稻谷、小麦实施限量收购的政策。

### （二）综合支持空间缩小

专家组报告实际上是确认了一套 MPS 计算的规则，这是比以前更高估的规则。其主要变化在于，QEP 不再以政府收购量为准，而是以总产量为准。即使以预先宣布的收购量为准，在同等政策效果的前提下，QEP 肯定会大于实际的收购量。由于市场支持价格 MPS 被高估，在我国粮食补贴为微量允许补贴的范围内，其他补贴的使用空间也会进一步缩减。因此，支持价格使用范围和力度会越来越弱，不再是一种支持农民收入的主要方

---

① 肖琼琪，王文涛．粮食补贴政策的中美比较、效应评价及我国补贴建议[J]．湖南科技大学学报(社会科学版)，2019(4).

式。即使我国粮食生产成本不断提高，支持价格水平也不能提高。

### （三）中国补贴政策必须系统化改革

为避免与美国等粮食出口国产生贸易摩擦，中国必须建立起适应 WTO 规则的国内支持制度。改革的最终目的就是提高我国农业的国际竞争力。与中国相比，美国等发达国家的农业现代化程度更高，生产成本更低，其国际市场竞争能力更强，从而中国粮食市场受美国等发达国家的竞争压力更大。我国在对 WTO 的通报中提到“所有产生的补贴措施已经取消”，这意味着我国对农产品、粮食市场的直接干预将继续减弱，在保证国家粮食产业安全的前提下，更需要加强粮食供给侧结构性改革，来提高农业产业的国际竞争力。2019 年中央一号文件《中共中央　国务院关于坚持农业农村优先发展做好“三农”工作的若干意见》① 首次明确提出，要按照适应世贸组织规则等原则，抓紧研究制定完善农业支持保护政策的意见。

① 中共中央　国务院关于坚持农业农村优先发展做好“三农”工作的若干意见[EB/OL]. http://xczx.syau.edu.cn/info.asp? id =210.

# 第三部分

## 粮食目标价格补贴制度试点：大豆目标价格补贴政策研究

为解决国内粮食等农产品价格支持制度带来的国内外粮价倒挂及其导致的粮食生产量、进口量和库存量三量齐增的问题，自2014年起，我国开始对大豆和棉花实行目标价格补贴政策试点。大豆作为我国首个试点目标价格补贴政策的粮食品种，政策实施似乎没有取得满意的效果，特别是大豆生产没有实现恢复性增长、国内外价差仍然较大。为此，大豆目标价格补贴政策的实施期仅为2014—2016年，而其他粮食品种也没有实施目标价格补贴制度，最终主要粮食品种改为实施生产者补贴制度。相比之下，棉花却至今仍然实行目标价格补贴政策。这就引发了一系列问题：大豆或粮食目标价格补贴制度真得行不通吗？如何解释大豆目标价格补贴政策效果与预期之间的差距呢？对于这些问题我们必须客观地分析。作为大豆，其市场特征不同于玉米、稻谷、小麦等谷物，特别是由于高度贸易自由化，且其在国家粮食安全战略的地位相对较低。同时，东北地区的大豆等农业生产，又有与其他地区不同的特点。所以，我们必须结合大豆自身的特点来进行客观分析，不能因为大豆目标价格补贴政策表面上的失效就简单地否认粮食目标价格补贴制度，我们必须对目标价格补贴政策的理论与实践进行深入的探索。

第二部分分为两章，其中第四章介绍大豆目标价格补贴政策的内容，并通过对黑龙江省大豆产区调研的方式发现政策设计与执行中存在的问题，探索影响农户大豆种植决策的因素；第五章分析大豆目标价格补贴政策的产量效应、价差效应和加工企业开工效应，分析目标价格补贴政策的实施困境，提出提高政策有效性的整体性框架建议。

# 第四章　大豆目标价格补贴政策及其调查研究

2014—2016 年，国家在东北三省和内蒙古自治区对大豆进行了粮食目标价格补贴政策试点，力图通过该政策实施，总结粮食目标价格补贴的实施经验，解决国内外粮食价格倒挂及其引致的加工企业面临原料成本高等相关问题。本章首先简介了大豆目标价格补贴政策，其次总结了通过实地调研发现的政策实施所存在的问题，以及影响农户种植决策的因素。

## 第一节　大豆目标价格补贴试点政策简介

### 一、大豆目标价格补贴政策的基本内容

2004 年以来的粮食最低收购价格和临时收储政策造成了国内农产品价格形成机制扭曲、国内外农产品价格大幅度倒挂、农业资源环境恶化等负面影响。同时，农户对粮食形成了“只涨不跌”的价格预期，棉花、大豆等农产品价格远远高于国际市场价格，形成了“国内增产—国家增储—进口增加—国家再增储”的尴尬局面①。我国粮食市场出现了粮食生产量、粮食进口量、粮食库存量三量齐增的反常现象，原有的价格支持政策难以为继。2014 年中央一号文件明确提出启动大豆目标价格补贴政策改革试点，正式取消了大豆的临时收储政策。随后国家发展改革委和财政部联合

① 程国强．为什么要探索建立农产品目标价格制度[J]．农经，2014(4)．

下发了《国家发展改革委　财政部关于印发大豆目标价格改革试点方案的通知》（发改价格〔2014〕1037号），并于2014年5月17日公布了大豆目标价格。2014年12月，国家发展改革委和财政部批准了东北三省与内蒙古自治区分别制定的改革试点实施方案①。

大豆目标价格补贴政策试点的主要目标是探索推进市场化的农产品价格形成机制，在保障农民利益的前提下，发挥市场对资源配置的决定性作用，合理引导农产品生产、流通、消费、促进产业上下游协调发展，为农产品价格改革积累经验。

大豆目标价格补贴政策试点的基本原则有四个：①市场决定价格。大豆价格由市场供求形成，政府不再对市场价格进行干预。②保障基本收益。政府通过补贴保障农民基本收益，稳定大豆生产。③公平补贴。坚持按种植面积实行公平补贴，多种多补、少种少补、不种不补，确保大豆目标价格补贴据实足额发放给实际种植者。④平稳过渡。取消临时收储政策，全面做好生产、流通、储备、加工等各环节政策措施的配套衔接工作，确保政策平稳过渡②。

大豆目标价格补贴政策试点具体涉及目标价格水平、市场价格采集、补贴发放等方面的内容。2014—2016年的大豆目标价格水平均为4800元/吨，即每斤2.4元。市场价格为采价期内各试点省份的平均市场收购价格，采价期为当年10月至次年3月。大豆目标价格补贴启动的条件是市场价格低于目标价格，反之则不启动。补贴发放的对象必须是大豆的实际种植者，包括农民、专业合作社、农场等。享有补贴资格的大豆种植面积必须是合法的种植面积，以下四种情况不得获取补贴：①在国家、省份明确退耕的土地；②未经批准开垦的土地；③原有的"黑地"；④虚报谎报的土地③。大豆种植面积统计核实工作的一般流程是：首先由农户自行申报大豆种植

---

① 黑龙江印发大豆直补实施方案[J]. 黑龙江粮食,2015(12).

② 辽宁省大豆目标价格改革试点工作实施方案[EB/OL]. http://www.lnprice.gov.cn/wjweb/price/temp/be0b866f-decd-42e8-89ae-332333d3a263.pdf.

③ 吉林省大豆目标价格改革试点工作实施方案[EB/OL]. http://wjj.jl.gov.cn/jgjg/201412/t20141219_1825245.html.

面积，其次由村委会（农场）负责登记、核实，并向全体村民进行公示，最后由县市进行抽查，并汇总上报。目标价格补贴的标准不是依据单个农户的市场销售价格和亩产，而是依据采价期内全省的平均市场价格和平均亩产来确定每亩的补贴金额。按规定，试点阶段当年的目标价格补贴会在次年 5 月底前通过“一卡通”的形式直接发放到大豆种植者手中。

2015—2016 年的大豆目标价格补贴试点方案基本上延续了 2014 年的内容，但做了进一步的修改和完善。其主要包括以下三个方面：①对合法的大豆种植面积的概念做了详细解释。大豆合法实际种植面积是指拥有同村集体、乡级以上政府或有关单位（林业局、地方农牧场等）签订的土地承包、承租或开发使用合同，且用途为非林地、非草原、非湿地的耕地上实际种植大豆的面积①。②面积统计核实工作更加规范。市、县统计部门于每年 6—10 月对农户申报的大豆种植面积进行入户调查和地块核实工作，并将调查核实的相关信息在村屯公示，确保数据真实准确。每年 12 月末前统计部门将核实数据报政府审定后，再将补贴对象相关信息函告同级财政部门，作为计算农户大豆目标价格补贴的基本信息。③目标价格补贴的监管机制更加完善。补贴资金专户实行封闭管理。补贴信息公开，接受群众监督，严惩违规违法行为。对参与目标价格补贴工作的单位和个人，工作严重不力的，实行问责制②。

## 二、大豆与棉花目标价格补贴政策比较分析

除大豆外，自 2014 年起，我国开始在新疆维吾尔自治区实施棉花目标价格补贴政策。作为目标价格补贴政策，棉花与大豆在初期实施过程中存在很多的相同点，如改革目标、基本原则、基本流程等方面。但是也有诸多不同点。①公平性不同。大豆目标价格补贴仅在东北三省和内蒙古自治区试点省份实施，其他种植大豆的省份不能享受目标价格补贴。而棉花目标价格补贴则不同，在新疆实施差额补贴，对其他棉花种植省份则实施定

---

① 黑龙江印发大豆直补实施方案[J]. 黑龙江粮食,2015(12).

② 黑龙江省人民政府关于印发黑龙江省大豆目标价格改革试点工作实施方案的通知[EB/OL]. http://www.hljdpc.gov.cn/tzgg/34652.jhtml.

额补贴。因此，棉花目标价格补贴政策在全国的公平性更高。②目标价格水平稳定性不同。2014—2016 年，大豆的目标价格水平一直稳定在 4800 元/吨，但是棉花的目标价格水平不断下降，2014 年为 19800 元/吨，2015 年为 19100 元/吨，2016 年为 18600 元/吨。③补贴的挂钩方式不同。大豆的目标价格补贴与播种面积挂钩，而棉花的目标价格补贴与播种面积和交售量挂钩。

2014—2016 年，棉花目标价格补贴政策、大豆目标价格补贴政策总体是稳定的，但是自此之后都受国际压力而发生了重大变化。自 2017 年起，大豆目标价格补贴演变为生产者补贴，棉花目标价格补贴发生了重大变化，其改革方向是"控制面积、降低成本、提质增效、保障能力"，这主要体现在国家发布的《关于深化棉花目标价格改革的通知》（发改价格〔2017〕516 号[①]《关于完善棉花目标价格政策的通知》[②]（发改价格〔2020〕474 号）中。主要变化有四个：①目标价格形成机制改革。棉花目标价格水平根据近三年生产成本加合理收益确定，原来的目标价格水平按照当年的生产成本加合理收益确定。②定价周期改革。棉花目标价格水平 3 年一定，而原来为 1 年一定。③设定补贴上限。对新疆享受目标价格补贴的棉花数量进行上限管理，超出上限的不予补贴。补贴数量上限为基期（2012—2014 年）全国棉花平均产量的 85%。而原来的棉花目标价格补贴不设定补贴面积或产量的上限，其目的在于鼓励生产，改革之后开始限制补贴和稳定产量，引导次宜棉区退出生产。④目标价格补贴开始向保险转变。棉花目标价格补贴的主导地位逐渐弱化，并开始向保险转变。《关于完善棉花目标价格政策的通知》提出要开展价格保险、收入保险等多种模式试点，完善机制设计，充分利用期货、再保险等工具分散风险。

---

① 国家发展改革委　财政部关于深化棉花目标价格改革的通知［EB/OL］. http://www.gov.cn/xinwen/2017－03/17/content_5178371.htm.

② 关于完善棉花目标价格政策的通知（发改价格〔2020〕474 号）［EB/OL］. http://www.hb－cotton.com/nd.jsp? id＝1393.

## 第二节　大豆目标价格补贴政策调查目标与方法

目标价格补贴政策在我国属于新生事物，如何从理论上认识这一政策的原理，如何从实践上不断完善政策的设计与执行，都是亟待研究的重要问题。自 2008 年《国家粮食安全中长期规划纲要（2008—2020 年）》提出要探索研究粮食目标价格补贴制度以来，目标价格制度成为国内理论界的研究热点，但是总体来看，其仅局限于政策操作层面，如目标价格水平应如何测算等，缺乏理论的深入探讨，还不足以成为政策的理论基础。相反，发达国家实施粮食目标价格补贴制度历史悠久，理论界相关理论研究较多，但是其所提出的理论基础是否符合中国国情还需要我们深入研究。因此，基于理论来自实践，基于要验证国外的目标价格补贴理论是否适用于中国，更基于要完善目标价格补贴政策的设计与执行，笔者有必要深入黑龙江省等大豆主产区进行考察。而且，作为粮食目标价格补贴政策试点品种的大豆及其种植区域，各有不同的特征，更需要深入产区加以考察。就大豆而言，其产业链长，我国作为大豆的原产国，国内市场受进口产品冲击严重，影响到其产量的提升，甚至有人惊呼“大豆产业危机”。就试点区域而言，该区域有其不同于其他地区农业生产的特点，如农业生产具有规模经济特征、黑土地肥沃、作物生长期短、积温制约粮食生产等，这一方面尤以黑龙江省最具代表性，而且该省大豆产量常年占全国一半左右。笔者于 2015 年 3 月初，在黑龙江省大豆协会的支持下，以大豆目标价格补贴政策产量效应研究和政策实践考察为主要目标，深入黑龙江省大豆主产区进行调查研究。

调查路线和对象的设计基于以下原则：①全产业链原则。大豆目标价格补贴政策效应特别是产量效应如何，不能仅将其视为一般的生产问题，要从全产业链，即要从科研、生产、贸易、加工等视角进行全面认识。②大豆主产区原则。鉴于当时黑龙江省大豆生产滑坡，很多地区大豆播种面积和产量减少快，所以要考察大豆生产相对较多的主产区。③典型主体原则。比如就生产主体而言，可划分普通农户、种粮大户、农民专业合作社、国有农场等；又如就加工主体而言，有国有企业、民营企业；再如就管理主体而言，大豆协会也很典型。因此，要从各类主体中找出典型主体进行调研。根据上述原则，笔者确定的调查区域及主体路线如下：①哈尔滨：黑龙江省大豆协会、九三油脂公司；②讷河市：种粮大户、贸易商；③嫩江：中国大豆城贸易商、食耕合作社；④农垦九三管理局：尖山农场、九三管理局科协、九三麦豆研究所；⑤友谊县：集贤祥源油脂企业、种粮大户、农场职工。

调查方法主要有四种：①深度访谈法。包括专家座谈会和个别访谈法。专家座谈会，如在九三农垦局尖山农场对场部组织管理人员和种粮户进行座谈。②个别访谈法。这一方法更常用，如与黑龙江省大豆协会主要管理人员、九三农垦科协会长，甚至与食耕合作社社员、种粮大户等举行个别访谈。为保证访谈不受外界影响，与讷河种粮大户们的访谈是将其邀请到宾馆进行的。③田野调查法。笔者深入尖山农场，考察农业规模化生产用的大型机械库等。④问卷调查法。笔者设计了《大豆目标价格补贴政策农户调查问卷》（见附录1），在调查过程中，向调查对象随机发放问卷，并邀请其协助向他人再发放问卷。同时，向内蒙古农户发放问卷。笔者在黑龙江省共收到有效问卷246份；同时向内蒙古呼伦贝尔市、赤峰市发放问卷，回收有效问卷142份，有效问卷共计388份。问卷样本来源如表4－1所示。

**表4－1　2015年大豆目标价格补贴政策调查样本分布情况**　　单位：份

| 黑龙江省 | | | 内蒙古自治区 | | |
|---|---|---|---|---|---|
| 地区 | 样本分布 | 样本数 | 地区 | 样本分布 | 样本数 |
| 黑河 | 嫩江县、九三农垦局 | 105 | 呼伦贝尔市 | 扎兰屯市 | 72 |
| 齐齐哈尔 | 讷河 | 80 | 赤峰市 | 喀喇沁旗 | 70 |
| 双鸭山 | 友谊县（农场）、集贤县 | 61 | | | |
| 合计 | | 246 | 合计 | | 142 |

# 第三节　大豆目标价格补贴政策调查发现

## 一、政策设计与执行存在的问题

### （一）目标价格水平低

2014年国家规定东北三省和内蒙古自治区的大豆目标价格为4800元/吨，即每斤2.4元。国家确定目标价格水平的基本原则是“生产成本+基本收益”，但2.4元/斤的目标价格未能合理考虑大豆与玉米两种竞争作物的比价关系，明显偏低。在调研过程中发现，如图4-1所示，有48%的农户认为大豆目标价格偏低，27%的农户认为严重偏低，合计有75%的农户认为2.4元/斤的目标价格水平较低，仅够弥补生产成本，收益微薄。以全国“大豆之乡”嫩江县为例，2014年平均每斤大豆的生产成本约为1.83元，每亩单产约为300斤，即使按2.4元/斤的价格销售，农民亩均利润仍不足200元。据农户反映，2014年黑龙江省雨水调和，对大豆生产有利，促使大豆产量与正常年景相比有较大增长。假设年景不好，大豆的产量减少，农民的种豆收益将会更少。但与大豆存在竞争关系的玉米不仅有临储政策的价格支撑，而且其产量高，亩均利润可达到600多元。农民作为市场经济活动中的经济人，在比较收益的驱动下，往往会主动放弃大豆而转种玉米。在访谈中得知，农民对大豆目标价格的期望值为2.7~3.0元/斤。2015年，国家首次下调了玉米的临时收储价格，并在2016年明确提出取消玉米临时收储政策，转而采用玉米市场化收购和玉米生产者补贴制度，而2015年和2016年的大豆目标价格仍然维持在4800元/吨，因此可以说2015年和2016年的大豆目标价格水平相对来说有所提高。

### （二）补贴对象难落实

国家发展改革委批复的各试点区域的大豆目标价格改革试点工作实施方案中已明确规定，大豆目标价格补贴的发放对象为大豆的实际种植者，但从实际执行情况来看，补贴难以真正发放到实际种植者手中，多流向土

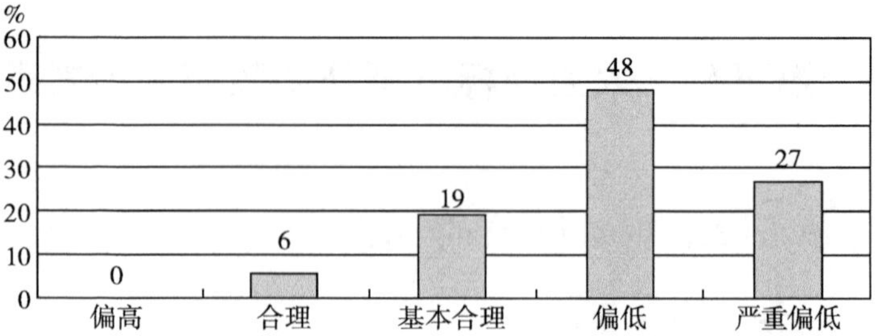


**图 4－1　农户对大豆目标价格水平（4.8 元/千克）的看法**

资料来源：实地调研。

地出租方。政府规定要通过“一卡通”的形式将目标价格补贴发放给大豆实际种植者，但是目前操作起来还面临两个方面的制约：一是国家还未真正建立起专门针对种植户的“一卡通”账户，只有原先针对土地出租方的粮食直补账户。二是国家还未建立土地流转平台，土地流转都是农户之间私下进行，还没有完善的数据信息系统。黑龙江省作为我国重要的商品粮生产基地，土地流转程度较高，跨区域流转土地较为普遍。在调研中得知，以往靠流转他人土地进行种植经营的补贴发放主要存在两种形式：①在本村范围内流转他人土地的，一般可按照租地面积如数获得补贴。②跨区域流转他人土地的，则由土地出租方与土地承包方之间自行约定，按照惯例大多数是由土地出租方获得全部补贴，但也有少数出租方会将补贴如数转交给承包方，或者采取平均分配的形式。此次大豆目标价格补贴政策虽明文规定补贴归大豆种植者所有，但由于种植户账户信息等方面的制约，政府依然只能通过原有的渠道将目标价格补贴发放给土地出租方，而土地出租方是否会将补贴如数转交给土地承包方成为政策执行的难点①。

### （三）补贴面积难统计

根据文件规定，大豆目标价格补贴的面积应为合法土地上的实际大豆种植面积。大豆目标价格补贴面积难统计主要表现在两个方面：①真实核

① 王文涛，张秋龙，聂挺．大豆目标价格补贴试点政策评价及完善措施[J]．价格理论与实践，2015(7)．

算农户种植面积困难。东北地区人均耕地多，种植面积广，农民居住地距离农田较远，种植面积的统计核实工作费时费力。调研中不少农户也表示，实地核实大豆种植面积不仅费时费力，并且很难保证数据的真实性，易出现弄虚作假现象。②“黑地”不计入补贴面积存争议。黑龙江省约有6000万亩的“黑地”，占到全省耕地面积的1/4。所谓“黑地”主要包括原来地方政府、农垦系统未上报的土地，林业系统补贴工资收入的“工资田”，以及农户自己开垦的边角地和河滩地。按照文件规定，“黑地”不属于合法的种植面积，不得享受目标价格补贴。由于以往的大豆临时收储政策是一种“价补合一”的政策，农户只要销售大豆就意味着能享受国家的价格补贴。但大豆目标价格补贴政策是一种以种植面积为基础的“价补分离”政策，在“黑地”上种植大豆的农户无法享受补贴。农户认为，在“黑地”与合法的耕地上种植大豆，成本与销售价格并没有明显差异，只要种植了大豆就应该享受同等的目标价格补贴，而不应差别对待。另外，由于真实核算农户的大豆种植面积十分困难，基层政府需要投入大量的人力、物力，导致行政成本过高。黄季焜等（2015）针对新疆棉花目标价格补贴政策的研究，也曾指出实地核查农户种植面积十分困难，甚至已经干扰了基层政府正常的行政工作①。

### （四）补贴发放时间晚

补贴发放时间不仅关系到农户能不能及时获得备耕生产所需资金，还直接影响农户的生产决策。东北地区的大豆一般在每年4月20日至5月20日完成全部播种工作，播种前需要大量资金承包土地、采购种子、化肥、农药。东北地区的大豆种植者种植规模较大，需要备耕生产的资金量大。在调研中了解到，大多数农户缺乏农业生产资金，需要靠贷款维持下一年的生产，仅有29%的农户表示有充足的资金备耕生产。文件规定，当年的大豆补贴将会在次年5月底前发放到大豆种植者手中，这时显然已经过了农户备耕生产的时间。在一项针对大豆目标价格补贴发放时间问题的

① 黄季焜，王丹，胡继亮．对实施农产品目标价格政策的思考：基于新疆棉花目标价格改革试点的分析[J]．中国农村经济，2015(5)．

调查中，如图4－2所示，有70%的农户认为发放时间过晚，已经过了最需要资金的时间，希望能够在备耕生产前拿到补贴，以缓解资金压力。另外，及时发放大豆目标价格补贴有利于在备耕期间确定生产计划，刺激种植大豆的积极性。

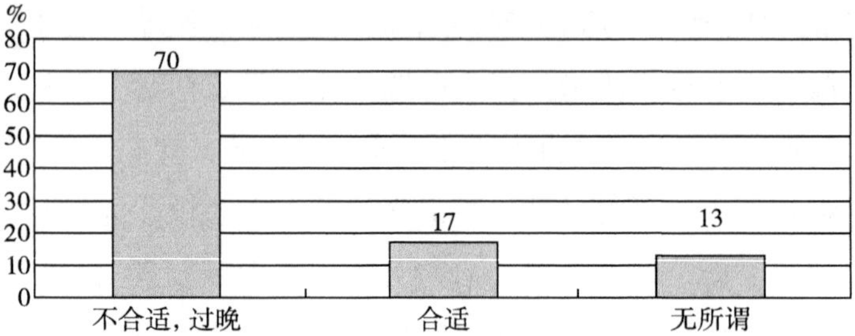


**图4－2　农户对大豆目标价格补贴发放时间的看法**

资料来源：实地调研。

### （五）补贴品种不明确

2014年，我国政府批准在东北三省和内蒙古自治区实施大豆目标价格补贴试点，补贴的品种就是大豆。应该说补贴品种已经明确规定了，又何来补贴品种不明确之说。在实地调研之后得知，芽豆是否应该补贴存在争议。芽豆是一种用来泡豆芽的小黄豆，比常见的商品豆个头小但出芽率高。由于政府文件中只是笼统称对大豆实施目标价格补贴，但未对大豆的具体品种做出详细规定。地方政府认为芽豆属于杂豆不应该给予补贴，但芽豆种植户认为芽豆属于大豆，应该获得相应的补贴。在调研中了解到，有的芽豆种植户为了弄清芽豆和大豆的关系，甚至专门拜访了省农科院的专家，最后得出的结论是两者同属豆科植物。由此可见，如果政策设计能够更细致一些，更多地考虑实际情况，就有可能避免类似的问题。如美国关于鹰嘴豆实施目标价格补贴，就明确区分了大鹰嘴豆和小鹰嘴豆两类不同的品种。

### （六）政策宣传不到位

国家发展改革委于2014年5月公布了大豆目标价格，12月才批准了各试点省份的大豆目标价格改革试点工作实施方案，不少市县2015年初才拿出具体的实施方案。在针对农户的问卷调查中，如图 4－3 所示，有 56% 的农户对目标价格补贴政策不了解，还有 8% 的农户根本没听说过目标价格补贴政策，有 77% 的农户不清楚目标价格补贴发放的流程，有 74% 的农户认为政府的宣传解释工作不到位。由于政策宣传工作的不到位，很多农户对政策持怀疑观望态度。在调研中发现，许多农户不知道政府会如何计算目标价格补贴，误以为政府会以自己卖豆的价格与公布的目标价格之间的差价，以及自己的单产作为补贴发放的依据。甚至在大豆收获后的初期，许多农户认为 2.4 元/斤的目标价格就应是市场销售价格。这与王萍等（2015）对黑龙江省庆安、海伦、明水、望奎四个县的农户有关大豆目标价格补贴政策认知程度的调查结果基本一致[①]。由于目标价格补贴政策与之前实行的临储政策相比，设计更为复杂，执行更有难度，因此政府必须加大宣传力度。

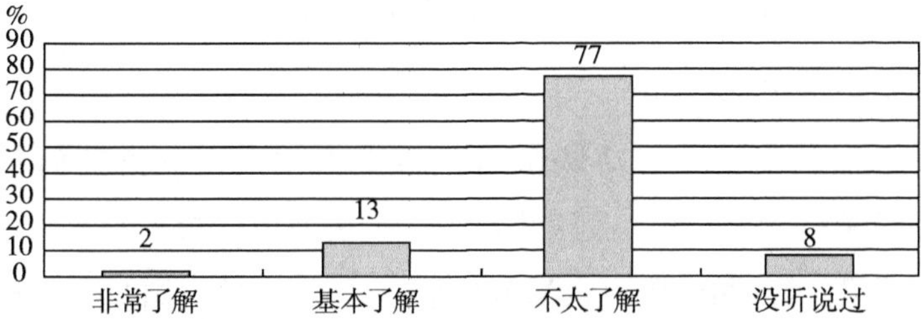


**图 4－3　农户对大豆目标价格补贴政策及发放流程的了解程度**

## 二、农户大豆种植决策的影响因素

要想知道大豆目标价格补贴政策是否能达到增产的政策目标，就必须了解农户是如何进行种植决策的。为此，我们对农户进行大豆种植决策的影响因素进行了调查。调研结果显示，影响农户进行大豆种植决策的主要因素有：大豆目标价格、大豆市场价格、替代作物市场价格、大豆生产成本。

---

① 王萍，孙明明，李智媛，等．农民对大豆目标价格政策的认知探析[J]．大豆科学，2015(5)．

### （一）大豆目标价格

我国 2014 年公布的大豆目标价格水平为 4800 元/吨，这与 2013 年的大豆临时收储价 4600 元/吨相比，每斤提高了 0.1 元。虽然 2014 年的目标价格公布时间偏晚，部分农户已经开始进行大豆的播种工作，但是仍然对少部分农户的大豆种植决策产生了影响。在调研中，有部分农户表示，由于在大豆播种之前听说 2014 年国家要实行目标价格补贴政策，大豆的目标价格要比 2013 年的临储价格高，所以才扩大了大豆种植面积。但是至于目标价格补贴政策的具体内容，他们并不了解，甚至误以为大豆收获后应该按 2.4 元/斤的价格销售。另外，大豆目标价格补贴政策的具体落实情况也会影响农户的种植决策。由于 2014 年的大豆上市后，市场价格低迷，而农户又不知道政府会给自己补贴多少，所以他们充满了担忧。有不少农户表示，在进行 2015 年的大豆生产决策时，不仅要看目标价格水平的高低，更要看上一年最终拿到了多少大豆目标价格补贴。

### （二）大豆市场价格

在市场经济环境中，市场价格应该是影响农作物播种面积的主要因素。但在 2008—2013 年，我国政府为了解决农民卖粮难和收入难提高的问题，针对东北三省和内蒙古自治区实施了大豆临时收储政策。因此，可以说农户接受的市场价格实际上是以大豆临时收储价为参照的。从表 4-1 中可以看出，2008 年以来大豆的临时收储价格逐年上涨，这给农户形成了大豆价格“只涨不跌”的市场预期。在调查对象中，有 84% 的农户认为大豆市场价格直接影响了他们的种植决策。有部分农户道出了他们更加看重市场价格的原因：一是当市场价格高时，无须获得目标价格补贴；二是担心市场价格低时，不能如数获得国家的补贴。由于 2014 年的大豆市场价格低迷，黑龙江省的大豆平均价格只有 2.1 元/斤，个别地区甚至更低，远低于 2013 年的临时收储价格。许多农户纷纷表示在 2015 年进行大豆种植决策时，将会综合考虑大豆市场价格和目标价格，而不是单一的大豆市场价格或目标价格。

**表 4－2　2008—2016 年大豆临储或目标价格**　　单位：元/公斤

| 年份 | 2008 | 2009 | 2010 | 2011 | 2012 | 2013 | 2014 | 2015 | 2016 |
|---|---|---|---|---|---|---|---|---|---|
| 类型 | 临储价 | 临储价 | 临储价 | 临储价 | 临储价 | 临储价 | 目标价 | 目标价 | 目标价 |
| 价格 | 3.70 | 3.74 | 3.80 | 4.00 | 4.60 | 4.60 | 4.80 | 4.80 | 4.80 |

### （三）替代作物市场价格

农户在进行种植决策时，一般会遵循利润最大化原则进行生产，也就是说种植利润最高的作物。大豆目标价格补贴政策试点区域的替代农作物有玉米、水稻、杂粮等，但最主要的还是玉米。自 2008 年以来，我国政府对玉米实行了临时收储政策，从表 4－2 中可以看出，临时收储价格一直不断上涨，到 2012 年达到最高值。玉米不仅临时收储价格高，而且产量高，利润也高。但由于大豆产量低、与玉米的比价不合理，所以生产大豆的利润也低。在一项玉米市场价格对农户大豆种植决策影响程度的调查问卷中，如图 4－4 所示，有 92% 的农户认为玉米价格对他们的大豆播种面积有影响，其中有 62% 的人认为影响非常大。因此，农户在比较收益的驱动下，往往会倾向于减少大豆的种植而增加玉米的种植。

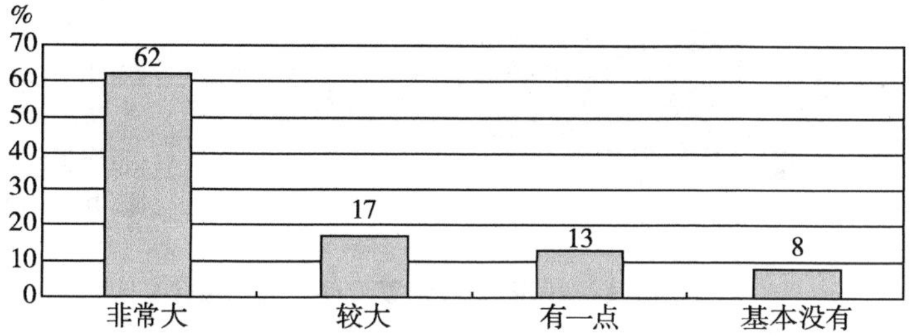


**图 4－4　玉米价格对大豆播种面积的影响程度**

资料来源：实地调研。

**表 4－3　2008—2015 年玉米临时收储价格**　　单位：元/公斤

| 年份 | 2008 | 2009 | 2010 | 2011 | 2012 | 2013 | 2014 | 2015 |
|---|---|---|---|---|---|---|---|---|
| 价格 | 1.50 | 1.50 | 1.80 | 1.98 | 2.12 | 2.24 | 2.24 | 2.00 |

### （四）大豆生产成本

大豆的生产成本大致包括地租、种子、农药、化肥、机械费用、雇工、利息。农作物的生产成本是影响农作物收益的主要因素。生产成本提高会降低农户收益，影响大豆的播种面积。根据我国农业补贴的实施经验，国家实施的各项提高农民收益的补贴，扩大了农资需求，提高了农资价格，最终提高了农民种植成本。目标价格补贴政策自然也不例外，其中，地租成本提高最快。2014 年国家实施大豆目标价格补贴政策后，不少土地出租方就提高了土地租金，分取承包土地的大豆种植者从国家获得的补贴。这意味着，国家发放给大豆种植者的补贴，提高了土地租金和生产成本，难以真正达到刺激大豆种植者积极性，提高大豆产量的政策初衷。据调查 2014 年黑龙江省 1 公顷土地的平均租金约为 4100 元，个别地区甚至高达 5500 元，即每亩地约为 367 元。如图 4－5 所示，2014 年大豆地租约占总成本的比重接近 50%，而 2015 年地租成本又明显抬升。

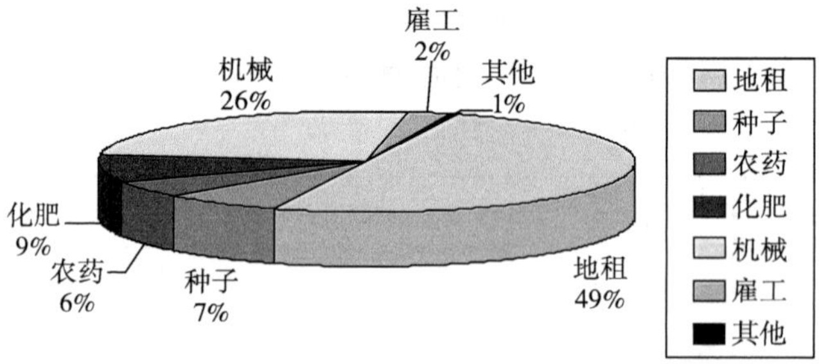


**图 4－5　2014 年租地豆农生产成本结构**

数据来源：实地调研。

# 第五章　大豆目标价格补贴试点政策效应及整体性框架设计

为解决国内外粮食价格倒挂及其引致的加工企业面临原料成本高等相关问题，2014—2016 年国家在东北三省和内蒙古自治区对大豆进行了粮食目标价格补贴政策试点，力图总结目标价格补贴政策的实施经验，并向谷物推广。然而，大豆目标价格补贴试点政策似乎没有取得预期成效。本章通过实地调查、理论分析与实证分析等方法，探讨目标价格补贴政策的产量效应、价差效应和加工效应，结合目标价格补贴政策困境，提出了提高大豆目标价格补贴政策效应的整体性框架设计，从而为政府和理论界科学认识目标价格补贴政策及其成效提供参考。

## 第一节　大豆目标价格补贴政策产量效应分析

大豆目标价格补贴政策的产量效应是要探讨的首要理论问题。2014 年，目标价格政策实施后大豆产量并没有预期的大幅度上涨。如图 5 - 1 所示，自 2008 年大豆临时收储政策实施以来，大豆产量呈现下降趋势，而在 2014 年国家实施目标价格补贴政策后大豆产量虽然有所提升，目标价格试点区域总产量由上年的 580 万吨增长为 602 万吨，2015 年又下降为 570 万吨，2016 年又增长为 715 万吨，但是仍然低于历史最高水平。其中，黑龙江省作为最大的大豆生产省份，由实施大豆目标价格试点上一年的产量 387 万吨增长为 2014 年的 460 万吨，2015 年产量又持续下降至 428 万吨，

2016年大豆产量有所增长至562.8万吨，也低于历史最高水平。可以说，从短期来看，通过目标价格政策来刺激大豆播种面积和产量的目标并没有达到。以下探讨大豆目标价格政策产量效应的主要影响因素。

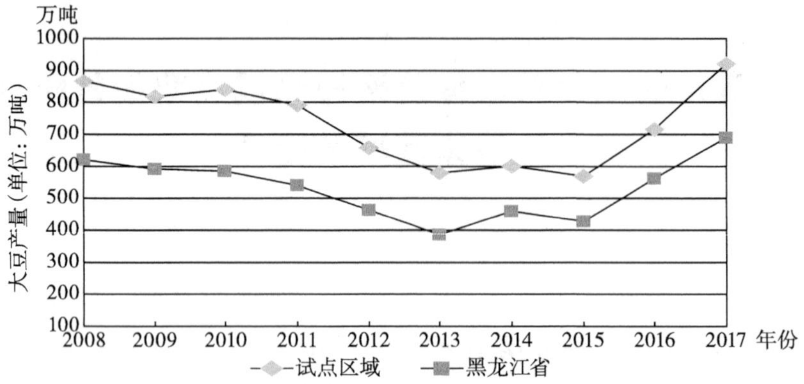


**图5-1　2008—2017年大豆产量曲线图**

数据来源：2008—2017年数据均来自历年《中国农村统计年鉴》。

注：试点区域指东北三省和内蒙古自治区；大豆目标价格试点年份为2014—2016年，2017年大豆目标价格试点政策取消。

## 一、大豆目标价格补贴政策产量效应影响因素

### （一）大豆目标价格

实行目标价格政策之后，大豆就会有目标价格和市场价格两种价格。目前，理论界的研究普遍认为，实施目标价格政策后，市场价格主要由供求关系形成，农户根据价格信号进行生产，市场价格高则说明市场供不应求，就应该扩大生产，相反则应减少生产。即市场价格对大豆产量起决定性作用。但是，目标价格是否对产量有影响呢？从当前政策文件和理论界的研究来看，似乎目标价格对产量没有影响，目标价格只是计算补贴量的一个参考价格。但实际上绝非如此，目标价格应是影响农户生产决策和大豆产量的主要价格①。

① David A. Hennessy: The Production Effects of Agriculture Income Support Policies under Uncertainty [J]. American Journal of Agricultural Economics, 1998(1): 46-57.

根据国家规定，当市场价格低于目标价格时，国家按农户的大豆产量实行差价补贴，而差价就是指目标价格与市场价格之差。这样，农户获得的收益应来自两部分，一部分是按市场价格销售大豆获得的收益；另一部分是按差价补贴获得的收益。

设农户的总收益为 $TR$，市场价格为 $P_{市}$，目标价格为 $P_{目}$，差价为 $P_{差}$，农户产量为 $Q$。则有：$P_{差}=P_{目}-P_{市}$

$$TR=P_{市}\cdot Q+P_{差}\cdot Q=(P_{市}+P_{差})\cdot Q=(P_{市}+P_{目}-P_{市})\cdot Q=P_{目}\cdot Q$$

$$边际收益\ MR=\frac{dTR}{dQ}=P_{目}$$

$$平均收益\ AR=\frac{TR}{Q}=P_{目}$$

可见，目标价格就是农户的平均收益或边际收益。农户按边际收益等于边际成本的利润最大化原则来决定产量，则有目标价格 $P_{目}$ 等于边际成本。因此，从理论上来讲，大豆目标价格与支持价格的产量效应是相同的。

如图 5-2 所示，$S$ 为大豆供给曲线，$D$ 为大豆需求曲线。当目标价格为 $P_{目}$ 时，大豆产量应为 $Q_3$。当支持价格为 $P_{支}$ 时，大豆产量应为 $Q_2$。而且只要目标价格大于支持价格，即 $P_{目}>P_{支}$，大豆产量就应该提高。

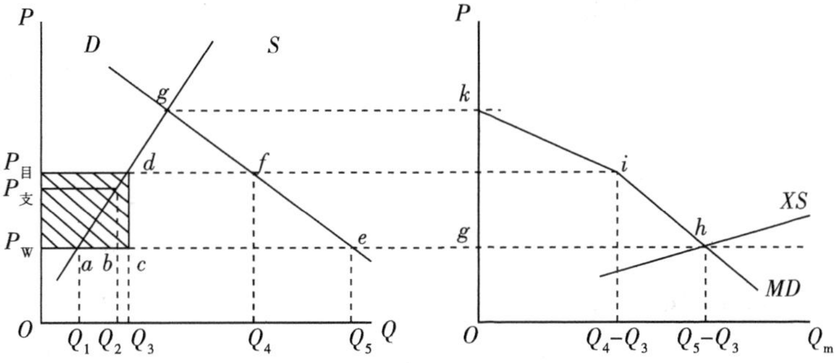


**图 5-2　目标价格补贴原理示意**

2014—2016 年国家提出的大豆目标价格为 4800 元/吨，仅比原来的临时收储价格高 200 元/吨，所以在目标价格没有大幅度提升的情况下，要想取得大豆产量的大幅度提升是不可能的。

### （二）大豆市场价格

在市场经济条件下，价格是影响生产的关键因素。在实行目标价格补贴政策条件下，由于农民可以获得市场价格与目标价格的价差补贴，似乎市场价格就不起作用了。但是事实并非如此，大豆市场价格仍然发挥着引导生产的作用。第一，价格高代表市场需求旺盛，从而农民更愿意生产；第二，当市场价格高于目标价格时，显然是市场价格而不是目标价格成为决定农户产量的因素；第三，目标价格补贴政策下，只有合法种植面积上的大豆种植才能享受目标价格补贴，“黑地”种植者无法获得该补贴。自实行大豆目标价格补贴政策以来，大豆市场价格不断下降，这对于不能获得补贴的“黑地”农户来说，无疑会降低其种植大豆的收益，从而引发其减少大豆的种植面积。

### （三）替代作物价格

大豆的替代作物主要是玉米，在实施目标价格补贴阶段，玉米与大豆的比价仍然不合理，玉米价格相对偏高。如 2014 年玉米临时收储价格为 2. 24 元/公斤，大豆的目标价格为 4. 8 元/公斤，大豆目标价格与玉米临时收储价格之比为 1∶2. 14，而玉米产量和大豆产量之比却大于这一值，所以玉米价格相对较高，这就影响了农民种植大豆的积极性。

### （四）大豆生产成本

生产成本是影响大豆播种面积和产量的重要因素。在我国对大豆的目标价格补贴有限的情况下，不降低成本是难以取得增产的效果的。影响大豆生产成本的因素很多，如技术进步情况、农资价格、地租等。从实际情况来看，长期以来，我国大豆技术进步特别是单产增长缓慢，而农资价格、地租又会随着补贴的增长而增长，所以在不能有效降低大豆生产成本的情况下，仅靠微量的目标价格补贴是难以实现产量的有效增长的。

### （五）政策设计与实施状况

政府对目标价格补贴政策的宣传不到位，农户对政策的了解程度不够；补贴发放时间晚，备耕生产期间拿不到补贴资金，这些因素都会进一步降低农户种植大豆的积极性。如国家规定的目标价格补贴发放时间为次年5月底，各地实际发放的时间则更晚，这显然错过了农户备耕和播种的时间。

### （六）政策实施周期

从2014—2016年大豆播种面积和产量变化情况来看，虽然总体上有所提升，但是仍远低于历史最高水平，可见刺激大豆生产的目的远未实现。这说明，大豆目标价格补贴政策刚开始实施时，目标价格对农户种植决策的引导作用有限，农户对政策的理解与接受还需要一个过程。短期内农业生产者对目标价格的变化不太敏感，并不会显著影响种植面积。但从长期来看，目标价格对种植面积的影响可能是显著的①。就实际情况而言，随着玉米临储政策改革，如政府临储价格水平的降低或临储政策的退出，玉米种植预期收益的降低，会反过来刺激大豆种植的积极性。2015年国家虽然在东三省和内蒙古自治区继续实行玉米临时收储政策，但是收购价格就由2014年的1.11～1.13元/斤降为1元/斤，所以2016年大豆播种面积和产量出现了一定程度的上涨，比2014年增长18.8%。2016年实施农业供给侧结构性改革后，玉米价格持续下降，到2016年底价格就具有了国际竞争优势，大豆与玉米比价的合理调整，就会继续刺激大豆的生产。从图5－1中可以看出，2017年大豆产量又持续上升，无论是整个试点区域还是大豆的最大主产省黑龙江省，其产量都高于临时收储阶段的历史最高水平。当然，2017年我国取消了目标价格政策，改为实施生产者补贴制度，似乎不能说明这是目标价格的长期作用效果，但无论是目标价格还是生产者补贴，其本质特征都是价补贴分离，都是与播种面积或产量挂钩的补贴，从这一点来说其刺激产量的作用都是相同的。所以，可以推断，如果2017年继续实施目标价格政策并对其实施过程中存在的问题进行改革的话，那么目标价格的长期产量效应还是会显现出来的。

---

① A. A. Farhad Chowdhury, Cary W. Herndon: Supply Response of Farm Program in Rice－Growing States[J]. IAER, 2000(4): 771－781.

## 二、大豆目标价格补贴政策产量效应实证分析

### （一）模型构建

1. 双重差分模型介绍

双重差分法（Differences - in - Differences，DID）是近年来评估一项公共政策效果的主流方法。该方法最早由美国经济学者 Ashenfelter 和 Card（1985）引入公共政策问题的研究，此后被各国经济学者广泛应用于各类政策的研究①。我国最早运用 DID 对政策效果进行评价的是周黎安和陈烨（2005），他们对我国农村税费改革的政策效果进行了实证检验②。DID 的核心思想是：将调查样本分为两组，一组是受政策影响的实验组，另一组是不受政策影响的控制组；根据实验组和控制组在政策实施前后的相关信息，分别计算实验组和控制组在政策实施前后某个指标（因变量）的变化量；然后将实验组和控制组的变化量做差，即进行第二次差分；最后得到一项公共政策对实验组的净影响，也就是我们所关心的政策效果③。

2014 年，我国政府在黑龙江省、吉林省、辽宁省以及内蒙古自治区启动大豆目标价格补贴政策改革试点工作。改革试点以来，不少学者对大豆目标价格补贴政策的改革效果进行了评价，但大多倾向于定性分析，缺少经验数据的支持。传统方法是将试点区域政策实施前后的大豆播种面积、产量进行对比，或者将试点区域与非试点区域进行简单对比，无法排除目标价格补贴政策之外的其他可能因素对大豆播种面积、产量的影响，因而无法得到目标价格补贴政策的净影响。然而 DID 恰好具有无法比拟的优点，该方法可以利用一个外生的公共政策所导致的横向和纵向的双重差异来识别其净影响。2014 年我国政府在东北三省和内蒙古自治区实施的大豆目标价格补贴改革试点可以看成是一次准自然实验，即目标价格补贴政策

---

① Ashenfelter Orley C. ，David Card. Using the longitudinal structure of earnings estimate the effect of training programs[J]. Review of Economics and Statistics，1985(4)：648 - 660.

② 周黎安，陈烨．中国农村税费改革的政策效果：基于双重差分模型的估计[J]．经济研究，2005(8)．

③ Jeffrey M. Wooldridge. 计量经济学导论[M]．北京：中国人民大学出版社，2009.

是外生的。因为国家在选择目标价格补贴试点区域时，虽然可能会倾向于大豆产量比较大的区域，但是对于单个大豆种植户而言，他们无法事先知道目标价格补贴政策的实施区域，因此可以假定目标价格补贴政策是外生的。虽然贺超飞和于冷（2018）用双重差分的方法，对临时收储政策改为目标价格补贴政策2014—2015年的产量效应进行了分析，但是该模型存在的问题是：将东北四省以外的全国其他省作为控制组，而该控制组的大豆播种面积显然是受目标价格政策影响的。其理由是，实行临时收储政策时，全国大豆市场价格较高，改为目标价格政策后，由于价格由市场供求来形成就会出现价格下降的现象，即控制组大豆价格由于实验组实施目标价格政策而下降，这样就会得出实验组相对于控制组产量提高的结论，从而扩大了目标价格政策效果。当然，如果模型中将大豆价格或目标价格作为控制变量引入的话，就会有效解决政策效果夸大的问题①。

目标价格补贴政策作为一项国内农业支持政策，我们关注该政策实施以后对大豆产量的影响。但是由于农作物的产量容易受天气、自然灾害等无法观察的因素影响，多数学者在研究某项农业政策的产量效应时，往往研究该农业政策对农户种植决策的影响，即对播种面积的影响，这样得出的结果较为客观。因此，本文将大豆播种面积作为大豆产量的代理变量，实际上是要研究目标价格补贴政策对农户大豆播种面积的影响程度。

2. 双重差分模型构建

本文在分析处理实验组和控制组的大豆播种面积差距时，按照样本地区是否进行了大豆目标价格补贴政策试点，将样本地区分为受政策影响的实验组、不受政策影响的控制组，并令 A = 实验组，B = 控制组。本文的实验组为黑龙江、吉林、辽宁、内蒙古四省份的地级市，控制组为河北、河南、山西、山东四省份的地级市。之所以选择河北、河南、山西、山东四省份作为控制组的原因有二：一是这四个省份在地理位置上与实验组相邻；二是这些省份的大豆产量与实验组较为接近，这样可以最大限度地减

① 贺超飞，于冷．临时收储政策改为目标价格制度促进大豆扩种了么?:基于双重差分方法的分析[J]．中国农村经济，2018(9)．

少实验组和控制组在地理位置、气候等方面的差异。令变量 $P$ 为样本是否属于目标价格补贴政策试点区域的政策虚拟变量。当属于试点区域时，$P=1$；反之，$P=0$。令变量 $T$ 为样本在目标价格补贴政策试点前后的时间虚拟变量。若在试点之后，$T=1$；反之，$T=0$。假设 $\varepsilon$ 为其他无法观察到的没有控制的影响播种面积的因素①。这样，我们就可以得到目标价格补贴政策对大豆播种面积影响的简单 DID 模型：

$$Y=\delta_0+\beta_1 T+\beta_2 P+\beta_3 T\times P+\varepsilon \qquad (5-1)$$

从以上简单 DID 模型入手可以得到实验组和控制组各自的大豆播种面积变动的模型。对于没有实施目标价格补贴政策的控制组样本，$P=0$，其模型可以表示为：

$$Y=\delta_0+\beta_1 T+\varepsilon \qquad (5-2)$$

因此，控制组的样本在大豆目标价格补贴政策试点前后的大豆播种面积分别为：

$$Y=\begin{cases}\delta_0 & \text{当 } T=0 \text{ 时，即目标价格补贴政策实施前}\\ \delta_0+\beta_1 & \text{当 } T=1 \text{ 时，即目标价格补贴政策实施后}\end{cases} \qquad (5-3)$$

则实施目标价格补贴政策前后，控制组的大豆播种面积平均变动为：

$$Dif_1=(\delta_0+\beta_1)-\delta_0=\beta_1 \qquad (5-4)$$

对于实施了目标价格补贴政策的实验组样本，$P=1$，其模型可以表示为：

$$Y=\delta_0+\beta_1 T+\beta_2+\beta_3 T+\varepsilon \qquad (5-5)$$

因此，实验组的样本在大豆目标价格补贴政策试点前后的大豆播种面积分别为：

$$Y=\begin{cases}\delta_0+\beta_2 & \text{当 } T=0 \text{ 时，即目标价格补贴政策实施前}\\ \delta_0+\beta_1+\beta_2+\beta_3 & \text{当 } T=1 \text{ 时，即目标价格补贴政策实施后}\end{cases} \qquad (5-6)$$

则实施目标价格补贴政策前后，实验组的大豆播种面积平均变动为：

① 薛凤蕊，乔光华，苏日娜. 土地流转对农民收益的效果评价：基于 DID 模型分析[J]. 中国农村观察，2011(2).

$$Dif_2 = (\delta_0 + \beta_1 + \beta_2 + \beta_3) - (\delta_0 + \beta_2) = \beta_1 + \beta_3 \quad (5-7)$$

从而可以得出大豆目标价格补贴政策对大豆播种面积的净影响为：

$$DID = Dif_2 - Dif1 = (\beta_1 + \beta_3) - \beta_1 = \beta_3 \quad (5-8)$$

$\beta_3$正是模型中 $T \times P$ 的参数，是我们真正关心的变量，它代表了大豆目标价格补贴政策对大豆播种面积的净影响。上述计算双重差分量$\beta_3$的过程可用表 5－1 进行简单说明。

**表 5－1 双重差分量的计算过程**

| | 试点之前 | 试点之后 | 之后－之前 |
|---|---|---|---|
| 控制组 | $\delta_0$ | $\delta_0 + \beta_1$ | $\beta_1$ |
| 实验组 | $\delta_0 + \beta_2$ | $\delta_0 + \beta_1 + \beta_2 + \beta_3$ | $\beta_1 + \beta_3$ |
| 实验组—控制组 | $\beta_2$ | $\beta_2 + \beta_3$ | $\beta_3$ |

在本文具体的实证分析中，为了得到更加精确的计量结果，我们加入了一些影响大豆播种面积的控制变量，从而采用以下固定效应模型：

$$Y_{it} = \delta_0 + \beta_1 T_t + \beta_2 P_i + \beta_3 T_t \times P_i + \theta X_{it} + \varepsilon_{it} \quad (5-9)$$

在式（5－9）中，$i$ 表示样本，$t$ 表示时期。$Y_{it}$则表示样本 $i$ 在 $t$ 时期的大豆播种面积。$P_i$是一个二值虚拟变量，用来衡量样本是否属于大豆目标价格补贴改革试点区域，若是，则 $P_i = 1$；反之，$P_i = 0$。$T_t$表示样本是否来自大豆目标价格补贴政策实施之后，若是，则 $T_t = 1$；反之，$T_t = 0$。$X_{it}$是一组可以观测的影响大豆播种面积的控制变量，其主要包括大豆价格、玉米价格、大豆生产成本、玉米单产、粮食作物播种面积。关于大豆价格，对控制组而言，就是市场价格；对实验组而言，政策改革前是市场价格，政策改革后就是目标价格。之所以将市场价格与目标价格都作为控制变量，其理由在于：参照组的市场价格与实验组的目标价格都是农户生产大豆的边际收益，其对产量的影响从理论上来分析应该是相同的。

## （二）变量选取与数据来源

### 1. 变量选取及解释

（1）变量选取。本书的关注重点是大豆目标价格补贴政策对大豆播种面积的影响，即临时收储政策改为大豆目标价格补贴政策是否显著地影响大豆的播种面积。因此，本文选取大豆的播种面积作为因变量。通过梳理现有文献和实地调研发现，影响大豆播种面积的主要因素有市场价格、替代作物的价格、生产成本、替代作物的单产、粮食作物播种面积等。大豆的替代作物有玉米、水稻、杂粮等，但由于玉米作为我国第一大粮食品种，其与大豆的替代关系最为明显，因此本文将玉米销售价格作为大豆的替代作物价格。所以，本文将大豆价格、玉米价格、玉米单产、大豆生产成本、粮食作物播种面积等作为控制变量。

（2）符号预测。通过上文的理论分析，我们做出如下预测：目标价格和大豆价格都对大豆播种面积具有正向影响；玉米价格、玉米单产对大豆播种面积具有负向影响；大豆生产成本对大豆播种面积具有负向影响；粮食作物播种面积对大豆播种面积具有正向影响。如表 5 -2 所示。

**表 5 -2　变量解释及符号预测**

| 类型 | 变量名称 | 代码 | 变量解释 | 符号预测 |
|---|---|---|---|---|
| 因变量 | 大豆播种面积 | $Y_{it}$ | 大豆实际播种面积 | |
| 自变量 | 时间虚拟变量 | $T_t$ | 政策实施前 $T=0$，实施后 $T=1$ | |
| | 政策虚拟变量 | $P_i$ | 若样本地区没有实施目标价格补贴政策，$P=0$；反之，$P=1$ | |
| | 时间和政策虚拟变量的交互项 | $T_t \times P_i$ | 双重差分估计量，是判断政策是否对大豆播种面积有显著影响的依据 | |
| | 大豆价格 | $X_1$ | 上年大豆市场价格或当年大豆目标价格 | + |
| | 玉米价格 | $X_2$ | 平均玉米销售价格 | - |
| | 玉米单产 | $X_3$ | 玉米的单位面积产量 | - |
| | 大豆生产成本 | $X_4$ | 平均大豆生产成本 | - |
| | 粮食作物播种面积 | $X_5$ | 反映粮食作物的生产规模 | + |

（3）时间选择。2008—2013 年，我国政府在东三省和内蒙古自治区实施大豆临时收储政策。2014—2016 年，我国政府正式开始在该地区实施大豆目标价格补贴政策。因此，本文将 2008—2013 年作为大豆目标价格补贴政策实施之前的年份，将 2014—2016 年作为大豆目标价格补贴政策实施之后的年份。

2. 数据来源及说明

本文的数据包含了实验组黑龙江、吉林、辽宁、内蒙古四省份，以及控制组河北、河南、山西、山东四省的地级市面板数据。考虑到数据的可得性，参与大豆目标价格补贴政策改革试点的实验组市级样本 38 个，未参与大豆目标价格补贴政策改革试点的控制组市级样本 44 个。2008—2016 年的样本量一共有 738 个。本文的面板数据包含大豆播种面积、时间虚拟变量、政策虚拟变量、时间和政策虚拟变量的交互项、大豆价格（上年大豆市场价格或当年大豆目标价格）、玉米价格、玉米单产、大豆生产成本、粮食作物播种面积。其中，大豆播种面积、玉米单产、粮食作物播种面积数据来自实验组和控制组 2009—2017 年的省级统计年鉴及地市级统计年鉴；大豆市场价格来自《全国农产品成本收益资料汇编》，将省级价格作为地市级价格；玉米市场价格数据来自中华粮网和 Wind 数据库，其中缺失年份的数据先用省级生产者价格指数调整，然后再将该省有数据的地市价格的平均值代替缺失数据；大豆生产成本数据来自《全国农产品成本收益资料汇编》。其中，中华粮食网玉米价格为该公司采集的企业收购价格，Wind 数据库玉米价格为出库价格。表 5 – 3 给出了大豆播种面积、政策虚拟变量、大豆价格、玉米价格、大豆生产成本、粮食作物播种面积等变量的描述性统计结果。

**表 5 – 3 主要变量描述**

| 变量名称 | 均值 | 标准差 | 最小值 | 最大值 | 样本量（个） |
|---|---|---|---|---|---|
| 大豆播种面积（千公顷） | 59.62 | 137.50 | 0.24 | 872.60 | 738.00 |
| 大豆价格（元/吨） | 4473.00 | 544.90 | 3556.00 | 5505.00 | 738.00 |
| 玉米价格（元/吨） | 1976.00 | 284.30 | 1403.00 | 2433.00 | 738.00 |
| 玉米单产（千克/公顷） | 6623.00 | 1525.00 | 930.40 | 11835.00 | 738.00 |
| 大豆生产成本（元/亩） | 575.20 | 164.70 | 306.90 | 900.50 | 738.00 |
| 粮食作物播种面积（千公顷） | 605.80 | 669.40 | 45.61 | 13331.00 | 738.00 |

### 3. 描述性统计分析

大豆目标价格补贴政策改革试点前后大豆播种面积的组内和组间均值差如表 5 – 4 所示。在实施大豆目标价格补贴政策之前的 2008—2013 年，实验组城市的平均大豆播种面积为 119.84 千公顷，控制组城市的平均大豆播种面积为 17.31 千公顷，两者的差值为 102.53 千公顷。而在实施大豆目标价格补贴政策之后的 2014—2016 年，实验组城市的平均大豆播种面积减少到90.33千公顷，控制组城市的平均大豆播种面积减少到13.69千公顷，两者的差值变为76.64千公顷。将试点之前和试点之后的差值相减得到的双重差分量为-25.89千公顷。

**表5-4 目标价格补贴政策改革试点前后大豆播种面积的组内和组间均值差**

| 大豆播种面积（千公顷） | 2008—2013年（试点之前） | 2014—2016年（试点之后） | diff |
|---|---|---|---|
| 实验组 | 119.84 | 90.33 | -29.51 |
| 控制组 | 17.31 | 13.69 | -3.62 |
| diff | 102.53 | 76.64 | -25.89 |

从表5-4中可以看出，实施大豆目标价格补贴政策改革试点之后，无论是控制组还是实验组的平均大豆播种面积都出现了下降趋势，但控制组的下降趋势相对较弱。而实施大豆目标价格补贴政策的净影响为-25.89，据此我们是否可以直接得出实施大豆目标价格补贴政策试点之后，不仅未能促使大豆播种面积增加，反而引起了播种面积减少的结论呢？答案是否定的，这是因为：第一，表中给出的结果只是简单的描述性统计，并不具有统计上的意义；第二，即使表中的结果具有统计上的意义，也忽略了其它因素对大豆播种面积的影响，缺乏科学性。影响大豆播种面积的因素是多种多样的，如玉米的价格、大豆的生产成本等，在进行大豆目标价格补贴政策试点的过程中，这些因素仍然影响农户的生产决策，只有在控制其它因素的前提下才能得出可置信的结论。

### （三）实证结果分析与讨论

下面运用Stata13.0计量软件，分别在不引入控制变量和引入大豆价格、玉米价格、大豆生产成本、粮食作物播种面积等控制变量的情况下对模型进行估计。

1. 未引入控制变量下模型估计结果

在未引入控制变量时，我们运用式（5-1）中的模型进行回归分析，具体的回归结果如表5-5所示。模型估计结果显示$\beta_1$为-3.6167、$\beta_2$为102.5412、$\beta_3$为-25.9015。在这三个系数中我们最关心时间和政策虚拟变

量的交互项 $\beta_3$，因为它表示大豆目标价格补贴政策的净影响。$\beta_3$ 的系数虽然为负值，但是并没有通过显著性检验，因此无法从统计意义上得出目标价格补贴政策试点反而降低了大豆播种面积的结论。同时应当看到，在没有引入控制变量下的估计模型，实质上只是对几个虚拟变量进行回归，未能考虑其他影响大豆播种面积的因素。因此，为了更加精确地度量大豆目标价格补贴政策对播种面积的影响，需要加入其他可观测的控制变量。

**表 5 -5　未引入控制变量下模型估计结果**

| 变量 | 系数 | 大豆播种面积 | $t$ 值 |
|---|---|---|---|
| $Tt$ | $\beta_1$ | -3.6167 * | 1.9096 |
| $Pi$ | $\beta_2$ | 102.5412 *** | 13.0672 |
| $Tt \times Pi$ | $\beta_3$ | -25.9015 | 20.7980 |
| $C$ | $\delta_0$ | 17.3088 *** | 1.1839 |
| Prob > F | 0 | | |
| adj. $R^2$ | 0.1174 | | |

注：*、**、*** 分别表示在 10%、5% 和 1% 水平上显著，下同。

## 2. 引入控制变量后的模型估计结果

在引入了大豆价格、玉米价格、玉米单产、大豆生产成本、粮食作物播种面积等控制变量后，我们运用式（5 -9）中的模型进行回归分析，具体的回归结果如表 5 -6 所示。

**表 5 -6　引入控制变量后的模型估计结果**

| 变量 | 大豆播种面积 | $t$ 值 |
|---|---|---|
| $Tt$ | 35.4765 *** | 10.4639 |
| $Pi$ | 83.7285 *** | 10.7374 |
| $Tt \times Pi$ | -33.4646 ** | 16.5983 |
| $C$ | 126.2673 *** | 39.6049 |
| 大豆价格（元/吨） | -0.0089 | 0.0071 |
| 玉米价格（元/吨） | -0.0282 | 0.0212 |
| 玉米单产（千克/公顷） | -0.0012 | 0.0013 |
| 大豆生产成本（元/亩） | -0.1199 *** | 0.0490 |
| 粮食作物播种面积（千公顷） | 0.1000 *** | 0.2210 |

续表

| 变量 | 大豆播种面积 | $t$ 值 |
|---|---|---|
| $Prob > F$ | 0 | |
| $adj.\ R^2$ | 0. 3855 | |

模型估计结果显示，时间变量和政策虚拟变量的系数都为正，且在1%水平上显著。这说明，各地级市的大豆平均播种面积在实施大豆目标价格政策后提高了，而且实验组各地市的大豆平均播种面积高于控制组的大豆平均播种面积。

时间变量与政策虚拟变量交叉项的系数为负，这说明在控制了大豆价格或目标价格之后，实验组的大豆播种面积的增长要小于控制组的增长。之所以出现这种奇特的现象，一是因为国家实施的目标价格补贴不能确保农民达到4800元/吨的目标价格，实施目标价格补贴的范围小于临储价格，补贴被摊薄；二是政策宣传不力，农民对目标价格不了解，反应迟缓。

替代作物玉米的销售价格对大豆播种面积有负向影响，但在统计上并不显著。其原因可能在于，控制组形成了种植玉米的习惯，玉米对大豆的替代作用不强，所以对玉米价格变动反应不敏感。但是对实验组而言则不同，玉米是大豆的主要替代作物，玉米价格增加就会减少大豆的种植面积。

大豆生产成本对大豆播种面积有显著负向影响，并在1%水平上显著。生产成本是影响大豆播种面积的主要因素之一，尤其对于靠流转他人土地进行生产的种植大户而言更是如此。调研数据显示，近年来大豆生产成本上升较快，主要是因为地租上涨过快，已经占到了大豆全部生产成本的50%左右。

粮食作物播种面积对大豆播种面积有显著的正向影响，这说明，粮食作物播种面积越多，大豆播种面积越大。这也意味着，要增加大豆播种面积，必须保护好耕地，为保障粮食作物播种面积打下良好的基础。

但在该模型中出现了奇特的现象就是，大豆价格前的系数为负但不显著，这说明包括目标价格在内的大豆价格没有发挥好对资源配置的积极作用。其原因有两个：一是对东北很多地区以及其他地区而言，大豆种植面积不是由价格信号决定的。如东北高寒区气温低，只能种植大豆而不能种植其它粮食作物；春旱或玉米幼苗期受到自然灾害后，就只能补种大豆；

种植大豆还是轮作的需要，实现“藏粮于地”的目的等。二是种植大豆的收益远远低于玉米，如果大豆价格提升幅度高于一定水平，且玉米与大豆价格之比较为不合理，则根本不会导致农民改种玉米。

综上所述，我们发现，实施目标价格补贴对大豆生产有积极效果，但是还有待提高；大豆播种面积对大豆价格和玉米价格信号反应不敏感，这既反映出大豆生产的特点，又表明大豆生产仍处于边缘化地位，特别是长期以来我国三大谷物单产增加很快，但是大豆单产长期以来基本不变；大豆生产成本对播种面积有负向影响。因此，要提高大豆目标价格补贴政策效果，就要完善大豆目标价格补贴政策的设计和执行，提高大豆在国家粮食安全中的地位，尤其要重视大豆科技进步和单产提高，控制大豆生产成本。

## 第二节　大豆目标价格补贴政策的价差效应

实施大豆目标价格补贴政策的目标之一，就是缩小甚至消除国内外大豆价差。其基本原理是：大豆作为实行自由贸易的粮食品种，实施目标价格补贴政策后，国内外市场高度整合，市场价格由供求关系形成，国内价格必然要与国际市场价格保持基本一致。目标价格对实践层面的作用就是，农民由于有价差补贴的预期，会降低大豆销售价格，从而使大豆国内价格由原来的临时收储政策形成的高价格向国际市场的低价格接近，最终实现国内外价格相等。

如图5－2所示，实施目标价格后，我国大豆进口需求曲线为*MD*①，外国大豆出口供给曲线为*XS*，两者的交点为*h*，国际市场均衡价格为$P_W$②，国内

---

① *MD*曲线为中国大豆进口需求曲线，是代表中国在不同市场价格对大豆进口需求量的曲线。它可由大豆供给曲线*S*和需求曲线*D*推导得出。当大豆市场价格高于$P_{目}$时，进口需求量为国内需求量减国内供给量；当大豆市场价格小于等于目标价格$P_{目}$时，国内产量为$Q_3$，进口量等于需求量减$Q_3$。

② 当中国大豆进口需求等于外国出口供给时，则*MD*与*XS*的交点*h*对应的价格$P_W$为国际市场价格，其理由是：在*h*点处，有：中国需求－中国供给＝外国供给－外国需求，移项得：中国需求＋外国需求＝中国供给＋外国供给，即：世界需求＝世界供给。

市场价格等于 $P_W$，且 $P_W$ 小于支持价格 $P_{支}$。政府对农民的差价补贴为（$P_{目}-P_W$），农民按价格 $P_W$ 销售大豆，此时的国内市场价格则由 $P_{支}$ 降为 $P_W$，国内外价差最终为零。

但是从实际情况来看，通过目标价格补贴政策使国内外大豆价差缩小至零的政策目标根本没有实现。如图 5－3 所示，实施目标价格补贴政策后，国内外大豆价差经历了先扩大后缩小，但是最终价差仍然较大的过程。①价差扩大阶段。目标价格补贴政策实施的初始阶段，国内外价差不断变大。如前所述，实施目标价格补贴政策之后，国内大豆市场价格就会下降，但由于其下降幅度有限，而进口大豆价格下降幅度更大，最终导致大豆的国内外价差呈现出持续上升的趋势。国内外价差从实施临时收储政策时期（2013 年 11 月）的 520 元/吨扩大到目标价格补贴政策实施之初（2014 年 10 月）的 1340 元/吨，2015 年 9 月又扩大到 1540 元/吨。②价差缩小阶段。大豆国内外价差，从 2015 年 10 月的 1300 元/吨开始缩小至 2016 年 12 月的 520 元/吨。以下从国内、国际价格变动两个方面来分析国内外价差扩大的原因。

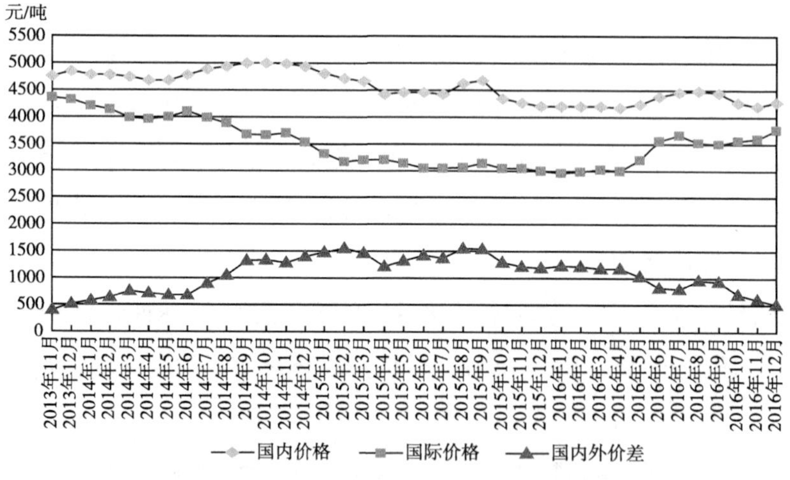


**图 5－3　大豆目标价格政策实施前后国内外价差变化**

数据来源及说明：数据来自农业部监测预警中心，国内价格为山东国产大豆入厂价，国际价格为青岛港口的进口大豆到岸税后价；国内外价差＝国内价格－国际价格。

## 一、国内市场价格下降慢的原因分析

### （一）国内生产成本明显高于国外

美国、巴西、阿根廷出口到中国的大豆均为转基因大豆，而中国种植的大豆为天然大豆。转基因大豆与国产天然大豆相比，在生产种植上具有成本优势。这突出体现在转基因大豆可以抵抗草甘膦除草剂，其除草成本更低。而国产天然大豆需要综合使用多种除草剂，平均每公顷地的除草成本比转基因大豆高出 6 元左右。另外，国外转基因大豆种植规模大，具有规模效应，进一步降低了生产成本。如美国大豆种植以家庭农场为主，平均种植规模为 100 公顷左右，而中国大豆主产区的黑龙江省户均耕地面积仅为 3.04 公顷，虽然组建了一些家庭农场、农民专业合作社，但是中国大豆种植的规模化程度仍然较低。2014 年，美国每公顷大豆的生产成本约为 7219 元（按 6.1428 的平均汇率估算），按 48 蒲式耳/英亩折算的成本约为 1.12 元/斤[①]。而我国每公顷大豆的生产成本约为 8367 元，按 150 公斤/亩折算的成本约为 1.86 元/斤。显然我国大豆的生产成本远远高于进口大豆，生产成本的差异从根本上决定了国内外大豆价格差距仍然存在。

### （二）农民对市场价格的心理预期较高

大豆生产者和收购者往往会围绕销售价格与收购价格进行博弈。我国豆农的预期销售价格普遍较高，其主要体现在以下四个方面：一是基于优质优价的心理预期。大豆生产者认为我国是大豆的原产国，种植历史悠久，大豆品质优良，远胜于进口转基因大豆，销售价格理应高于进口转基因大豆。二是玉米等竞争作物的高销售价格致使农户不愿低价出售大豆。由于玉米、水稻等竞争作物有临时收储、最低收购价的价格支撑，其收益远高于大豆，所以农民认为大豆的比较收益过低，存在惜售心理。三是对原有临时收储政策的路径依赖。虽然自大豆目标价格补贴政策实施以来，取消了大豆的临时收储政策，但是农民对政策理解不透，加之对原有临储

---

① USDA[EB/OL]. http://www.usda.gov/Data Products/Commodity Costs and Returns,2015 -9 -16.

价的依赖心理，以为能憋出高价。四是农民担心自己的销售价格低于全省的平均价格。由于目标价格补贴计算是以采价期内全省的平均销售价格作为依据，这意味着销售价格低于全省平均销售价格的农户将会受到利益损失。因此农户都希望能高价出售，从而出现了“有价无市”的现象，国内外大豆价差缩小程度有限。

### （三）政策宣传解释不到位

大豆目标价格补贴政策的核心是让大豆价格由市场供求决定，政府不干预市场，企业按市场价格收购，农户按市场价格销售，低于目标价格的部分由国家实行差价补贴。然而由于政府的宣传解释工作不到位，许多农户不知道政府如何计算目标价格补贴，误认为政府会以自己卖豆的价格与公布的目标价格之间的差价，以及自己的单产作为补贴发放的依据。甚至在大豆收获后的初期，许多农户认为 2.4 元/斤的目标价格就应是市场销售价格。因此，很多农户对政策持怀疑观望态度，不愿意随行销售，致使大豆销售价格在高位运行，购销不旺，国内外大豆价差难以缩小。

### （四）跨国粮商的策略性行为

我国大豆压榨产业早已被跨国粮商垄断，大豆目标价格补贴政策试点试图缩小国内外的价格差距，促使国产大豆油脂加工企业开工生产。这直接触及跨国粮商的核心利益。我国虽然是全球最大的大豆进口国，却没有定价权。美国才是名副其实的全球大豆定价中心，美国农业部定期发布的产量报告成为全球大豆价格运行的风向标。为了维持以及进一步扩大在我国大豆压榨行业的利益，跨国公司不希望国内外大豆价格差距缩小，会尽可能地打压国际市场价格，拉升中国国产大豆价格。如 2015 年 4 月，当大豆市场收购价格跌至底部 3300 元/吨时，外资企业大量收购，大豆市场价格迅速回升到 3600 元/吨，国内外价格差距难以缩小。

## 二、国际市场价格下降快的原因分析

影响大豆国际市场价格的原因有很多，如国际大豆市场的总体供求状况、宏观经济状况、汇率、金融资本的炒作等。如图 5－2 所示，这会导致外国出口供给曲线右移，国际市场价格降低。

### （一）气候因素促使全球大豆增产

厄尔尼诺作为一种异常的气候现象，对不同地区不同作物的影响是不同的。对美洲大豆而言，尤其有利于增产。2014 年美国大豆收成为历史最高水平 39.69 亿蒲式耳，2014/2015 年度全球大豆产量为 3.13 亿吨，这是全球大豆产量首次突破 3 亿吨。

### （二）石油价格偏低等因素降低大豆需求

大豆需求受宏观经济的影响较大，近年来全球经济低迷，影响了大豆需求的增长。而突出的是石油价格偏低，这影响了以大豆油为原料的生物柴油生产的增长。

### （三）主要出口国汇率下降

汇率是影响国际农产品贸易的重要因素，中国从美国、巴西、阿根廷进口的大豆均以美元作为结算货币。自实施大豆目标价格补贴政策以来，国际市场大豆价格普遍降低，大豆进口量激增。这主要和巴西利亚伊兑美元汇率以及阿根廷比索兑美元汇率下降有关。2014 年 9 月至 2015 年 9 月，巴西利亚伊兑美元汇率已经下跌 41.7%，阿根廷比索兑美国汇率已经下跌 11.2%，而中国人民币兑美国汇率却较为稳定，即相对来说人民币兑巴西利亚伊、阿根廷比索大幅度升值。这将进一步拉大大豆国内外价格差距，刺激大豆进口。

从短期效应来看，国内外价差仍然较大。但从长期来看，国内外价差是逐渐缩小的，那是否可以缩小到接近于零呢？答案是否定的。①国产大豆与进口大豆实质是两种产品，两个市场，必然就有两种价格。国产大豆为非转基因大豆，进口大豆为转基因大豆，根据国外经验，非转基因大豆价格一般要高于转基因大豆价格 30% ~50%。国产大豆的用途不仅用于榨油、动物蛋白饲料，还是食品蛋白质的重要来源。我国居民有食用豆制品的习惯，国外居民消费豆制品较少，而豆制品只能由国产大豆加工，进口大豆只能用于榨油和动物蛋白饲料。作为动物蛋白饲料，进口大豆与国产大豆基本没有区别。因此，国产大豆与进口大豆面临的需求市场并不完全相同，国产大豆的需求更为高端，这决定了国产大豆的价格要高于进口大豆。②中国可以实施的目标价格补贴是有限的，不足以消除国内外价差。根据中国入世承诺，我国可以对特定农产品实施的“黄箱”补贴量为该农产品产值的8.5%。如果我国对某特定农产品只在部分地区实施“黄箱”补贴，则“黄箱”补贴的比例会相应提高。大豆属于特定农产品，东北三省与内蒙古自治区的产量约占全国总产量的50%。假定国家对大豆的“黄箱”补贴只有目标价格补贴，则目标价格补贴量为该地区大豆产值的17%（8.5% ÷50% =17%）。即当目标价格与进口差价小于等于17%时，国家可以用差价补贴使国内外价格相等；但是当目标价格与进口差价大于17%时，国家不可能用差价补贴使国内外价格相等。当国家还对大豆实施其它“黄箱”补贴时，目标价格补贴的可用量更小，对拉平价差的作用更弱。

在实践中目标价格与进口差价的关系属于哪一种情况呢？其显然属于后一种情况。以美国为例，中国的生产成本比美国高60%，如果不考虑其他因素，由成本决定的市场价格中国就比美国高60%，目标价格显著高于市场价格。因此，中国的大豆目标价格比美国市场价格高60%以上，目标价格补贴显然不可能拉平国内外价差。

## 第三节　大豆目标价格补贴政策的开工效应

实施大豆目标价格补贴政策的目的之一，还在于解决临储制度所带来的大豆市场价格高的问题，通过降低大豆市场价格来降低原料成本，提高大豆油脂加工企业的开工率。自2008年以来，国家针对大豆主产区实行临时收储政策，并连年提高收储价格，由最初的1.85元/斤，提高到了2013年的2.30元/斤，累计涨幅达24.3%，这使得国产大豆价格远高于国际市场价格，提高了国产大豆油脂加工企业的原料成本，导致开工率严重不足，基本上处于停产状态。但是自实施大豆目标价格补贴政策以来，国产大豆油脂加工企业仍然普遍停产。制约大豆目标价格补贴政策下国产大豆油脂加工企业加工效应的因素主要有以下三个：

### （一）国产油豆的市场供应量难以满足加工企业的需求

首先，国产油豆的供应量少。2014—2015 年大豆产量出现下降，2016 年才开始恢复性增长，大豆的总产量有限，并且有相当一部分大豆是蛋白豆和芽豆，使得市场上油豆的可供应量较少，加之大豆集中上市以来，农户认为价格太低，存在惜货心理，市场交易冷清，导致国产油豆市场供应量更少。其次，国产大豆油脂加工业产能过剩严重且单个企业生产规模大。仅黑龙江省就有规模以上大豆压榨企业 88 家，年加工能力达 1450 万吨，而 2014 年黑龙江省的大豆产量仅为 380 万吨，即使全部大豆用于当地加工也仅能满足 26.2% 的生产能力需求。同时，规模以上大豆油脂企业的加工能力很强，如图 5－4 所示，日加工能力 200～500 吨的企业有 61 家，占 69.3%，企业开工至少需要储存 1 个月的原料量，也就是说这些企业至少要储存 6000～15000 吨大豆才能开工，而规模最大企业日加工能力为 2100～3000 吨，要储存 6～9 万吨大豆才能开工。显然，国产油豆的供应量难以满足加工企业的开工需求。

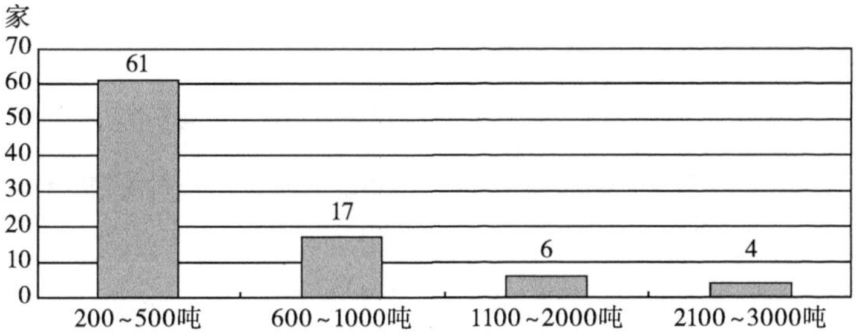


**图 5－4　黑龙江省规模以上大豆油脂企业日加工能力分布**

数据来源及说明：数据来自黑龙江省大豆协会，规模以上大豆油脂企业指日加工能力在 200 吨及以上的企业。

### （二）加工国产大豆仍然亏损

在国产大豆价格大幅度高于进口大豆，而国产大豆油和进口转基因大豆油却未能有效实现差异化营销的情况下，国产大豆油价格在消费市场上卖不到高价，油脂加工企业选择加工国产大豆油往往面临亏损。以黑龙江省为例，2014 年大豆产区价格平均约为 4340 元/吨，而沿海销区的进口大豆价格平均约为3700元/吨，每吨价差有600多元，这意味着每加工一吨国产大豆就要亏损500元。

### （三）外资企业的战略性行为限制了普通大豆加工企业的开工生产

外资企业与普通的民营企业相比，存在资金实力强、管理先进等优势。若以提高市场占有率为目标，则外资企业能以相对较高的价格获取豆源，而普通企业则无力竞争。

## 第四节　确保大豆目标价格补贴政策有效性的整体性政策框架设计

### 一、大豆目标价格补贴政策面临的困境分析

目标价格补贴政策是发达国家率先实行的一项农业支持政策，在发展中国家还属于新生事物。目标价格补贴政策不可能一蹴而就，其面临的政策困境主要表现在以下三个方面：

#### （一）目标价格补贴总量面临“黄箱”补贴空间和国内财政双重约束

依据《WTO农业协议》的有关规定，目标价格补贴属于对贸易和生产具有扭曲作用的“黄箱”补贴。我国加入WTO时承诺的TAMS为零，只保留了8.5%的微量允许空间，即对特定农产品、非特定农产品的“黄箱”补贴都不得超过其产值的8.5%。据测算，目前我国“黄箱”补贴空间已十分有限，开始面临微量允许上限的实质性约束，甚至个别品种已经超限违规①。现在不是国内有没有钱补贴的问题，而是能不能补贴的问题，一旦超限违规，就会引起贸易争端和摩擦，巴西起诉美国高地棉过量补贴就是例证。而且，由于农产品生产成本持续上升，农产品价格的“地板”将不断抬升，这必然进一步缩小了目标价格补贴政策的实施空间。与此同时，国

① 朱满德，程国强．中国农业的黄箱政策支持水平评估：源于WTO规则一致性[J]．改革，2015(5)．

内经济增长进入中高速增长的“新常态”，农业财政投入将难以保持高速增长，目标价格补贴支出总量受到财政预算约束①。

### （二）目标价格补贴政策设计复杂，具体操作执行困难

目标价格补贴政策是美国等发达国家历史上重要的农业支持政策，具有收入支持和价格支持的双重属性，操作复杂。与最低收购价和临时收储政策相比，目标价格补贴政策涉及更多的内容，如目标价格、市场价格采集、种植面积核算、补贴发放等。在目标价格补贴政策试点的实践中，也暴露出了实施中存在的难题，如补贴对象难以落实、补贴面积难以核算、政策执行成本过高等②。

### （三）目标价格补贴政策涉及多方利益调整，政策执行面临阻力

1. 出口国与进口国的利益调整

中国是全世界最大的大豆进口国，美国、巴西、阿根廷则是主要的大豆出口国。实施目标价格补贴政策有助于缩小国内外差价，减少大豆的进口量，这势必会影响大豆出口国的经济利益。当然，更为重要的是，一旦中国在大豆试点粮食目标价格补贴政策成功，并向其他谷物推广的话，必然会对粮食出口国的利益造成较大影响。因此，粮食出口国是不会任由中国粮食补贴政策顺利改革的。在中国提出试点粮食目标价格补贴的上一年，即 2013 年，美国农业部的研究报告（Fred Gale，2013）指出了中国谷物补贴超限，以及实施目标价格补贴后补贴会进一步增加，并暗示了美国起诉中国农业国内支持政策的可能性，并最终于 2016 年向 WTO 起诉。

2. 目标价格补贴政策会触及粮食收储企业的利益

实施目标价格补贴政策后，价格由市场供求决定，粮食收储企业将不再承担政策性收储业务，因此目标价格补贴政策的实施势必会触及粮食收储企业的核心利益，从而形成改革阻力。

---

① 陈锡文．中国农业发展形势及面临的挑战[J]．农村经济，2015(1)．

② 王文涛，张秋龙，聂挺．大豆目标价格补贴试点政策评价及完善措施[J]．价格理论与实践，2015(7)．

3. 外资企业与民营企业的利益调整

自2004年以来，以ADM、邦基、嘉吉、路易达孚为代表的跨国粮商大举进入我国大豆压榨行业，逐渐垄断了我国的大豆油脂加工业。国产大豆油脂加工企业希望国家实施大豆目标价格补贴政策，这样就可以降低企业所用原料大豆的价格，降低生产成本，促进开工生产，提高竞争能力。因此，目标价格补贴政策若取得成功，势必会影响跨国粮商的战略利益。

## 二、确保大豆目标价格补贴政策有效性的整体性政策框架设计

目标价格补贴政策是我国农业政策的一个有机组成部分，是一项复杂的系统工程。因此，必须站在全局高度，进行整体性的政策框架设计，讲究政策的集成性。

### （一）明确大豆在粮食安全中的地位和目标价格补贴政策目标

2015年，我国粮食产量已实现“十二连增”，谷物和口粮的战略目标已基本实现，但是粮食生产量、进口量、库存量三量齐增的矛盾日益严重。农业要调整结构，增加大豆生产的话，必须提高大豆在国家粮食安全中的地位。目前，我国已是全球最大的大豆消费国，大豆对外依存度高达86%。大豆不仅是植物油的重要来源，还是饲料工业、养殖业重要的蛋白质原料来源，其价格高低会对肉蛋奶价格进而对通货膨胀都有较大影响。大豆进口依存度高，意味着对人体健康有着重要影响的蛋白质自给率低。可见，大豆进口直接关系到我国的大豆数量安全、蛋白质营养安全以及大豆产业安全，因此必须高度重视大豆在粮食安全中的战略地位。鉴于国内外大豆价格不可能拉平的实际，我国大豆必须与进口大豆实行差异化竞争。要明确大豆目标价格补贴的政策目标，国产大豆既要与国外大豆保持合理价差，又要有合理的定位，占领一定的市场。

### （二）建立大豆战略性贸易保护政策，保护与开发国产大豆市场

实施目标价格补贴政策要求统筹利用国内外两种资源，协调大豆进出口关系。

（1）要采取合理的技术壁垒来限制大豆的过量进口。当务之急应该对

进口转基因大豆的草甘膦含量设置技术标准，这样的做法完全符合贸易规则。世界卫生组织的一项研究表明，草甘膦为强烈怀疑的致癌物。

（2）要严格执行进口大豆的用途管制政策。目前，我国规定进口转基因大豆不能用于食品加工用途。必须严格这一规定，防止进口的转基因大豆进入食品加工市场。

（3）反对跨国粮商垄断和不正当竞争。目前，跨国粮商已垄断了我国大豆油等植物油市场，其不仅垄断了国际贸易，还通过控股、参股等方式控制了国内的大多数加工企业，进而通过产业链的延伸，对国产大豆加工和压榨企业形成了强烈的竞争与垄断优势，限制了国产大豆压榨企业的发展。我国必须对跨国粮商的垄断行为进行规制，搜集有力证据，对其进行反垄断调查。同时，严厉打击跨国粮商低于成本价肆意压低国产豆油价格的不正当行为。

### （三）完善大豆目标价格补贴政策设计与执行

政策设计方面，有八点建议：①合理设定目标价格。在“生产成本+基本收益”的基础上，考虑大豆与玉米的合理比价关系，合理设定目标价格，并于播种前公布目标价格。②明确目标价格、市场价格与支持价格三元价格体系。目标价格不能代替支持价格，政府应明确保留托市收购政策或采取类似美国的无追索贷款形式实行价格支持，防止在采价期结束后，大量的农户急于抛售大豆而导致价格急剧下降，农户利益受损①。③目标价格补贴要包括固定补贴、支持价格补贴与差价补贴。目前，我国的目标价格补贴是最后一种形式，并不包括前两者。固定补贴属于“绿箱”补贴，以此来规避我国特定农产品“黄箱”补贴微量允许约束的问题。④可以采取与当期面积产量不挂钩的目标价格补贴。以基期历史产量为依据，可解决大豆实测面积的难题。⑤建立土地流转平台。应以乡镇为中心建立土地流转平台，保障土地出租方与承包方的利益，真正将补贴发放到大豆种植者手中。⑥科学核算种植面积。在大豆播种之后，由农户自行申报种

① 王文涛，张秋龙．美国农产品目标价格补贴政策及其对我国的借鉴[J]．价格理论与实践，2015(1)．

植面积，然后使用卫星遥感技术核实。一旦虚报谎报将会面临严厉的处罚，如几年内不得享受补贴等。⑦调整补贴发放时间。建议在每年的3月底前完成补贴发放工作，可考虑分两次发放补贴。⑧设定补贴领取条件。建议将土地轮作、大豆种植规模与目标价格补贴相结合，防止像以往的粮食补贴一样，渐渐演变为一个具有普惠制性质的收入转移政策①。

政策执行方面，有两点建议。①成立国家级、省级、市级等各级目标价格补贴管理协调机构，并明确各级机构的政策目标与考核标准。目标价格补贴政策不是一个独立的政策，其实施成功需要其他部门及农业政策的配合。②加大政策宣传力度。鉴于目标价格补贴政策的复杂性，建议国家聘请农业经济与政策专家对相关人员进行培训，并通过网络、报纸、电视、广播等方式进行宣传，以及召集村民开展政策宣讲会、宣传解释资料发放等形式，将目标价格补贴的原理、政策的基本内容、发放流程等问题向农民解释到位。

### （四）建立健全政策配套措施及支撑性条件

实践证明，单一的目标价格补贴政策难以实现政策目标，必须建立健全相应的政策配套措施。

（1）注意控制大豆生产成本。国产大豆缺乏竞争力的主要原因是没有成本优势。首先要控制土地流转成本，建议借鉴日本、韩国土地流转的经验，出台相应的政策法规，对农村土地租金进行限制，遏制土地租金过快上涨的趋势。其次要加大农业科研投入与技术推广，引入良种并推广、提高生产技术，降低生产成本。要争取大豆育种技术、东北低温地区的灌溉技术等方面获得突破，挖掘大豆增产潜力。

（2）深化企业混合所有制改革。以九三油脂等国有大豆油脂企业为主导，并购民营企业，形成一家龙头企业，要保持基本的“守势”，最终形成国产大豆与进口大豆加工并存的局面。

（3）加快建设农产品期货市场。农产品市场传统的现货交易模式抵御

① 黄季焜，王晓兵，智华勇，等．粮食直补和农资综合补贴对农业生产的影响[J]．农业技术经济，2011(1).

市场风险的能力差，应加快建立农产品期货市场，鼓励种粮大户、农民专业合作社等新型农业经济主体参与期货市场，发挥期货市场价格发现、套期保值的功能，提前锁定市场利润，规避市场风险。

（4）完善玉米补贴政策。玉米与大豆存在高度的替代关系，建议调整玉米生产的收益，使玉米与大豆的种植收益或利润保持在合理的比例范围内。

（5）尽快建立粮食供求信息系统。我国实行粮食目标价格的实质是争夺粮食定价权，中央政府必须整合各个部委及国有企业的力量，建立能与美国农业部媲美的粮食供求信息系统，以引导粮食价格的合理形成。

# 第四部分

## 粮食目标价格补贴制度演变：生产者补贴制度研究

粮食目标价格补贴政策没有在大豆试点后向其他谷物推广，包括大豆在内的四种主要粮食品种都先后实行了两种不同形式的粮食生产者补贴制度。第三部分共三章，其中第六章分析了粮食目标价格补贴试点政策演变为生产者补贴制度的动因，论证了粮食生产者补贴制度的本质，基于两种不同的粮食生产者补贴制度形式分析其经济效应，全面考察粮食生产者补贴制度的实施成效，并将其与粮食目标价格补贴试点政策成效进行比较，探讨我国粮食生产者补贴制度面临的新挑战；第七章首先通过对中美粮食生产者补贴制度进行全面比较，其次按照从约束条件、政策目标、理论基础到机制设计的思路，层层探讨粮食生产者补贴制度的机制设计；第八章探讨粮食生产者补贴制度的基础保障，主要从正确评价国家粮食安全形势、适度贸易保护国内粮食市场、加强粮食市场基础条件和调控能力建设三个方面展开研究。

通过研究发现，粮食生产者补贴制度与试点的目标价格补贴政策相比，显然是制度设计上的一种改进，但是也不能简单地对这两种制度进行评价。而且，粮食生产者补贴制度面临着更大的补贴约束，特别是大豆“黄箱”补贴超限进而使中国农业综合支持总量超限的压力更大。在国际约束压力不断加深的前提下，要想实现政策目标，不能仅依靠生产者补贴制度的局部改革，还要进行农业国内支持政策的全面改革，更需要创造改革的基础保障条件。

# 第六章　粮食生产者补贴制度的目标价格补贴本质及效应评价

自2016年起，我国实行农业供给侧结构性改革，对玉米实施生产者补贴制度，后来又转向大豆、稻谷推广。粮食生产者补贴制度是我国应对国际约束与冲击，实现国家粮食安全战略目标的又一次市场化改革。粮食目标价格补贴制度与生产者补贴制度的本质关联是我们必须回答的首要问题。本章首先在总结我国粮食生产者补贴制度的渊源和基本内容的基础上，论证粮食生产者补贴制度的目标价格补贴本质，其次分别对玉米、稻谷和大豆的生产者补贴制度进行效应评价。

## 第一节　粮食目标价格补贴试点政策演变为生产者补贴制度的动因

粮食目标价格补贴制度作为一项能应对国际市场价格冲击、价补分离、提高农民收入的重要补贴制度，国家曾寄予厚望。早在2008年国家发布的《国家中长期粮食安全规划纲要（2008—2020年）》中就提出，借鉴国际经验，探索研究目标价格补贴制度，建立符合市场化要求、适合中国国情的新型粮食价格支持体系，促进粮食生产长期稳定发展。2014年，我国在东北三省和内蒙古自治区试点大豆目标价格补贴政策，目的在于使大豆市场价格由临时收储形成的高价变为由市场供求形成的低价，从而缩小国内外价差，抵御国外低价大豆的冲击，同时在取得经验后向谷物推广，最终解决我国粮食受国际市场冲击的难题。但是，粮食目标价格补贴制度试点的第 3 年即 2016 年，国家实行农业供给侧结构性改革，对玉米实行了生产者补贴制度；粮食目标价格补贴制度试点 3 年后即 2017 年，国家提出对大豆实施生产者补贴制度；粮食目标价格补贴制度试点 4 年后即 2018 年，国家又开始对稻谷实施生产者补贴制度。虽然对于稻谷生产者补贴，有些省市称为“目标价格补贴”，但是在国家重要的文件如中央一号文件都称为“生产者补贴”。因此可以说，原本寄予厚望的粮食目标价格补贴制度，经历了试点的昙花一现，又演变为生产者补贴制度的过程。粮食目标价格补贴制度试点演变为生产者补贴制度的动因是什么，这是值得深入思考的理论和现实问题。

## 一、理论探索过程的艰难性

目标价格补贴政策作为一种价补分离，具有价格和收入支持双重特征的补贴制度，在美国等发达国家有着悠久的历史，不仅政府有着丰富的实践经验，理论界的研究也很深入。但是，目标价格补贴政策在中国是新生事物，这需要加强理论研究并总结国外实践经验，从而指导中国政府实践。国内学术界的理论研究，从总体来看没有满足现实需求。

### （一）对于目标价格补贴基础理论的研究总体滞后

自 2008 年国家提出探索研究目标价格补贴政策以来，国内理论界就开始研究目标价格补贴政策。自 2014 年国家试点大豆目标价格补贴政策以来，理论研究成果更是不断涌现。但是，研究成果主要体现在目标价格补贴的概念、目标价格补贴的构成与确定、目标价格补贴的计算方法及操作方式、国际经验、试点存在的问题及完善建议，总体来看就是目标价格的基本概念和操作层面的相关问题。而且对于目标价格及其补贴的概念，理论界还没有达成一致。就深层次理论问题，尤其是目标价格补贴效应，国内仅有少数学者进行了研究，与国外丰富的理论成果相比还有很大差距。这导致理论界和实践界的大多数人对目标价格及目标价格补贴的概念理解肤浅。如对目标价格就简单地理解为政府给定的参考价格，目标价格补贴就是目标价格与市场价格之差，这实际上没有从经济含义去理解目标价格，只看到目标价格补贴的初级形式，没有看到目标价格补贴结构及其演化。

### （二）我国目标价格补贴制度受到的国际约束更强

农业补贴制度作为农业政策的有机构成部分发挥作用，目标价格补贴作为农业补贴制度的有机构成部分发挥作用，各种制度及政策相互作用、相互影响，最终达到政策目标。因此，目标价格补贴政策要与其他制度一同发挥作用，才能达到政策目标。一方面，从总体来看，我国虽然构建了全面的农业政策体系，但是其系统性有待加强，与发达国家相比还有很大差距，政府寄希望于单一的政策手段如目标价格补贴来解决粮食面临的国际市场冲击问题；另一方面，我国的目标价格补贴受到的国际约束更强。加入 WTO 后，我国农产品市场高度对外开放，粮食等农产品受到的国际市场冲击更强，这要求国家增加补贴，但是我国承诺的农业综合支持总量约束水平为零，仅能实行微量允许补贴，而且微量允许水平为特定或非特定农产品总值的 8.5%，低于发展中国家 10.0% 的水平。这意味着作为“黄箱”补贴的目标价格补贴，在我国受到的国际约束性更强。受上述两方面的因素制约，我国目标价格补贴政策的设计和成功实施更难。

### （三）对政策试点成效与预期的差距没有科学及时的解释

国家对目标价格补贴政策寄予厚望，企图通过大豆目标价格的实施，缩小国内外价差，扩大国内大豆的产量，减少大豆的进口。但是，自该政策实施以来，大豆播种面积与产量没有出现恢复性增长，而且大豆目标价格补贴政策的设计和实施比以往的补贴制度更复杂，不仅要测量补贴面积，还要进行市场采价以测算价差，次年发放补贴。同时，由于差价补贴等于目标价格与市场价格之差，市场价格越低，目标价格补贴额就越大，已经接近或突破“黄箱”补贴设定的约束上限。如何从理论上解释目标价格补贴成效与预期的差距的问题，如何解决“黄箱”补贴约束上限突破的难题，理论界还缺乏权威和科学的解释。于是，社会上对于目标价格补贴制度的分歧开始产生，一派学者认为目标价格补贴取得了一定成效，但是还需要优化；另一派学者如国务院发展研究中心原研究员程国强、中国农业大学校长柯柄生提出了目标价格补贴的升级版，即对任何粮食作物甚至农产品的生产都给予等量的补贴，这样既能解决补贴的国际约束问题，又不必测量播种面积、计算价差，可以降低政策实施成本和提高效率。就这两派而言，后者的地位和对国家政策制定的影响显然更大。

## 二、现实约束和改革的必然性

### （一）农业补贴出现国际实质性约束

2016 年，美国对中国农业国内支持政策提出磋商请求，指出中国对三大谷物的补贴仅以价格支持形式的补贴就超过了特定农产品“黄箱”补贴约束的限制。2016 年 9 月，美国正式向 WTO 起诉。因此，我国粮食补贴所面临的约束，由概念上的补贴约束变为实质性约束。从现实中可以看出，目标价格补贴额远超预期，由支持价格变为目标价格补贴更有可能增加超限的风险。当然，从 2018 年底中国向 WTO 通过的 2011—2016 年中国特定农产品补贴及农业综合支持总量超限就可以看出这一点。中国通报结果显示，谷物补贴不超限，但是 2014—2016 年的大豆和棉花目标价格补贴都超出了特定农产品补贴 8.5% 的限制。因此，农业补贴国际实质性约束的出现，要求我国必须对原有的目标价格补贴政策再次进行改革。

### （二）玉米生产者补贴制度成功实施必然要推广

2016 年，我国进行农业供给侧结构性改革，其中玉米方面提出“生产者补贴 + 市场化收购”的制度，以期解决玉米过剩问题。该制度与目标价格补贴政策相比，保留了目标价格补贴政策的一些特征，如价格由市场供求形成，价补分离，但是做出了一些改革，主要有以下两点：①实行限产下的“蓝箱”补贴。中央给各省的补贴总额三年不变，实行限产补贴，而且在以后的 WTO 通报中按“蓝箱”通报。同时，国家对“镰刀弯”地区限制玉米生产，从而规避了 WTO“黄箱”约束。②简化操作。各省不再采集市场价格以计算价差及补贴，而且补贴当年发放，这有利于保障农民利益。新的改革，回避了目标价格补贴政策的一些缺陷，这样的改革自然是有必要的。而且，在名称上做了调整，这样就能归避关于目标价格补贴缺陷的争议，有利于改革的社会稳定。

与大豆目标价格补贴政策相比，玉米生产者补贴制度的改革无疑取得了巨大成功，改革当年玉米价格就开始向国际市场看齐，当年底玉米价格就具有了国际竞争力，进口量开始减少。所以，玉米政策的成功改革，必然使生产者补贴制度由玉米向其他粮食品种推广。为什么玉米能取得预期的政策效果而大豆不能呢？除了目标价格补贴本身的一些缺陷外，如目标价格补贴产生的“黄箱”补贴大，更重要的原因在于大豆和玉米在国内外市场中的条件和地位不同。大豆作为贸易自由化程度最高的粮食品种，我国作为消费大国和生产小国，定价权很弱。而玉米则不同，玉米是能受到关税配额保护的粮食品种，而且我国的库存量占全球的份额大，因此足以对国内、国外市场价格产生影响，这就导致玉米政策改革容易成功而大豆则不能。

自 2018 年起，南方稻谷主产省又发放稻谷目标价格补贴，但这并不意味着原来的目标价格补贴政策回归了，只能说明以下问题：①这是称谓不同的表现，因为南方的“稻谷目标价格补贴”在东北三省仍被称为“稻谷生产者补贴”；②稻谷生产者补贴制度与玉米生产者补贴制度、原有的大豆目标价格补贴政策在具体操作上都不同；③大豆目标价格补贴、玉米生产者补贴及稻谷生产者补贴（或称“目标价格补贴”）在本质上是相同的，都属于目标价格补贴的范畴（下节论证）。为什么在南方省份称稻谷生产者补贴为目标价格补贴呢？其原因在于，稻谷实行的是“最低收购价 + 生产者补贴”的制度，最低收购价 + 生产者补贴 = 原有的最低收购价，即发放稻谷的生产者补贴，这使农民仍然能够获得原来的最低收购价产生的收入，因此将稻谷的生产者补贴称为目标价格补贴就很容易被人理解了。

## 三、大豆改革相较于棉花改革的特殊性

自2017年起，我国取消了大豆目标价格补贴政策，改为实施大豆生产者补贴制度，而棉花依然实施目标价格补贴政策，似乎目标价格补贴政策在棉花中取得了成功，在大豆中却没有取得预期的政策效果。因此，我们必须对大豆目标价格补贴政策相较于棉花改革的特殊性有清醒的认识，而且要认识到这两种最初相同的制度后来都进行了巨大变革。

（1）对大豆和棉花的贸易保护与支持力度不同。①大豆属于自由贸易的商品，进口不设配额，仅需交纳3%的关税，我国是生产小国、进口大国，目标价格补贴对大豆价格、国内外价差以及进口量的影响都是很微弱的。而棉花则不同，棉花受进口关税配额制度及进口滑准税的保护，从而使国内外市场进行了较好的隔离，政策效果较好。②大豆与棉花在国内的相对支持地位不同。国家高度重视棉花生产，而在新疆维吾尔自治区的实施更是受到中央和地方的关注和支持，棉花与其它替代作物的生产相比具有优势。同时，国家对非新疆棉区实行了固定补贴。而大豆则不然。大豆的替代作物主要为玉米，目标价格补贴政策实施期间种植玉米的收益要高于大豆，这是由谷物基本自给的国家粮食安全战略决定的。从政策实施区域来看，国家仅对政策实施区域进行目标价格补贴，其它区域没有进行补偿或补贴，使政策更具不公平性。

（2）棉花与大豆补贴制度都进行了重大变革。受WTO“黄箱”补贴约束的影响，自2017年起，棉花与大豆的补贴制度都进行了重大变革。大豆由目标价格补贴改为生产者补贴，似乎其改革力度最大。事实上，棉花的目标价格补贴虽然沿袭原来的名称，但是补贴的原则和方式都发生了重大变化。尤其是补贴面积或产量设置了上限，不再按实际播种面积或产量进行补贴，其目的在于将目标价格补贴按不受WTO约束的“蓝箱”通报，从而规避WTO“黄箱”补贴约束。而且，国家提出探索新型支持方式，实施价格保险、收入保险等保险方式，这意味着棉花目标价格补贴的主导地位开始受到挑战。这也说明，棉花与大豆的补贴制度都在继续进行市场化改革。

## 第二节　粮食生产者补贴制度的本质

### 一、粮食生产者补贴制度的渊源

我国粮食生产者补贴制度是在实施直接补贴制度、目标价格补贴制度的基础上演变而来的。

#### （一）直接补贴制度

自 2004 年起，我国为适应加入 WTO 的需要进行了第一次粮食市场化改革，出台了《粮食流通管理条例》，改小麦、稻谷的保护价格制度为“直接补贴 + 最低收购价”制度，政策设计的目的是将对农民的间接补贴改为直接补贴，基于稳定粮食价格的需要，才保留了最低收购价①。自 2008 年起，为应对全球粮食危机及国内玉米、大豆的卖难问题，国家出台了玉米、大豆临时收储政策，并宣布连年提高粮食收购价格。临时收储政策主要在东北三省和内蒙古自治区实施。2004—2015 年，我国粮食产量实现了历史上从未有过的连续 12 年增长，特别是玉米增产最快，在 2011 年玉米取代稻谷成为第一大谷物②，这对于保障国家粮食安全和提高农民收入发挥了重要作用。但是，自 2013 年起国内粮食价格全面高于国际市场价格，出现了粮食生产量、进口量和库存量三量齐增的尴尬现象，粮食总量供求基本平衡与品种结构失衡并存。一方面，谷物生产量、库存量和进口量均居全球第一位，特别是玉米替代品如高粱、大麦等进口增加迅速。2013—2015 年，我国谷物的平均库存占全球库存的 40.1%③。另一方面，作为我国第四大粮食作物的大豆进口量不断增长与生产日益萎缩并存，

① 王文涛，张美玲．我国粮食生产者补贴制度渊源、理论基础与改革方向[J]．农村经济，2019(2).

② 根据《2018 年中国统计年鉴》数据，2011 年我国玉米产量为 21131.6 万吨，稻谷产量为 20288.36 万吨，玉米首次超过稻谷成为第一大谷物。

③ Food Outlook，BIANNUAL REPORT ON GLOBAL FOOD MARKETS，联合国粮农组织网，2016 - 08 - 10。

2013 年大豆净进口量高达 6317 万吨，占全球贸易量的 2/3 以上，是国内产量的 5.29 倍。

### （二）目标价格补贴制度

为应对粮食国内价格高于国际市场价格及粮食三量齐增的难题，自 2014 年起，国家再次进行粮食市场价格形成机制改革。2014 年，国家宣布在东北三省和内蒙古自治区取消大豆临时收储政策，实行大豆目标价格补贴政策试点，以期取得应对粮食国际冲击的市场化改革经验。实际上，探索研究目标价格补贴政策这一问题早在 2008 年国家出台的《国家粮食安全中长期规划纲要（2008—2020 年）》就已提出①。该试点政策规定，当大豆市场价格低于大豆目标价格（4800 元/吨）时，国家按市场价格低于目标价格的部分对农民实行差价补贴；当市场价格高于目标价格时，则补贴不启动。补贴的对象为合法土地上的大豆种植者，各省都按实际面积进行补贴，市场采价期为同年 10 月至次年 3 月。但是大豆目标价格试点政策似乎没有取得预期的效果，不仅在实施中存在着补贴面积测量难、补贴对象难落实等难题②，而且大豆的国内外价差依然很大、产量增长慢。为此，社会上一度产生了目标价格补贴制度的存废之争，一派学者如程国强提出要实施目标价格补贴的升级版，即所有农产品品种（粮食）都可获得相同的单位面积补贴③，其实质是取消大豆目标价格补贴④；另一派学者如王小语提出目标价格补贴政策已取得了国内外价差缩小等阶段性成果，应不断完善⑤。而且，理论界对目标价格政策的研究陷入了困境，甚至对目标价

---

① 王文涛，王富刚．贸易摩擦背景下玉米生产者补贴制度的经济效应及政策优化[J]．湘潭大学学报（哲学社会科学版），2018（6）．

② 王文涛，张秋龙，聂挺．大豆目标价格补贴试点政策评价及完善措施[J]．价格理论与实践，2015（7）．

③ 陈岩鹏．专家建议临时收储应尽快退出目标价格补贴十字路口[N]．华夏时报，2015-08-07．

④ 王文涛，张秋龙．大豆目标价格补贴政策效应的理论分析及整体性框架建议[J]．湖南师范大学社会科学学报，2016（2）．

⑤ 大豆目标价格改革试点如何？[EB/OL]．http://www.sohu.com/a/82042950_260242，2016-06-08．

格的概念都没有达成一致[①][②]。

## （三）生产者补贴制度

在大豆目标价格改革没有取得成熟经验的前提下，2016 年我国开启的农业供给侧结构性改革提出要调减玉米及去库存，在东北三省和内蒙古自治区实施玉米“生产者补贴 + 市场化收购”制度来取代玉米临时收储制度。2016 年，国家财政部分两批发放了玉米生产者补贴 390 亿元，第一次发放补贴 300 亿元，第二次发放补贴 90 亿元，号称“史上最高单项补贴”[③]。玉米生产者补贴制度取得了国内市场价格不断下降、玉米及其替代品进口、玉米种植面积减少、农民收入较为稳定等比较理想的政策效果，尤其是 2016 年底我国国内玉米市场价格首次低于国际市场价格，首现国际竞争力[④]。2017 年，我国提出对大豆实施类似玉米的生产者补贴制度。2018 年，我国首次降低了稻谷最低收购价，提出要配套建立稻谷生产者补贴机制。

当前中国粮食生产者补贴制度改革，既要保证“黄箱”补贴不超过 WTO 约束，又要实现去库存、提高农民收入等目标。这在当前中美贸易摩擦及 WTO 裁决我国价格支持政策需要改革的背景下，确保粮食生产者补贴不超限尤其重要。2016 年 9 月，美国商务部向 WTO 起诉中国 2012—2015 年对玉米等三种谷物补贴超过了入世承诺的限制，虽然中国商务部指出中国长期以来按 WTO 规则和入世承诺进行补贴，国内学者如朱满德和程国强（2015）测算表明；中国 2012 年、2013 年对三种谷物的补贴占其总产值的比重都没有超过 8.5% 的上限[⑤]，但是美国农业部早在 2013 年发

---

① 郑鹏，熊玮．农产品目标价格政策研究的理论困境与突破方向：一个元分析[J]．江西社会科学，2016(11)．

② 汪希成，秦颜腾．农产品目标价格补贴制度研究的理论困境：基于农产品目标价格补贴制度研究进展[J]．农村经济，2016(2)．

③ 史上最高单项补贴！首批玉米生产者补贴 300 亿下发[EB/OL]. http://www.ncw365.com/index.php? m = content&c = index&a = show&catid = 309&id = 31205，2016 - 08 - 09.

④ 陈锡文．当前玉米价格具备国际竞争力[EB/OL]. http://china.cnr.cn/ygxw/20161031/t20161031_523232779.shtml.

⑤ 朱满德，程国强．中国农业的黄箱政策支持水平评估：源于 WTO 规则一致性[J]．改革，2015(5)．

布的研究报告就指出中国提高支持价格的实践更有可能违反中国农业支持的上限[①]，当然其测算 MPS 的公式是有争议的。2019 年，WTO 裁定我国对三种谷物仅价格支持形式的补贴就超过了入世承诺的限制[②]。因此，我国对粮食生产者补贴制度的设计必须保证该补贴不能突破 WTO 关于“黄箱”补贴的约束。

## 二、粮食生产者补贴制度的基本内容

我国的粮食生产者补贴制度有两种形式，其分别是“生产者补贴 + 市场化收购”制度、“生产者补贴 + 最低收购价”制度，并针对不同的粮食品种加以实施。

### （一）“生产者补贴 + 市场化收购”制度

该制度针对东北三省和内蒙古自治区的玉米、大豆实施。玉米、大豆的生产者补贴制度的核心内容就是“生产者补贴 + 市场化收购”，但是其略有差异，以下对这种粮食生产者补贴制度加以介绍。

2016 年，财政部会同有关部门印发了《关于建立玉米生产者补贴制度的实施意见》[③]，该补贴政策的基本安排有四点：①市场定价、价补分离。即玉米价格由市场形成，同时中央财政将对东北三省和内蒙古自治区给予一定补贴，并鼓励地方将补贴资金向优势产区集中，保障优势产区玉米种植收益基本稳定。②定额补贴、调整结构。在玉米价格由市场形成的基础上，国家对各省（区）亩均补贴水平保持一致，补贴基期也在一定年限内保持不变，充分发挥价格对生产的调节引导作用，体现优质优价，促进种植结构调整，提高农业发展的质量和效益。补贴基期为 2014 年，中央对各

---

① Fred Gale. Growth and Evolution in China's Agricultural Support Policies, Economic Research Report Number 153, August 2013.

② MPS =（适用的管理价格 - 固定的外部参考价格）× 适用的管理价格的产量 - 相关规费和税收。该公式的主要争议之一，就是适用的管理价格的数量标准，目前国际上尚未达成一致。适用的管理价格的数量，有的国家按照粮食总产量，有的国家按照粮食市场销售量，还有的国家按照政府收购量。我国向 WTO 的历次通报包括入世文件的通报都是以政府收购量为准。

③ 财政部关于建立玉米生产者补贴制度的实施意见（财建〔2016〕278 号）[EB/OL]. http://jjs.mof.gov.cn/zhengwuxinxi/zhengcefagui/201812/t20181210_3087761.html.

省的补贴于2016—2018年3年保持不变。根据2015年11月国家发布的《农业部关于“镰刀弯”地区玉米结构调整的指导意见》规定，对“镰刀弯”地区非玉米优势产区要限制玉米生产。③中央支持、省级负责。根据国务院有关决定，中央财政将一定数额的补贴资金拨付至省级财政，并赋予地方自主权，由各省区制定具体的补贴实施方案，确定本省区的补贴范围、补贴对象、补贴依据、补贴标准等。从实际执行情况来看，四省区都是按国家补贴总额和本省区在合法土地上的实际播种面积确定本省的亩补贴标准，然后再根据每户农民的实际播种面积确定每户农民获得的玉米生产者补贴。④公开透明、加强监督。补贴操作应当坚持公开透明，地方政府拨付补贴资金等应当充分利用此前粮食直接补贴的工作基础，自觉接受社会有关方面的监督，切实加强组织实施，确保将国家财政补贴资金兑付给玉米生产者。

为防止市场化收购造成的价格波动太大及农民卖粮难问题，国家采取了相关措施进行合理引导。首先，要保证秋粮上市后有人买粮、有钱收粮、有库放粮，不打压市场价格。2016年，国家粮食局就对内蒙古、辽宁、吉林、黑龙江省（区）人民政府，中国铁路总公司、中国农业发展银行、中国储备粮管理总公司、中粮集团有限公司、中航工业集团公司发布了《关于切实做好今年东北地区玉米收购工作的通知》[①]，做出如下规定：①积极引导多元市场主体开展市场化收购。中储粮总公司要在新粮上市后有序轮入中央储备和国家一次性储备玉米。中粮集团、中航工业集团等有关中央企业要充分利用自身渠道和优势开展市场化收购，力争不低于上一年政策性收购量，发挥好引领带动作用。中央企业要综合考虑市场走势和其他市场主体收购情况，合理把握收购时机与节奏，做到始终“在市”均衡收购。②切实保障收购信贷资金。人民银行、银监会将指导农业发展银行和商业性金融机构积极开展玉米收购信贷业务，保障企业有钱收粮；支持农业发展银行通过银行间募集市场资金，若出现临时流动性需求，则适

---

① 关于切实做好今年东北地区玉米收购工作的通知[EB/OL]. http://www.lswz.gov.cn/html/lstk/2018-03/13/content_160856.shtml.

当提供再贷款支持，满足贷款需求。③提前安排收购仓容。尽早做好收购仓容准备，加快推进新建仓储设施建设，力争投入新粮收购。国家有关部门将加快库存粮食销售腾仓进度。④强化地方政府责任。要抓紧研究制定针对性、操作性强的收购工作方案，从组织各类企业入市收购、搞好产销衔接、搭建银企对接平台、提前安排收购仓容、指导农民均衡售粮等方面采取有效措施，统筹做好辖区内玉米收购工作，切实做到有人收粮、有钱收粮、有仓收粮，防止农民“卖粮难”，相关费用可从粮食风险基金中列支。在新粮上市期间，国家有关部门将暂停相应地区库存玉米销售，防止市场价格受打压。同时，各省要对玉米加工企业收购玉米给予补贴。自2016年起，四省（区）还对玉米收购加工实行补贴政策，如辽宁于2016年11月1日发布《辽宁省2016年新产玉米收购加工补贴政策实施方案》①，明确其产品为淀粉、淀粉糖、氨基酸、化工醇、酒精等，年主营业务收入2000万元及以上的玉米深加工企业，并符合就地采购、自建仓储设施等条件的，可享受补贴政策，补贴标准为100元/吨；吉林、黑龙江、内蒙古的补贴标准则分别为200元/吨、300元/吨、200元/吨。

2017年，国家提出用大豆生产者补贴制度代替目标价格补贴政策。大豆生产者补贴制度的操作流程与玉米基本相同，都是“生产者补贴+市场化收购”，但是也有所差异。①政府对市场化收购的干预力度不同。政府对大豆收购的支持力度较小，基本上不进行直接或间接的干预。不像玉米，政府要采取强力措施保证有人收、有钱收、有仓放。②大豆与玉米生产者补贴都属于统筹且大豆补贴标准要高于玉米。《农业农村部　财政部发布2018年重点强农惠农政策》明确规定，大豆生产者补贴标准要高于玉米。《大豆振兴计划实施方案》② 规定，根据统筹安排东北地区玉米、大豆生产者补贴，按照总量稳定、结构优化的原则，充分考虑平衡玉米、大豆种植收益，合理确定玉米、大豆具体补贴标准，充分调动农民种植大豆

---

① 辽宁省2016年新产玉米收购加工补贴政策实施方案[EB/OL]. http://www.feedtrade.com.cn/yumi/yumi_china/2068371.html.

② 农业农村部办公厅关于印发《大豆振兴计划实施方案》的通知[EB/OL]. http://www.moa.gov.cn/nybgb/2019/0201903/201905/t20190525_6315395.htm.

积极性，以增加大豆有效供给，提高我国大豆产业质量效益和竞争力。

### （二）“生产者补贴＋最低收购价”制度

该制度当前针对稻谷实施。《农业农村部　财政部发布2018年重点强农惠农政策》[①]《农业农村部　财政部发布2019年重点强农惠农政策》[②]都明确指出，为支持深化稻谷收储制度和价格形成机制改革，保障农民种粮收益基本稳定，国家继续对有关稻谷主产省份给予适当补贴支持。农业农村部对《对十三届全国人大二次会议第6545号建议的答复》更明确指出，改变以往最低收购价“只升不降”的做法，合理确定稻谷、小麦最低收购价水平，这既保持了最低收购价政策的稳定性和连续性，在继续稳定最低收购价政策框架的同时，也进一步增强了政策的灵活性，为最终形成市场定价机制奠定基础，并按“照降多少、补多少”的原则同步建立生产者补贴制度，稳定农民种粮收益预期[③]。《财政部　发展改革委　农业农村部　粮食和储备局关于稻谷补贴的实施意见》（财建〔2018〕405号）提出，在稻谷主产区实施生产者补贴。对生产者补贴的称谓，财政部和南方稻谷主产省份都称其为“目标价格补贴”。之所以称其为目标价格补贴，是因为该补贴要补足最低价降低所带来的农民收入损失部分，保障农民稻谷种植收益稳定在原来最低收购价所确定的水平。

可见，稻谷生产者补贴机制是“最低收购价格＋生产者补贴”，一方面国家仍然对稻谷实行最低收购价格这一支持价格；另一方面因最低收购价格降低所减少的农民收入，则通过实行生产者补贴加以弥补。国家仍然采取最低收购价的原因在于，稻谷是口粮作物，国家的粮食安全战略是口粮绝对安全，而且2019年中央一号文件将稻谷纳入必保品种。

---

① 农业农村部　财政部发布2018年财政重点强农惠农政策[EB/OL]. http://www.moa.gov.cn/gk/zcfg/qnhnzc/201804/t20180412_6140127.htm.

② 农业农村部　财政部发布2019年重点强农惠农政策[EB/OL]. http://www.moa.gov.cn/gk/zcfg/qnhnzc/201904/t20190416_6179338.htm.

③ 对十三届全国人大二次会议第6545号建议的答复[EB/OL]. 农业农村部网站，http://www.moa.gov.cn/gk/jyta/201909/t20190926_6329097.htm.

对于稻谷最低收购价政策，从2020年起开始限量收购[①]，其根本原因在于要适应WTO关于美国诉中国农业国内支持案（DS511案）的改革要求，通过事先宣布收购数量，这样就会使计算MPS公式中QEP不再是粮食总产量，而是事先宣布的收购数量，从而降低了MPS值。

如上所述，当前以“生产者补贴（或目标价格补贴）+最低收购价”为形式的粮食生产者补贴制度仅在稻谷中实施，同为口粮的小麦未来是否也会实施呢？毫无疑义，随着国际市场冲击的加大，以及小麦收储制度的改革，小麦的支持与补贴政策也会进行改革。当前国家对小麦支持政策改革主要是探索保险补贴，保险补贴的成功并非一蹴而就，所以小麦未来也不排除实施稻谷补贴形式的生产者补贴制度。当然，我们也可以将当前小麦的最低收购价制度看作“最低收购价格+生产者补贴”制度的例外，即生产者补贴为零。

## 三、粮食生产者补贴本质上属于目标价格补贴

自2004年起，我国出台《粮食流通管理条例》，提出实施“直接补贴+最低收购价”制度，以解决自20世纪90年代起实施的保护价制度带来的问题，如粮食生产过剩、库存积压严重、财政负担沉重，特别是补贴效率低的问题。其主要改革措施就是改保护价制度对农民的间接补贴为直接补贴，但是为了稳定粮食市场价格，又实施了最低收购价制度，最低收购价显然低于保护价。可见，直接补贴用来弥补由于保护价取消后市场价格下降而产生的农民收入下降问题。因此，可以推知：最低收购价（或市场价格）+单位粮食的直接补贴=保护价。

自2014年起，我国实施的大豆目标价格补贴制度就是改大豆临时收储政策为目标价格补贴政策。该政策规定了大豆的目标价格为4800元/吨，当市场价格低于目标价格时，政府实行差价补贴；当市场价格高于目标价格时，政府不实行差价补贴。可见，由于政府要保证农民的平均收益或边

① 关于完善稻谷最低收购价有关政策的通知（国粮粮〔2020〕41号）[EB/OL]. https://www.ndrc.gov.cn/fzggw/jgsj/jgs/sjdt/202002/t20200228_1221749.html.

际收益是4800元/吨，因此目标价格就成了农民生产的边际收益或平均收益，农民根据这一收益来决定播种面积或产量。由临时收储价格改为目标价格后，农民的收益不变。原来的临时收储价格为4600元/吨，目标价格只比其高200元/吨，去除时间差异后，目标价格应等于临时收储价格。因此，可以推知：市场价格+单位粮食的目标价格补贴=目标价格=临时收储价格[①]。

自2016年起实施的玉米生产者补贴制度，即“生产者补贴+市场化收购”制度后，国家取消对玉米的临时收储政策，农民随行就市销售玉米，国家对农民实行生产者补贴，鼓励国有粮食企业一直在市收购，即市场化收购。市场化收购是否就意味着国家彻底放弃价格支持制度呢？答案是否定的，国家由显性地支持价格变为隐性地支持价格，以防止因价格大幅度下跌而产生的农民收入损失问题。支持价格由原来的不低于某个特定价格变为可以在某个区间波动的稳定带制度。如果要保障由临储制度改为生产者补贴制度后农民收入不变，就必然有：单位粮食的生产者补贴+市场价格（隐性的支持价格）=临时收储价格。而稻谷的生产者补贴制度为“最低收购价+生产者补贴”，生产者补贴是补贴因最低收购价下降而给农民带来的收入损失，因此有：最低收购价+生产者补贴=原最低收购价。

从以上分析可以看出，作为支持价格的保护价与临时收储价格，其与目标价格均为农民生产的边际收益或平均收益。直接补贴、目标价格补贴、生产者补贴均为政府保证农民一定收益而提供的价格以外的补贴。虽然从表面来看，直接补贴对应的是改间接补贴为直接补贴，生产者补贴制度提出的是价补分离，目标价格补贴相当于差价补贴，然而这三者的本质是相同的，都从属于目标价格补贴的范畴。而这个目标价格，可以理解为：市场价格+补贴=目标价格，即政府要保障农民从市场获得的收入与政府补贴之和达到一个合理的值，这个值就是农户生产的平均收益或边际收益，即目标价格。当然，政策改革之初，这个目标价格可以等于原来的

---

① 王文涛，张美玲．我国粮食生产者补贴制度渊源、理论基础与改革方向[J]．农村经济，2019(2).

临时收储价格或保护价。因此，如果把这三种制度都纳入目标价格补贴范畴的话，就要对目标价格补贴进行一个合理的界定。首先，目标价格就是与基期播种面积或实际播种面积挂钩的农户生产粮食的边际收益或平均收益①；其次，所谓目标价格补贴，就是由目标价格决定的，政府不干预市场条件下的农产品价格之外的补贴总和。这样，目标价格补贴就可以包括政府对农民的直接补贴、生产者补贴、支持价格下的间接补贴以及差价补贴②。

当然，这三种制度也是有差异的。

（1）价格控制程度不同。直接补贴制度下有较高的最低收购价支撑，目标价格补贴制度彻底放弃了价格控制，生产者补贴制度要么实行隐性的价格支持或价格稳定带制度，要么就是下调了最低收购价。

（2）补贴计算方式不同。目标价格补贴是根据每年市场价格的变化来测算当年的目标价格补贴，是典型的一年一测算模式。对于其他两种补贴，政府只需要计算每一年的补贴值，以后稳定或略有增加即可。

（3）制度演变动因不同。①对稻谷而言，为什么还要改最低收购价为“生产者补贴 + 最低收购价（降低）”呢？这是因为我国的最低收购价连年提高，成为提高农民收入的主要手段，但是也刺激了国外粮食进口，威胁到“口粮绝对安全”的粮食安全战略底线，所以必须通过降低最低收购价来降低市场价格，同时为了使农民收入不变，就得对农民实行生产者补贴。②为什么大豆要放弃目标价格补贴而实行生产者补贴呢？首先，大豆目标价格补贴制度没有取得预期效果，而玉米生产者补贴制度成功了，这并不是大豆目标价格补贴制度本身的问题，而是大豆与玉米的市场地位、开放程度不同所致。玉米是我国第一大粮食作物，实行关税配额管理制度，配额量为 720 万吨，配额内玉米进口有价格优势，配额外玉米进口无价格优势。虽然玉米替代品如大麦、高粱、DDGS 进口能影响我国粮食市场，但是我国可以通过实施一定的贸易救济手段来减少替代品的冲击。总

① 农业是一个近乎完全竞争的产业，农民生产农产品的边际收益等于平均收益。

② 2014—2016 年，我国实行的大豆目标价格补贴就是目标价格与市场价格之间的差价补贴。

之，对玉米市场而言，国外市场对国内市场的冲击还是可控的。我国玉米的生产量、消费量、库存量大，其对国内价格甚至国际市场都有一定影响。相反，大豆实行自由贸易，我国是世界大豆第一消费大国，但是产量较小，而且大豆的贸易、投资都由外资所掌控，因此我国的政策难以对大豆的价格、市场产生大的影响。更为关键的是，由于国家重视玉米的生产，玉米种植收益好于大豆，农民更倾向于种植玉米，所以实施目标价格后大豆产量增加不明显，甚至2015年产量有所减少。其次，生产者补贴制度比目标价格补贴制度的实施更简化。大豆市场价格一年一测，目标价格补贴一年一算，较烦琐，而玉米生产者补贴不需要测算市场价格，只需要根据播种面积计算即可。同时，生产者补贴更大的好处就在于可以当年发放，有利于解决农民资金流动性约束问题。

综上所述，我国实行的这三种补贴的实质都是相同的，都从属于目标价格补贴的范围。虽然这三种补贴制度有一定差异，但是其差异并不影响其本质。然而这里所谓的目标价格补贴是以国际经验为标准，与我国大多数人所理解的不同。我国实行的目标价格补贴是典型的与生产面积挂钩的补贴，是目标价格补贴实施的初级阶段。美国是世界实施农产品目标价格补贴的代表，其目标价格补贴的实施方式几经演变。1973—1984年美国实行与生产面积挂钩的目标价格补贴，这与我国实行的目标价格补贴政策相同。1985—1995年实行与基期面积和现期价格挂钩，与实际种植面积或产量脱钩补贴；1996—2001年实行生产灵活性合同补贴，由基期面积、目标价格决定每年固定的补贴额，并与实际的种植面积、产品价格完全脱钩。2002—2013年实行直接与反周期补贴，目标价格成为测算补贴的标准，直接补贴与反周期补贴都属于目标价格补贴，直接补贴是由生产灵活性合同补贴转化而来的，与农民实际的种植面积及价格完全脱钩；反周期补贴与当期的市场价格挂钩而与种植面积脱钩。2014年美国新农业法案，改目标价格补贴为目标价格保险，虽然名称与做法有所不同，但是实质不变。

## 第三节　粮食生产者补贴制度效应的理论分析

### 一、“生产者补贴＋市场化收购”制度效应

以下以玉米为例说明“生产者补贴＋市场化收购”制度效应。玉米生产者补贴制度替代临时收储制度，其目的在于降低市场价格、保障农民收入、减少进口冲击，并达到去库存的目标。但是，我国的玉米生产者补贴制度仅在东北三省和内蒙古自治区实施，这就意味着我国的玉米生产者补贴制度是混合制度，即东北三省和内蒙古自治区作为政策实施区域，实施“生产者补贴＋市场化收购”制度；其它区域为政策非实施区域，农民无生产者补贴，且按市场价格销售。在不考虑运输成本的情况下，政策实施区域的市场化收购价格等于政策非实施区域的市场价格。以下通过与玉米临时收储制度相比较，分析玉米生产者补贴制度的经济学原理，探讨政策实施的经济效应①。

#### （一）基本原理

如图6－1所示，$S$是玉米供给曲线，$D$是玉米需求曲线，$P_0$是市场均衡价格，$Q_0$是均衡产量。假设$P_1$为临时收储价格，则市场供给量（产量）为$Q_1$，市场需求量为$Q_1$，市场超额供给量为（$Q_1-Q_1'$），由政府按$P_1$价格收购。农民获得的总收益为$P_1Q_1$，政府收购资金支出为$P_1$·（$Q_1-Q_1'$）。国家对农民实行“生产者补贴＋市场化收购”制度，这意味着：①要保证农民收益不变，农民在收益不变的情况下决定玉米播种面积或产量；②市场出清，农民生产出的玉米全部由市场需求来吸收。

在生产者补贴制度下，农民的收益来源于两部分：一部分是政府补贴；另一部分是市场价格。政府补贴与市场价格应等于原来的临时收储价

① 王文涛，王富刚．贸易摩擦背景下玉米生产者补贴制度的经济效应及政策优化[J]．湘潭大学学报（哲学社会科学版），2018（6）．

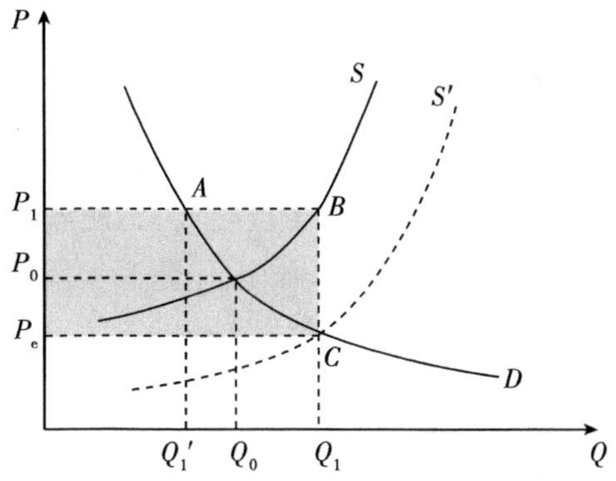


**图 6－1　玉米生产者补贴制度作用原理**

格 $P_1$，$P_1$实质上就是玉米的目标价格①。玉米的目标价格为 $P_1$，那玉米的产量为多少呢？目标价格 $P_1$是农民生产玉米的边际收益，玉米供给曲线 S 是农民生产玉米的边际成本曲线。农民要根据边际收益等于边际成本的原则决定产量，因此玉米的产量仍为 $Q_1$。根据市场出清的假设，当需求曲线为 D，农户产量为 $Q_1$，则玉米的市场价格降为 Pe，玉米单位产量的补贴额为（$P_1-Pe$）。由于实行生产者补贴，因此供给曲线向下移动至 S′，移动的垂直距离为（$P_1-Pe$）。S′曲线与 D 曲线相交于 C 点。消费者方面，生产者补贴制度代替临时收储制度后，由于市场价格由 $P_1$下降为 Pe，消费者剩余增加量为图形 $P_1ACPe$ 的面积。同时，生产者剩余没有发生变化。

通过以上的分析可以看出，由临时收储制度改为在全国实施生产者补贴制度后，在保证农民收益不变的前提下，玉米总产量不变，而且消费者剩余增加，市场出清，超额供给为零即年库存增量下降为零。但是，政府的财政支出是否会减少呢？对于政策非实施区域的农民来说收入是否会更公平呢？是否很容易地达到去库存的效果呢？农民的市场风险是否有变化呢？对玉米生产的布局和生产能力是否有影响呢？这都是我们要进一步探

① 参见《走出农产品目标价格补贴政策认识的误区》（张秋龙，2015）。当前理论界关于目标价格的认识还有待深入。大部分学者认为目标价格就是政府计算差价补贴的依据，如果不实行差价补贴，就不存在目标价格了。实质上，目标价格是保障农民粮食生产的平均收益，单位粮食产量的“价＋补”就是目标价格。但是，与大豆目标价格制度相比，玉米生产者补贴制度的目标价格是隐含的、可变的。

讨的问题。

### （二）财政支出效应

临时收储制度下，政府的收购支出量为 $P_1 \cdot (Q_1 - Q_1')$；实行生产者补贴制度后，政府的补贴量为 $(P_1 - Pe) \cdot Q_1$，两者到底孰大孰小？

生产者补贴制度下的财政支出 - 临时收储制度下的收购支出 =

$$(P_1 - Pe) \cdot Q_1 - P_1 \cdot (Q_1 - Q'_1) = P_1 \cdot Q_1' - Pe \cdot Q_1 \quad (6-1)$$

$P_1 \cdot Q_1'$与 $Pe \cdot Q_1$孰大孰小？

从需求曲线 $D$ 可知，$P_1 \cdot Q_1'$与 $Pe \cdot Q_1$分别表示市场价格为 $P_1$与 $Pe$ 时农民售粮总收益。根据“谷贱伤农”的道理，玉米作为缺乏需求价格弹性的农产品，价格越高，农民的收益越大。由于 $P_1 > Pe$，所以有：

$$P_1 \cdot Q'_1 > Pe \cdot Q_1 \quad (6-2)$$

把式（6-2）代入式（6-1）得：

生产者补贴制度下的财政支出 - 临时收储制度下的收购支出 >0

因此，实行生产者补贴制度后，玉米生产者补贴的财政支出要大于临时收储制度下的收购支出。生产者补贴制度的财政支出由于同农户的播种面积挂钩，因此也属于 WTO 规定的“黄箱”补贴，这说明实行生产者补贴制度后我国可能面临 WTO 的约束更强了。但是，如果把玉米储存支出包括在内的话，临时收储制度的财政支出很可能大于生产者补贴制度。这是因为在临时收储制度下，玉米结转库存越大，储存支出也越大。据 FAO 统计，2015—2017 年我国玉米平均库存高达 1.49 亿吨，占全球库存的 52.4%。

### （三）收入公平效应

国家对东北四省①农民实施“生产者补贴 + 市场化收购”政策，价格由市场供求形成。这样，东北四省农民仍可以获得与原来相同的收益，但是非东北四省的农民由于获得的收益只能是来自低于原来收储价格的市场价格水平，因此政策非实施区域农户的收益降低。其边际收益仅是市场价

① 本文将东北三省和内蒙古四省区简称为“东北四省”。

格，而东北四省农民的边际收益仍是原来的收储价格，等于市场价格加政府补贴。这说明，非东北四省农民的边际收益小于东北四省农民的边际收益，因此对于非东北四省的农民是不公平的。

非政策实施区域的农民不能获得生产者补贴，必然会不断降低产量。事实上，除东北四省外，我国还有山东、河南、河北、山西等玉米主产省，其中前三个省玉米的产量都高于辽宁省，2014 年这四个省的总产量为东北四省区总产量的 67%。这些政策非实施区域玉米产量的降低，短期内有利于玉米去库存，但是从长期来看会产生两方面的不利后果。一是直接降低粮食综合生产能力，对长期的粮食安全不利。种植玉米的收益减少，如果没有相当收益的替代粮食作物可以生产的话，粮食产量必然会降低；如果没有能替代的经济作物可以种植的话，农民自然会抛荒，从而降低地力，影响国家“藏粮于地”战略的实现。在当前国内农产品市场受到国外整体冲击的背景下，农民很难轻易转向替代作物的种植①。二是会使玉米生产布局向东北四省集中，导致为防止 WTO 补贴总量约束而在局部生产地区实施补贴的政策落空。这是因为我国可以用于“黄箱”补贴的空间较小，只有通过在局部地区实施才可能提高对农民的补贴力度以实现政策目标。补贴地区可以获得的补贴占该地区玉米产值的比例 = 8.5%②/补贴地区玉米产量占全国产量的比重，可见生产布局越向东北四省集中，该地区玉米产量占全国产量的比重就越高，可以获得的补贴比例就越少。

### （四）去库存效应

从前述分析可以看到，实行玉米生产者补贴制度后，由于玉米价格下降，政策非实施区域的玉米产量下降。其产量下降比例为：

$$\frac{\Delta Q}{Q} = \frac{Q_{\text{非}}}{Q} \cdot \eta \cdot \frac{\Delta P}{P}$$

其中，$\frac{\Delta Q}{Q}$ 为产量下降比例，$\frac{Q_{\text{非}}}{Q}$ 为非政策实施区域产量占全国产量的

① 舒坤良，吴迪，徐晓红，等. 玉米结构调整：实践、困境与政策支持：基于吉林省的分析[J]. 玉米科学，2017(2).

② 这里假定玉米可用的“黄箱”补贴全部用于生产者补贴，即其它不可免除的补贴为 0。

比例，$\eta$ 为供给价格弹性，$\frac{\Delta P}{P}$ 为政策实施后玉米价格下降的比例。

当国家向市场投放玉米库存，会使玉米价格进一步降低。这一方面会进一步压低政策非实施区域的农民收入；另一方面为保证农民收入不下降，就要提高国家发放给政策实施区域农民的玉米生产者补贴，但这一补贴受 WTO 特定农产品补贴的限制。因此，玉米去库存与农民收入、国家补贴产生了矛盾。要实现去库存的目的，每年就要向市场大量投放玉米库存，这无疑会大量压低价格，大幅度降低政策非实施区域的农民收入，而且会进一步加大补贴量甚至出口，导致与美国等玉米出口国的贸易摩擦①。

由需求价格弹性公式：$E_d = \frac{\frac{\Delta Q}{Q}}{\frac{\Delta P}{P}}$

得：$\frac{\Delta P}{P} = \frac{\frac{\Delta Q}{Q}}{E_d}$

由于 $E_d < 1$，可得：$\frac{\Delta P}{P} > \frac{\Delta Q}{Q}$

价格下降的比例会大于储备投放量占粮食产量的比例。这意味着如果国家投放的储备量占当前产量的 30%，则价格就会下降 30% 以上。这对政策非实施区域的农民来说，必然会造成严重亏损，严重影响收入。对政策实施区域农民来说，国家要保障其收入，就要增加补贴，会产生突破特定农产品补贴约束的风险。同时，市场价格的降低如果使中国玉米出口有利可图，就会产生与美国的贸易摩擦，会进一步增加美国向 WTO 起诉中国玉米补贴违规的证据。所以，我国也不可能增加玉米出口，即由玉米进口国再次转变为玉米出口国。这说明，单纯的生产者补贴制度是不可能达到去库存的效果，最多是不再增加库存。农业部专家预警委员会发布的

① 美国向 WTO 起诉中国对玉米等谷物国内补贴超限，不需要证明，中国的补贴政策影响了美国的贸易利益。事实上，中国的玉米临时收储政策拉高了国内市场价格，从而促进了美国向中国出口玉米及其替代品。但是，如果中国向国际市场出口玉米，再次恢复玉米出口大国地位的话，必然更进一步增加与美国的贸易摩擦。

《2018年3月中国农产品供需形势分析（CASDE－No. 21）》显示，2016—2017年度全国玉米结余变化估计值为1121万吨，2017/2018年度全国玉米结余变化估计值为－672万吨①。全国玉米库存从2017/2018年度才开始减少，库存压力沉重。据国家粮食和物资储备局局长张务锋在2018年全国粮食流通工作会议上指出，我国玉米及粮食去库存取得了巨大成就，2017年政策性玉米库存比历史最高点下降28%，2013年及以前年份的玉米已基本销售完毕②。

可见，要真正达到去库存的目的，仅仅加大向市场投放储备是行不通的。要实现去库存的政策目标，必须进一步实施供给与需求管理政策，控制玉米生产和扩大玉米需求。

## 二、"生产者补贴＋最低收购价"制度效应

国家对稻谷实行的是"生产者补贴＋最低收购价"双补贴机制，而对玉米、大豆实行的是"生产者补贴＋市场化收购"单补贴机制。尽管都实施了生产者补贴，但收购制度完全不同，所以仍然是两种不同的支持制度。以下以稻谷为例，分析粮食"生产者补贴＋最低收购价"制度效应。

### （一）产量效应

如图6－2所示，$S$是稻谷供给曲线，$D$是稻谷需求曲线，$P_0$是市场均衡价格，$Q_0$是均衡产量。假设$P_1$为初始的稻谷最低收购价格，市场供给量（产量）为$Q_1$，市场需求量为$Q_1'$，则市场超额供给量为（$Q_1 - Q_1'$），由政府按$P_1$价格收购。农民获得的总收益为$P_1 Q_1$，政府收购资金支出为$P_1$·（$Q_1 - Q_1'$）。在国家实行稻谷生产者补贴制度后，意味着：①政府要保证农民生产稻谷的平均或边际收益不变，因稻谷最低收购价降低而减少的部分即价差，由政府以生产者补贴的方式发放给稻谷生产者，生产者补贴总量等于价差与稻谷总产量的乘积；②政府收购数量为产量大于市场需

① 农业部专家预警委员会.2018年3月中国农产品供需形势分析（CASDE－No. 21）[EB/OL]. http://www.agri.cn/V20/SC/gxxs/201803/t20180308_6085039.htm，2018－6－28.

② 张务锋．在全国流通工作会议上的讲话[EB/OL]. http://www.chinagrain.gov.cn/n316987/n1173458/n1173510/c1183267/content.html，2018－6－29.

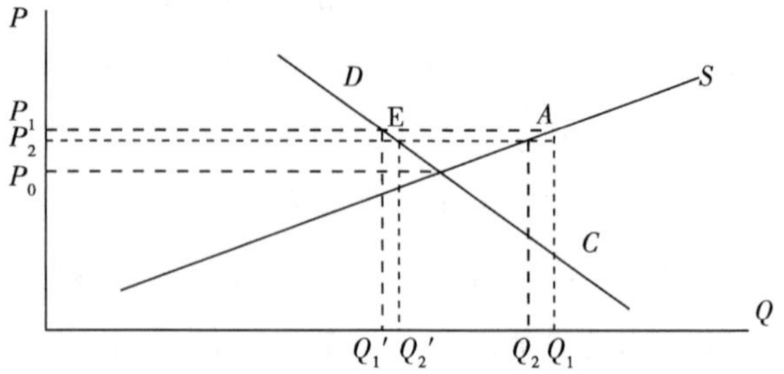


**图 6－2　稻谷生产者补贴制度作用原理**

求量的部分①。

在稻谷生产者补贴制度下，农民的收益来源于两部分：一部分是政府价差补贴；另一部分是市场价格。政府价差补贴与市场价格之和应等于原来的最低收购价格 $P_1$，$P_1$实质上就是稻谷生产的平均收益或边际收益，也可以称为“目标价格”。由于稻谷的平均收益或边际收益仍为 $P_1$，因此稻谷的产量仍为 $Q_2$，政府收购量则为：$(Q_1 - Q_2')$。

### （二）财政支出效应

在仅实行最低价收购制度下，政府收购财政支出量为 $P_1 \cdot (Q_1 - Q_1')$；实行生产者补贴制度后，政府的财政支出将由最低收购价支出和生产者补贴两部分构成。下面分析实行稻谷生产者补贴制度后财政支出的变化。

生产者补贴制度下的政府收购支出量为：$P_2 \cdot (Q_1 - Q_2')$，生产者补贴量为：财政支出量为 $(P_1 - P_2) \cdot Q_1$，两者之和为：$P_2 \cdot (Q_1 - Q_2') + (P_1 - P_2) \cdot Q_1$。

则实行生产者补贴制度后，财政支出的增加量为：

$$P_2 \cdot (Q_1 - Q_2') + (P_1 - P_2) \cdot Q_1 - P_1 \cdot (Q_1 - Q_1') = P_1 \cdot Q_1' - P_2 \cdot Q_2' \quad (6-3)$$

从需求曲线 $D$ 可知，$P_1 \cdot Q_1'$与 $P_2 \cdot Q_2'$分别表示市场价格为 $P_1$与 $P_2$

① 肖琼琪，王文涛．粮食补贴政策的中美比较、效应评价及我国补贴建议[J]．湖南科技大学学报（社会科学版），2019(4).

时农民销售稻谷的总收益。根据“谷贱伤农”的道理，稻谷作为缺乏需求价格弹性的农产品，价格越高，农民的收益越大。由于 $P_1>P_2$，所以有：

$$P_1\cdot Q_1'>P_2\cdot Q_2' \qquad (6-4)$$

把式（6-4）代入式（6-3）得：

$$P_1\cdot Q_1'-P_2\cdot Q_2'>0$$

可见，实行生产者补贴制度后，财政支出增加了。当然，这里没有考虑收购成本与储存成本的变化。实行稻谷生产者补贴制度后，稻谷的年收购量会减少，因此收购成本和储存成本会减少，而总成本是否增加就不一定了。

### （三）“黄箱”补贴效应及其规避

在此我们首先讨论最低收购价对应的 MPS 的计算方法，其次对比最低收购价制度转为“生产者补贴 + 市场化收购”制度后“黄箱”补贴的变化。

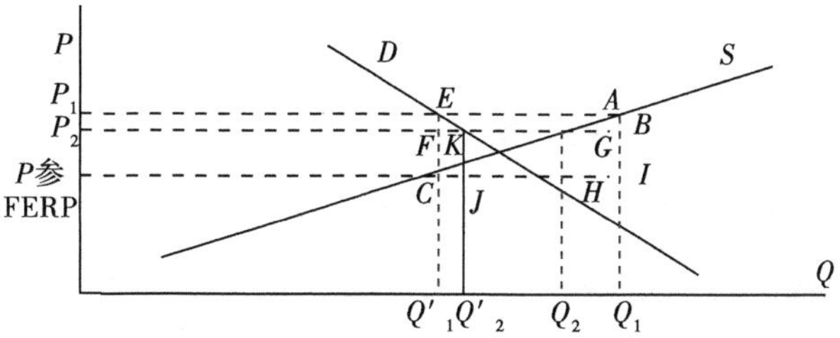


**图 6-3　稻谷生产者补贴制度实施前后产生的黄箱补贴比较**

1. MPS 计算方法的讨论

关于 MPS 计算方法，DS511 案专家组裁定 QEP 为政策实施省份的粮食产量而不是政府收购量，仅扣除数量极少的质量不合要求的产量，没有扣除农民自用粮。根据专家组对 QEP 的定义，我国 2012—2015 年稻谷、小麦仅 MPS 一项就超过了微量允许补贴水平。可以推测，2017—2019 年稻谷、小麦的 MPS 也会超限。以下以 2019 年的稻谷为例进行说明。

根据 WTO 专家组报告及我国入世减让表文件，稻谷参考价为 1996—1998 年出口大米的 FOB 价格乘以稻谷的出米率 0.7，因此籼稻参考价为 1640.10 元/吨，粳稻为 2303.44 元/吨。2019 年早籼稻、中晚籼稻和粳稻最低收购价格分别为 2400 元/吨、2520 元/吨和 2600 元/吨。根据历史数据，主产区稻谷产量为全国产量的 79%。粳稻的 MPS 占其总产值的比例为：

$$\frac{MPS}{\text{粳稻总产值}}=\frac{(\text{最低收购价}-\text{参考价})\times\text{政策实施省份粳稻总产量}}{\text{最低收购价}\times\text{全国总产量}}$$

$$=\frac{\text{最低收购价}-\text{参考价}}{\text{最低收购价}}\times\frac{\text{政策实施省份的粳稻总产量}}{\text{全国总产量}}$$

$$=\frac{2600-2303.44}{2600}\times 0.79=9.01\%>8.5\%$$

可见，根据专家组对 QEP 的定义，如果我国要遵守入世承诺，就必须降低最低收购价，这对我国来说是很不利的。有没有破解之法呢？显然有。那就是政府提前预测并宣布收购数量，则提前宣布的收购量与实际收购量两者的最大值就为 QEP。当然，预测的收购量要与实际收购量接近。根据我国的历史经验，用实际的收购量作为 QEP 是不会使 MPS 及总补贴超过微量允许水平的。另一种办法是扣除主要生产省份的农民自用粮，这样也可以降低比例。因此，以下计算 MPS 所用的 QEP 仍以政府收购量为准。

2. “黄箱”补贴量的计算

假定 $P_1$ 为政府原先的最低收购价格，政府收购量为 $(Q_1-Q_1')$，则其 $MPS$ 为：$MPS_{\text{支}}=(Q_1-Q_1')\cdot(P_1-P_{\text{参}})$，在图形中为矩形 *EABF* 的面积。可见，参考价格 *FERP* 小于最低收购价。

实行生产者补贴制度后，最低收购价格由 $P_1$ 降为 $P_2$，“黄箱”补贴就变为 *MPS* 与生产者补贴两者之和。如前所述，生产者补贴 $=(P_1-P_2)\cdot Q_1$。但是，$MPS=(P_2-P_{\text{参}})\cdot(Q_1-Q_2')$。两者之和为：$(P_1-P_2)\cdot Q_1+(P_2-P_{\text{参}})\cdot(Q_1-Q_2')$

实行生产者补贴制度后“黄箱”补贴 *AMS* 变化量为：

$$AMS=(P_1-P_2)\cdot Q_1+(P_2-P_{\text{参}})\cdot(Q_1-Q_2')-(Q_1-Q_1')\cdot(P_1-P_{\text{参}})$$

从图形中可以看出，生产者补贴制度实施前由 *MPS* 产生的“黄箱”补贴为矩形 *EAIC* 的面积，生产者补贴制度实施后的“黄箱”补贴为矩形 *BIJK* 与矩形 $P_1ABP_2$ 的面积之和。实施生产者补贴制度后，“黄箱”补贴变

化量为矩形 $P_1EFP_2$ 与 $KJFC$ 面积之差：$AMS = P_1 \cdot Q_1' - P_2 \cdot Q_2' + P_{参} \cdot (Q_2' - Q_1')$

上式显然大于0，而且 $P_2$越小，（$P_1 \cdot Q_1' - P_2 \cdot Q_2'$）越大，$Q_2'$越大，AMS 越大。这意味着，生产者补贴改革后，“黄箱”补贴量并没有减少，相反却增加了。

3. “黄箱”补贴效应的规避

如前所述，如果生产者补贴与最低价收购都与生产面积挂钩的话，就有可能使“黄箱”补贴受国际实质约束。但是，如果将生产者补贴与基期生产面积挂钩的话，该补贴就属于“蓝箱”补贴，这样仅有市场价格支持属于“黄箱”补贴，就会使其被控制在“黄箱”补贴上限之内，从而有效规避“黄箱”补贴约束。如果政府不实施市场价格支持政策的话，则该生产者补贴制度就变为与玉米生产者补贴制度相同的“生产者补贴 + 市场化收购”，玉米生产者补贴由于与基期生产面积挂钩，所以属于不受 WTO 约束的“蓝箱”补贴。

## 三、粮食生产者补贴制度的结构调整效应

我国粮食生产者补贴制度，无论是“生产者补贴 + 最低价收购”还是“生产者补贴 + 市场化收购”，其形式都是政府在价格外再向农民增发补贴，从国家农业供给侧结构性改革及国家粮食安全战略来看，其都有调节粮食生产结构的作用。作为理性的农户，一般会根据自己所在地区的气候等资源禀赋条件，根据边际利润相等或利润最大化的原则，来决定自己的粮食种植结构。国家向农民发放的不同粮食品种生产者补贴，由于其水平差异，会引起种植不同粮食品种的边际利润发生相对变化，从而影响其种植结构，达到调整粮食结构的目标。其结果就是，获得补贴或者边际利润相对较多的粮食品种，农民就会增加生产，反之就会减少生产。但是，不同的地区资源禀赋条件不同，其调整粮食结构的效应就不相同。下面进行具体说明。

设农户生产粮食品种 $i$ 的利润为 $I_i$：

则有：$I_i = (P_{补i} + P_i) \cdot Q_i - TC(Q_i)$　　(6－5)

其中 $P_{补i}$ 为粮食品种 $i$ 每单位产量获得的补贴，$P_i$ 为粮食品种 $i$ 的市场价格，$Q_i$ 为产量且是耕地投入量 $L_i$ 的函数。

将公式 1 对 $L_i$ 求导数，则有：

$$\frac{\partial I_i}{\partial L_i} = (P_{补i} + P_i) \cdot \frac{\partial Q_i}{\partial L_i} + \frac{\partial TC}{\partial L_i} \cdot \frac{\partial Q_i}{\partial L_i} = (P_{补i} + P_i - MC_i) \cdot MP_i \tag{6-6}$$

式（6-6）中 $MC_i$ 为生产粮食品种 $i$ 的边际成本，$MP_i$ 为耕地投入生产粮食品种 $i$ 的边际产量。上式表明，粮食品种 $i$ 对播种面积的边际利润是由价格、单位面积补贴额、边际成本与边际产量所决定的。其中，价格、单位面积补贴、边际产量与边际利润成正相关关系，边际成本与边际利润成负相关关系。

但是，对于不同地区而言，其结构调整的效果会不同。有的地区，长期以来，粮食生产的品种单一，如果增大对某些品种的补贴，是否一定会增加该品种的粮食生产呢？这要具体问题具体分析。

从式（6-6）中可以看出，边际利润还与边际产量和边际成本有关。有的地区，适合某一作物生产，其边际产量越高，边际成本就越低。而边际成本除了与边际产量有关外，还受其他转换成本的影响。增加一种作物的产量，还要有新的可变投入甚至固定投入。如果这些投入大的话，即增加播种面积的成本太高，那么其对边际利润的增加是很有限的。只有该品种生产的边际利润高过其它粮食品种，才有可能增加该品种的播种面积。在现实中，不同地区生产作物的优势是不同的，同一作物的边际利润差异较大。或者说，作物生产的比较优势是不同的，甚至微量的补贴变化，并不能导致该地区不同作物生产边际利润排序的变化。这意味着，不同地区对我国粮食品种补贴变化反应的敏感程度是不同的。

就我国当前的补贴而言，大豆生产者补贴高于玉米生产者补贴，近而使生产大豆的边际利润由低于玉米变为高于玉米，进而刺激大豆产量的提高。但是，不同地区生产大豆的相对优势不同，弱势生产地区有可能在增加补贴后，农民生产大豆的边际利润仍低于玉米，这样就导致其不会增加大豆的生产。

## 第四节　粮食生产者补贴与收购政策实施效果调查

为了调查粮食生产者补贴与收购政策实施成效及存在的问题，作者于2020年5～6月针对东北四省的粮食生产者补贴与收购政策、南方稻谷目标价格补贴与收购政策，开展了一次大规模的问卷调查和深度访谈的调研活动。①东北四省问卷调查。对于东北地区实施的粮食生产者补贴政策，由于各省区情况不同，因此笔者对各省区均派驻了3名经济管理专业但由于新冠肺炎疫情而身在农村的12名大学生作为调查员，同时在黑龙江省委托了自2015年以来一直协助作者调研的省大豆协会、省食品行业联盟、粮食贸易商以及种粮大户专门组织发放问卷。问卷发放采取线上与线下相结合的方式。线上是指通过问卷星在手机或电脑上填写，线下是指在打印的纸质问卷上填写。为了保证问卷质量，我们首先对各问卷调查员进行培训，特别对大学生调查员，还就国家粮食补贴政策的演变专门进行了讲解。针对部分农民朋友可能不熟悉线上答卷的问题，笔者严格要求调查员指导问卷填写，同时对问卷填写中发现的问题及时反馈处理。对于抽样方法，黑龙江省作为我国粮食输出最大、对国家粮食安全有重要影响的省份，抽样样本数多于其它各省，样本主要来源于5个地区和九三农垦局。吉林、辽宁、内蒙古每省区各抽取2～3个地市的样本。东北四省线上回收问卷519份，线下回收问卷202份，共计回收问卷721份。去除信息不全、回答自相矛盾的无效问卷32份，有效问卷共计689份，有效率为95.56%。样本来源见表6－1。②湖南省问卷调查。为了进一步调查稻谷2020年首次实施限量收购政策对市场的影响，作者除在东北四省进行调研外，还专门在湖南省进行了问卷调查等调研活动。之所以选择湖南省，是因为湖南是我国最大的稻谷生产省份，对全国稻谷和大米市场影响大。问卷发放的地区以稻谷主产区为主。问卷共计回收232份，其中线上回收问卷153份，线下回收问卷79份；去除无效问卷17份，有效问卷共计215份，有效率为92.67%。

**表 6-1　2020 年粮食生产者补贴制度农户调查样本分布情况**　单位：份

| 黑龙江省 | | | 内蒙古自治区 | | |
|---|---|---|---|---|---|
| 地区 | 样本分布 | 样本数 | 地区 | 样本分布 | 样本数 |
| 哈尔滨 | 五常 依兰<br>巴彦 木兰 | 79 | 呼伦贝尔 | 扎兰屯<br>海拉尔<br>额尔古纳<br>莫力达瓦 | 81 |
| 鸡西 | 滴道区 虎林<br>鸡东县 | 50 | | | |
| 齐齐哈尔 | 长发 克山<br>讷河 富裕县 | 41 | 呼和浩特 | 土左旗 武川县<br>和林格尔县 | 51 |
| 牡丹江 | 宁安市 | 30 | 赤峰 | 翁牛特旗<br>松山区 | 53 |
| 黑河 | 孙吴县 逊克县<br>五大连池 | 19 | | | |
| 九三管理局 | 尖山农场<br>宋军农场 | 13 | | | |
| 其它 | 勃利县<br>大同 林甸<br>明水 宝清 | 16 | | | |
| 合计 | | 248 | 合计 | | 185 |
| 辽宁省 | | | 吉林省 | | |
| 营口 | 盖州 | 71 | 吉林 | 永吉 桦甸 | 92 |
| 丹东 | 宽甸 爱阳<br>凤城 | 49 | 长春 | 榆树 双阳区 | 39 |
| | | | 松原 | 扶余 | 6 |
| 合计 | | 120 | 合计 | | 137 |

**表 6-2　2020 年湖南省稻谷目标价格补贴和限量收购制度农户调查样本分布情况**

单位：份

| 地区 | 样本分布 | 样本数 | 地区 | 样本分布 | 样本数 |
|---|---|---|---|---|---|
| 常德市 | 津市 安乡 | 59 | 长沙市 | 宁乡 浏阳 长沙县 | 32 |
| 邵阳市 | 绥宁 隆回 武冈 | 36 | 其他 | 怀化 郴州 永州 | 23 |
| 张家界 | 慈利县 | 60 | | | |
| 总计 | | 155 | | | 55 |

笔者之所以在问卷调查之外又进行深度访谈，其目的在于获取更多的信息，提高调查活动的有效性。首先，大学生调查员在发放问卷的同时，利用熟悉当地人情的优势，选择当地典型农户进行深度调研；其次，结合问卷调查的结果，由笔者选择各地典型农户、贸易商、协会、专家等进行电话深度访谈。深度访谈的对象部分来源于作者原有的调研渠道，部分来源于大学生、委托的调研员所推荐人选。笔者深度访谈的具体对象主要有：黑龙江省食品行业联盟、九三农垦局科协、九三麦豆研究所、黑龙江省孙吴大豆协会高级管理人员，以及其它各省贸易商、种粮大户、普通农户等。以下结合调研及宏观数据对粮食生产者补贴制度的实施效果进行评价。

## 一、粮食生产者补贴制度实施成效

### （一）结构调整成效明显

与大豆目标价格补贴政策仅关注大豆产量不同，粮食生产者补贴制度注重调节粮食品种结构，补贴和收入由不利于大豆生产改为有利于大豆生产，进而使农民生产各粮食品种特别是玉米和大豆能保持相对合理的收入，最终取得明显的结构调整成效。自 2017 年起，国家对大豆由目标价格补贴制度改为生产者补贴制度，不断加大对大豆的补贴力度。自国家出台的《大豆振兴计划实施方案》以及中美贸易摩擦、新冠肺炎疫情以来，国家对大豆生产的支持力度不断提高，总体来看，原来的补贴与收入有利于玉米而不利于大豆的局面开始改观，国家提出的“增加大豆、调减玉米”的结构调整目标开始实现。从问卷调查结果来看，当提问“每亩大豆的生产者补贴与玉米相比，您认为是否合理?”，有 46.99% 的农户选择“合理”，17.91% 的农户选择“稍微偏高”，7.05% 的农户选择“严重偏高”，选择“略微偏低”和“严重偏低”项的农户仅占 28.04%。

而针对另外一道题目“您认为种植大豆与种植玉米的收入（加上政府补贴后的纯收入）相比，是否偏高?”，选择“相同”的农户占 35.80%，选择“稍微偏高”的农户占 27.96%，选择“严重偏高”的农户占 5.33%，而选择“略微偏低”“严重偏低”的农户分别占 22.49%、

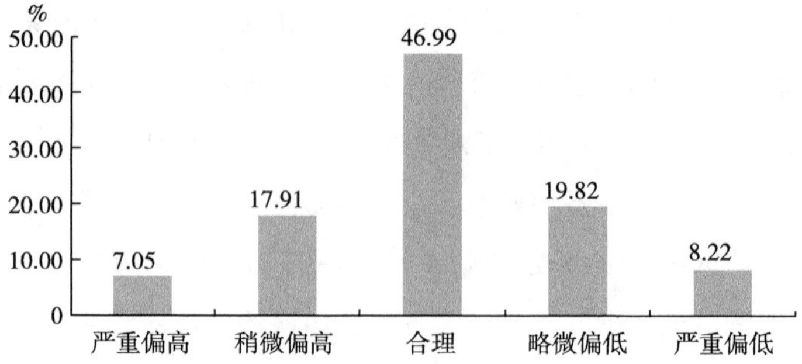


**图 6－4　每亩大豆的生产者补贴与玉米相比是否合理的评价**

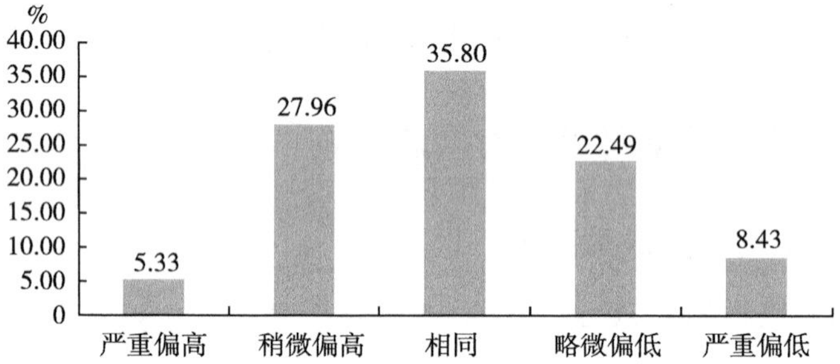


**图 6－5　种植大豆比种植玉米的收入（含政府补贴）是否偏高的评价**

8.43%。可见，当前的粮食生产者补贴已经由目标价格补贴阶段收入偏向玉米改为生产者补贴阶段收入偏向大豆。对于传统的东北大豆优势主产区的农户来讲，可以通过扩种大豆来获取更多补贴和收入，其自然会感觉到大豆补贴相较于玉米补贴更合理甚至偏高；而对于大豆生产不具有优势的农户来说，由于转产大豆的成本高，只有更高的大豆补贴才能弥补成本的增加，其自然希望获得更高的大豆补贴，所以就会感觉到大豆补贴及收入与玉米相比仍不合理或偏低。

通过在黑龙江省大豆主产区的调研发现，国家补贴向大豆倾斜，有利于使种植玉米与种植大豆保持较为相当的收入，改变了原来种植玉米收入高于大豆的现象。玉米高产，大豆低产，在不能保持合理比价的前提下，就必须增加对大豆的补贴，才能使大豆种植获得合理的收入。黑龙江省某种植规模高达 1.9 万亩的大户算了一笔账：大豆亩产仅为 300 斤，按价格 1.7 元/斤计算，亩收入仅为 510 元；当地玉米产量按亩产 1000 斤计算，亩收入可达 700 ~ 800 元。因此，大豆每亩补贴比玉米高 200 元较为合理。合理的补贴结构，必然会刺激大豆的生产。根据我们深度访谈得出，只要适合大豆生产和政策允许种植大豆的地区，都在不断扩大大豆种植面积，尽量多种大豆。东北地区大豆产量的增加，必然会减少玉米的生产，从而有利于实现国家提出的“增加大豆，调减玉米”的政策目标。

从省级及全国数据来看，自 2017 年国家实施大豆生产者补贴制度以来，大豆播种面积和产量双双出现恢复性增长，并接近历史最高水平。从大豆产量曲线来看，如图 6 – 6 所示，长期以来，我国的大豆产量是波动下降的，2015 年产量达到了历史最低点，2016 年有所回升，自 2017 年实施生产者补贴制度以来，大豆产量呈现出快速增长的趋势。据农业部专家预警委员会估计，2020 年大豆的产量为 1882 万吨，将比 2004 年的历史最高产量（1740 万吨）高 142 万吨。从东北三省和内蒙古自治区来看，大豆总产量同样出现恢复性增长，已接近历史最高值，其中尤以黑龙江省、内蒙古自治区恢复性增长最快，内蒙古的大豆产量 2017 年就超过了历史最高值。当然，影响大豆产量的因素很多，特别是 2018—2019 年的中美贸易摩擦，中国对来自美国这一主要出口大国的大豆加征关税，客观上也起到了刺激大豆生产的作用。

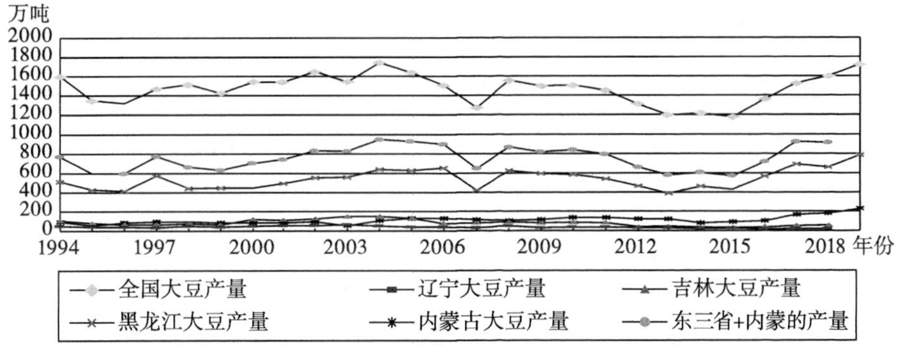


**图 6 – 6　1994—2019 年全国及东北地区大豆产量曲线**

资料来源：图 6 – 6、图 6 – 7 中 2017 年前的数据来自《中国农村统计年鉴》，2018—2019 年全国大豆产量及播种面积来自农业部专家预警委员会报告，2018 年各省区的数据来自各省区的年度统计公报，2018 年全国的稻谷、小麦、玉米的播种面积及产量数据来自年度国家统计公报。

农业供给侧结构性改革的目标主要有增加大豆和调减玉米，而从国家粮食安全角度来看，还要稳定口粮作物的生产。因此，粮食产量方面的目标为：大豆增产、玉米减产、口粮基本稳定。就全国谷物产量而言，如图6－7所示，长期以来我国玉米产量呈现出不断上涨的趋势，自2016年起才开始减少，2017年减少更快；稻谷、小麦产量自2017年起减产不大，基本保持稳定。

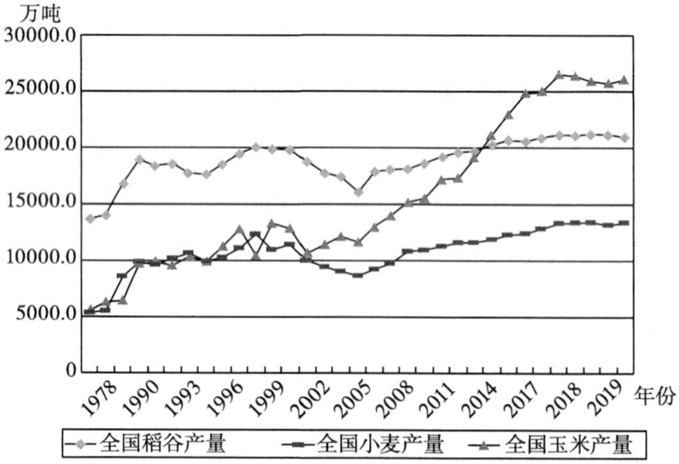


**图6－7　1978—2019年全国三种谷物产量曲线**

## （二）农民整体收入有所提高

根据政策调研的结果，政策改革之后，无论是由目标价格补贴制度还是由临时收储制度改为生产者补贴制度，政策实施区域农民的收入总体都有所提高。从图6－8、图6－9中，针对大豆、玉米实施生产者补贴制度后农民收入的变化可以看出，大多数农户认为制度改革后收入不变甚至增加，仅有少数农户认为收入降低，如仅有22.74%的农户认为玉米临时收储制度改为生产者补贴制度后收入降低，仅有17.92%的农户认为大豆由目标价格补贴改为生产者补贴后收入下降。

不同农户对补贴制度改革的受益不同。如对内蒙古呼和浩特市台阁牧镇某种植户调研得知，该户长年种植玉米，由临时收储政策改为生产者补贴制度后，玉米价格由原来的1.0元/斤下降为0.7～0.8元/斤，种植玉米

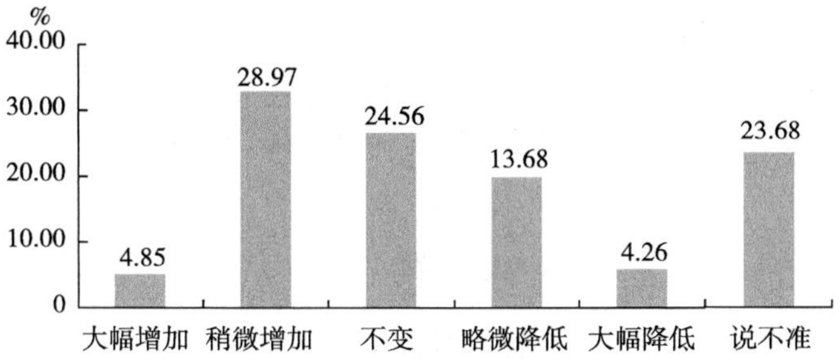


**图6-8 玉米由临时收储政策转为生产者补贴制度后每亩玉米的纯收入（含补贴）变化**

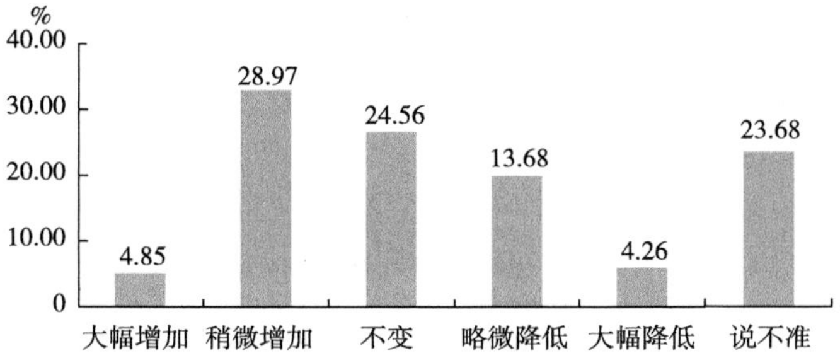


**图6-9 由目标价格补贴政策转为生产者补贴制度后每亩大豆的纯收入（含补贴）变化**

的收入由原来的1600元/大亩降为1200～1300元/大亩①，售粮收入降低了300～400元/大亩，但是政府对玉米的生产者补贴仅为73.5元/大亩，因此其收入总体是下降了。而有的农民则认为实施生产者补贴制度后其收入提高了，原因在于玉米技术的进步会弥补价格下降所带来的损失。如内蒙古土默特左旗某兼业农户指出，由于种子、肥料等技术进步，该地玉米产量由原来的1200斤/大亩提高到2000斤/大亩，这样即使实行临时收储制度时售价1元/斤，收入也不过1333元/亩，但是在实施生产者补贴制度后价格为0.7～0.8元/斤，加上政府补贴，其种植玉米收入比以前有所提高。由于国家对大豆的补贴力度高于玉米，如果种植玉米收益降低，农民是否可以转产大豆以获得更多补贴和收入呢？这要考虑各地区不同的生产情况。有的地区适合大豆生产，农户就可以增加大豆生产以获得更多的补贴和收入；相反，不能转产或扩产大豆的地区，农户就不能靠增产大豆来获

① 1大亩=1.5亩。

取更多的收入。

补贴对农民收入的提高是显而易见的。在笔者的调研中，很多农户反映如果没有政府补贴的话，粮食生产就会亏损。而现实是，我国有很多省份不能享受与东北四省农民一样多的补贴，有的省份甚至没有专门针对粮食的补贴，导致该区域农民收入下降。

## （三）粮食生产积极性较为稳定

根据我们对问卷调查的统计结果，农民种植粮食积极性还是较高的，其有意向保持或增加粮食的种植面积。

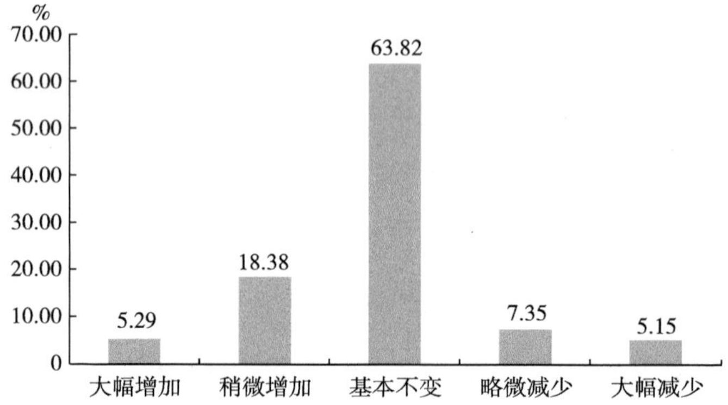


**图 6－10　农户明年大豆与玉米的种植总面积调整意向**

如对东北农户提问“明年您是否会增加大豆与玉米的种植总面积?”选择“略微减少”“大幅减少”的农户合计仅占 12. 50%，87. 49% 的农户选择“基本不变”“稍微增加”或“大幅增加”。

而对农户提问“由于国家补贴与收购政策的变化，从 2021 年起，您是否会减少稻谷的种植面积?”选择“稍微减少”的农户占 21. 27%，选择“大幅减少”的农户占 7. 09%，而选择“不变”“略微增加”“大幅增加”的农户共占 71. 64%，可见稻谷的生产积极性还较高。

因此，从总体来看，粮食生产者补贴制度下农民生产的积极性较高。而针对粮食生产者补贴与临时收储、大豆目标价格补贴制度偏好的比较也显示，如图 6－12 所示，55. 90% 的农户更偏好大豆生产者补贴制度，仅有 18. 44% 的农户偏好目标价格补贴制度；如图 6－13 所示，60. 80% 的农户

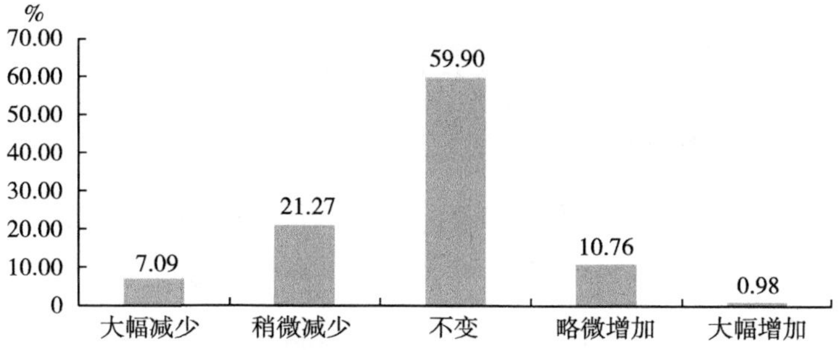


**图 6－11 2021 年起稻谷的种植面积种植意向**

偏好玉米生产者补贴制度，19.38%的农户偏好玉米临时收储制度。可见，粮食生产者补贴制度广受农户欢迎。

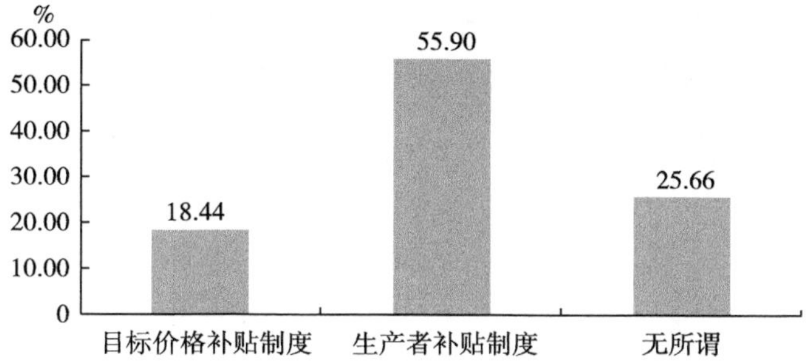


**图 6－12 农户对大豆目标价格补贴制度偏好与生产者补贴制度偏好**

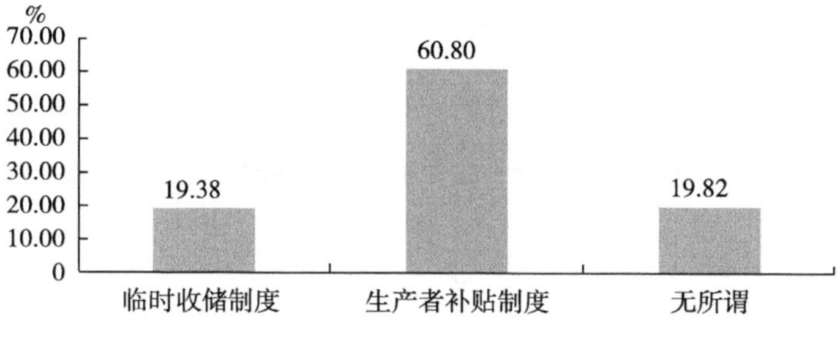


**图 6－13 农户对玉米临时收储制度偏好与生产者补贴制度偏好**

农民之所以欢迎粮食生产者补贴制度，是因为生产者补贴操作流程优化，特别是生产者补贴是当年发放，而且补贴力度大、农民收入提高。相比之下，目标价格补贴是次年发放，这对于资金需求大的种粮大户来讲，其显然更希望较早获得补贴，弥补资金短缺的约束。

## 二、粮食生产者补贴制度存在的问题

### （一）粮食市场价格波动明显增大

实施生产者补贴、取消临时收储等稳定价格的制度后，价格由市场供求形成，市场价格波动风险明显加大。无论是大豆还是玉米都有这样的特征，而且金融资本介入期货市场，通过期货价格来引导现货价格。从调研结果来看，生产者明显感觉到价格波动性加大的现象。如图 6-14 所示，大豆取消目标价格补贴实行生产者补贴后，有 39.44% 的农户认为市场价格变化比较大或非常大，仅有 10.12% 的农户认为价格变化比较小或很稳定。当然，大豆市场价格波动的加大，与实施生产者补贴制度没有直接关系，因为目标价格补贴阶段的市场价格就由供求形成，其它外部因素如中美贸易摩擦、新冠肺炎疫情等因素刺激了大豆价格的提高。以大豆为例，2019 年大豆由上市时价格的 1.7 元/斤，增长到 2020 年 6 月的 2.7 元/斤，出现了史无前例的高价。

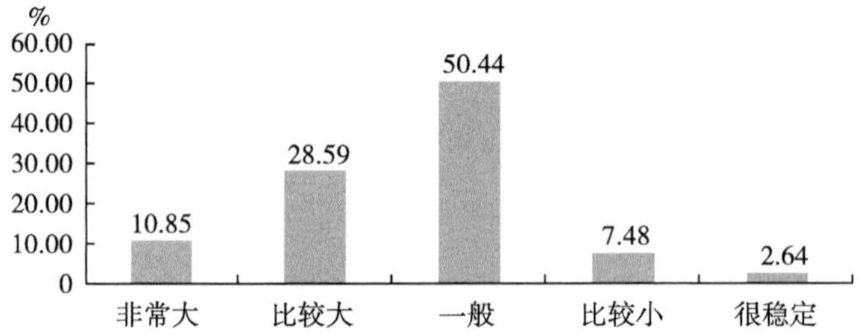


**图 6-14　大豆实行生产者补贴和市场化收购制度后市场价格波动程度**

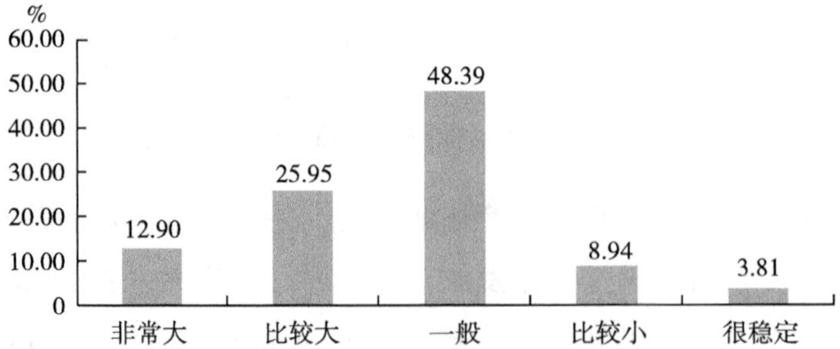


**图 6-15　玉米实行生产者补贴和市场化收购制度后市场价格波动程度**

玉米市场价格波动与实施生产者补贴制度有密切关系，因为市场价格由原来的临时收储价格决定变为由市场供求形成了。玉米自实施生产者补贴制度以来，价格曾跌至低谷，政府被迫在宣布废除临时收储制度后再次实施了一次临时收储。不过，有的农户或粮食收购商认为价格波动虽然加大，但也是有限的。根据内蒙古赤峰市某粮食种植兼贸易大户的解释，当市场粮食价格过高时，政府就会拍卖原来储备的政策性粮食，促使价格回落；当市场粮食价格过低时，政府会鼓励央企入市收购，促使价格提升。这样，政府就可以控制价格的波动范围，避免过高价或过低价的出现。

### （二）补贴成为影响生产的新政策

实行粮食生产者补贴制度后，玉米、大豆等粮食价格由供求形成，并引导生产，因此临时收储的支持价格制度转变为市场化收购的价格自由形成机制，必然意味着市场对资源配置的作用加强，但这是否就说明政府放弃了对价格的直接干预后，就完全没有再干预或扭曲粮食市场了呢？从现实来看，是补贴在引导农民的生产，农民根据补贴及边际利润的高低来决定粮食各品种的播种面积和生产规模，这样补贴就取代了原来的支持价格成为影响粮食生产的政策性因素。而对稻谷而言，由“最低收购价 + 生产者补贴”决定的边际收益及利润就成为引导稻谷的播种面积和生产规模的重要因素。在调研中发现，农户根据补贴来决定其种植结构，哪种作物补贴后的收入高，就多种哪种作物，补贴成为引导粮食生产的新要素。补贴对粮食生产的引导作用，与原来的临时收储、最低收购价制度对粮食产量的影响是一致的。从这个意义上来说，补贴成为影响生产的新政策。

### （三）粮食轮作的自然制度仍难恢复

由于补贴对粮食生产的影响大，导致农户特别是租地农户直接根据当前的利润来决定其种植结构，最终的结果就是放弃了农业生产轮作规律。当玉米实行临时收储制度，其生产利润高于大豆时，农民就连年种植玉米，减少大豆；当国家对大豆进行补贴，使生产大豆的利润高于玉米时，农民就会连年生产大豆，减少玉米。这样，作物轮作就不能正常进行，从长远来看，必然会降低耕地的地力，影响农业的可持续发展。当前，东北的黑土地正在变薄就是明证。根据黑龙江省某市大豆协会的解释，当大豆在同一地块连续种植 2 年，重茬对产量会有一定的消极影响，如大豆品质差、不完善粒增多、产量降低，但是总体来看不太严重。当大豆在同一地块连续种植 4 ~ 5 年，重茬现象将变得突出，减产较为严重。而根据某种植大户的解释，即使大豆单产因重茬降低，但是只要补贴后的收入仍大于种植其他作物，农民就会选择继续种植大豆而不轮作。在实践中，除国有农场仍然执行作物轮作制度外，其他经营主体基本忽视这一制度，根据当期作物种植的补贴和收入来决定种植结构，总体来看，作物轮作的自然制度难以恢复。

### （四）地租与补贴的联动性仍然存在

地租是影响粮食生产成本进而影响粮食生产规模的重要因素。在作者的先期调研中，我们发现了地租与补贴之间联动的规律性。实行生产者补贴制度后，这一联动性是否就会消除呢？根本不可能。因为无论是实施目标价格补贴制度还是临时收储制度，抑或生产者补贴制度，都由政府对农业生产者进行直接或间接补贴，进而提高了农业生产者收入。农业生产者收入的提高，会扩大对土地流转的需求，必然会拉动地租的提高。通过对黑龙江省五常市某种粮大户等的深度访谈得知，当国家补贴增加，地主①就会借机要求提高地租。地租上涨已成为正常现象，甚至如果农民连续 2 年增产增收，地主也会要求提高地租。由于大豆补贴增加，黑龙江省的地租由原来的 4000 ~ 5000 元/公顷，增加到 6500 ~ 7000 元/公顷。当然，如果补贴少，土地需求较小，地租也会相应下降。在实践中，还有的地主虽然不要求直接提高地租，但是要求与种植者对半分享国家给予种植者的补贴，这其实与提高地租的作用是一致的，这意味着国家对种植者的补贴隐性地流向了地主。对于补贴流向地主这一现象，有的人认为这是合理的，其理由为地主也是普通农民，农民收入低也需要国家补贴。

### （五）粮食生产向政策实施区域集中而其他优势区域生产增长乏力

以大豆为例，东北四省大豆产量占全国的比重，如图 6 – 16 所示，

① 地主是东北地区对耕地出租方的俗称。

1998—2007 年呈现波动上升趋势，2008—2014 年又呈现波动下降趋势，2015—2017 年再次呈现上升趋势，其中 2017 年大豆占全国的产量比重高达 60.3%，超过了历史最高年份。这说明，国家对东北地区大豆实施的倾斜性补贴政策，促使生产向东北地区集中，这虽然有利于东北地区大豆生产，但是不利于其它优势产区的大豆生产。实际上，位于黄淮海地区的山东、河南、河北、安徽等省也是大豆生产大省，有些省份的大豆产量甚至会高于吉林、辽宁。我国出台的大豆产业振兴计划，不仅要求振兴东北地区的大豆生产，还要求振兴黄淮海地区的大豆生产，这必然要求对黄淮海地区的大豆生产实施与东北地区同等程度的补贴。但是，农业部出台的《大豆振兴计划实施方案》，规定仅在东北地区实施大豆生产者补贴，而在黄淮海地区实施临时性的大豆轮作补贴。可见，如果补贴继续向东北地区倾斜的话，其他产区的产量必然会降低。

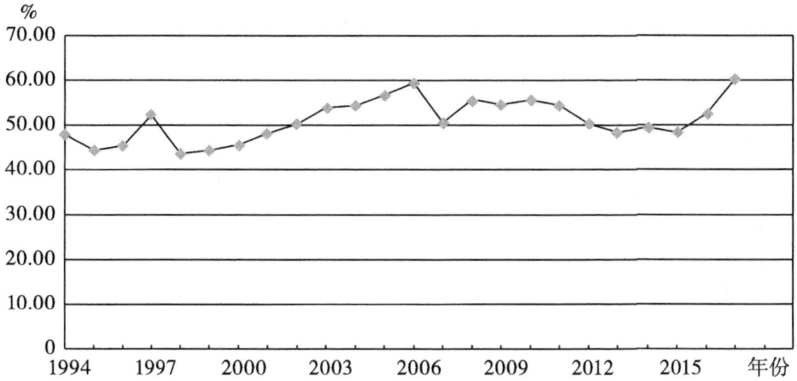


**图 6-16 1994—2017 年东北三省和内蒙古自治区大豆产量占全国比重曲线**

## 三、稻谷限量收购政策的影响调查

### （一）当前影响

自 2020 年起，我国首次对小麦、稻谷实施限量收购政策。该政策规定，收购量根据历年收购量决定。这是否意味着我国的稻谷、小麦会出现新的卖难问题呢？根据对稻谷的调查结果发现，市场对这一政策改革反应平淡。根据东北四省与湖南省的问卷调查，“非常担心”和“比较担心”卖难的农户占36.23%，63.75%的农户反映“一般”“比较不担心”“完全不担心”卖难问题。其具体情况如下：第一种，不担心卖难农户主要有三类。①自给农户。作为广大的普通农户，稻谷生产以自给为主，对政策改革反应很平淡，所以不担心卖难问题。②稻谷生产成本和销售价格高的地区的农户。如对吉林省永吉县种粮大户的访谈发现，该地稻谷生产成本高，稻谷销售价格高于国家收购价，所以他们并不将粮食以最低收购价卖给国家粮库，因此国家收购量的多少对其无影响。③资金充足和有储备能力的农户。如果稻谷滞销，则可以储存起来，待市场行情好时再择机出售。第二种，担心卖难的农户，主要是粮食生产成本较低，依靠向国家粮库销售粮食的生产大户。如湖南省浏阳县某种植大户，其种植水稻200亩，这在当地算是较大规模，由于其生产出来的稻谷主要面向国家粮库和当地米厂销售，因此担心限量收购会使米厂借机压价。根据问卷调查发现，如图6－18所示，31.83%的农户会急于在稻谷收获后卖掉。

可以预期，2020年的首次稻谷限购政策，对粮食市场的影响并不会太大，特别是当前正值新冠肺炎疫情期，全球粮食价格上涨，国家也采取了刺激稻谷生产政策，所以市场预期良好。而且，即使出现了农户集中售粮现象，只要国有粮食企业一直在市收购，也会较好地稳定住稻谷价格。在这方面，玉米实行市场化收购稳定价格的经验可以借鉴。

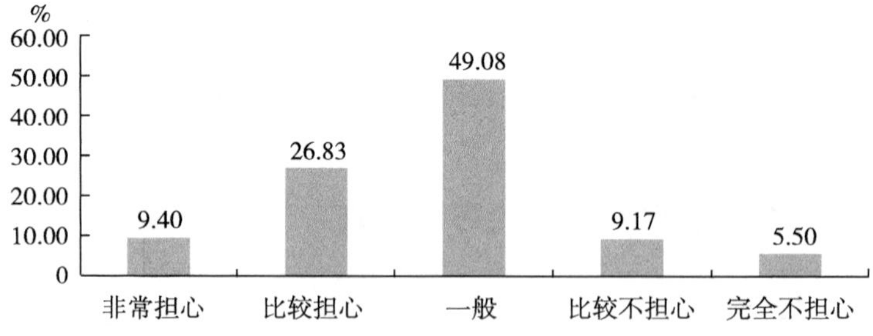


**图6－17　农户对国家限量收购稻谷担心卖难的比例**

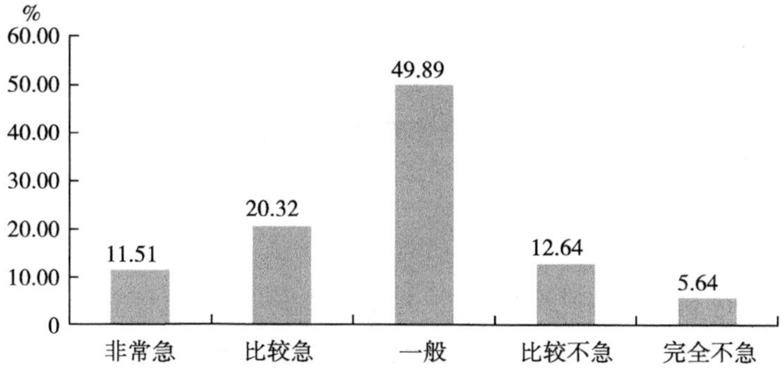


**图 6－18　农户收获后急于卖掉稻谷的比例**

### （二）长远影响

限定稻谷收购量，这是适应 WTO 裁决报告而提出的关于粮食收储制度的重要改革举措。从长远来看，只要处理得当，其对市场的影响相对较小。其原因在于：①限定收购量政策与之前的政策都是收购市场中的一部分稻谷，而且国家限定的收购量由前几年的收购量决定，这意味着限定的收购量为潜在收购量，因此实际收购量并不会减少；②限量收购政策实施的制约因素主要为市场预期，如果农户预期价格下跌，自然就会急于出售，形成卖难现象。但从全国来看，稻谷生产增长缓慢，稻谷增产难，因此未来预期稻谷价格会上涨。通过深度访谈得知，在东北地区，稻谷生产与玉米、大豆相比，机械化程度相对较低，生产投入相对较大，所以有部分农民减少或退出了稻谷生产。种植水稻需要灌水，插秧耗时长，而且生长期间要不断关注其生长情况，后期稻谷成熟前还要将稻田里的水放掉，所以农户感觉种植水稻很累，不如种植玉米等旱田作物省工省时，即使种植水稻的收入较高，也会降低其种植意向。所以，稻谷生产处于相对劣势的地区或农户退出稻谷生产，而稻谷生产的优势区域如南方一些省份，受工业发展较快，农业比较优势下降的影响，增产也较慢，最终会导致稻谷价格预期上涨。这意味着，从长远来看，由市场预期决定稻谷的限量收购并不会造成严重的卖难问题。

## 四、粮食生产者补贴与目标价格补贴成效比较

2014—2016年国家对大豆试点粮食目标价格补贴政策，但这一政策似乎没有达到理想的预期效果，特别是大豆产量没有实现恢复性增长，国内外价差依然较大。而粮食生产者补贴制度自实施以来似乎成效显著，如玉米国内价格下降至有国际竞争力、粮食结构不断优化等，从表面来看，粮食生产者补贴制度肯定优于目标价格补贴政策。对此，我们必须客观分析。

### （一）这是改革的范围不同所致

粮食目标价格补贴制度仅对大豆进行试点，而粮食生产者补贴制度在主要粮食品种都进行推行。仅对大豆品种实行目标价格补贴制度，是受大豆市场的高度开放性等因素影响，政策难以取得预期效果。作为自由贸易程度最大的主粮品种，大豆的价格由国际市场决定而非由国内市场决定，而且国产大豆是两种产品、两个市场，所以国内外价差难以有效缩小。同时，大豆在国家粮食安全战略中的地位要弱于玉米、小麦、稻谷，在实行大豆目标价格补贴政策期间，国家仍然执行对玉米生产有利的政策，大豆的目标价格水平较低，因此产量提升有限。但是，在粮食生产者补贴阶段则不然，国家统筹调节各粮食品种间的关系，根据农业供给侧结构性改革提出的“增加大豆、调减玉米”的要求，特别是在中美贸易摩擦期间以及新冠肺炎疫情期间，采取了补贴向大豆倾斜的政策，自然就极大地刺激到了大豆产量的增长。玉米之所以在实施生产者补贴制度后，国内外价差就大幅度缩小，其根本原因在于玉米受到关税配额的保护，国内储备占全球份额高。玉米价差缩小快而大豆价差缩小慢的原因，不在于生产者补贴政策与目标价格补贴政策的差异，而是这两种粮食产品的贸易自由化程度和在国内的定价权不同所致。

### （二）粮食生产者补贴政策依然面临重大挑战

在粮食目标价格补贴政策试点阶段存在的如补贴拉动地租增长等问题，到生产者补贴阶段依然存在。而且在粮食生产者补贴阶段，又出现了

新问题，如价格波动产生的收入波动等。尤为突出的是，粮食生产者补贴阶段面临的国际约束不容忽视。受遵守 WTO 专家组报告及《中美经贸协议》的影响，中国既要改革小麦、稻谷的收储制度，实行限量收购，又要扩大美国农产品市场准入，从而使中国粮食生产者补贴制度的实施面临较大的国际压力。

# 第七章　粮食生产者补贴制度的国际比较与机制设计

为适应粮食市场化改革的需要，中国粮食补贴制度的改革必将进入一个新的阶段。这必然要求中国借鉴国际经验，加强理论基础研究，从而设计粮食补贴机制。本章内容分两大部分：第一部分，对中美两国的粮食补贴制度进行国际比较；第二部分，我国粮食生产者补贴制度的机制设计。该部分的研究从政策目标、理论基础再到机制设计，层层展开。

## 第一节　粮食生产者补贴制度的国际比较

美国作为世界上农业最发达的国家，其对生产者补贴的历史较早，从20世纪70年代开始，先后经历了差价补贴、生产灵活性合同、直接与反周期补贴、价格损失保险等阶段。我国从加入WTO开始，经历了直接补贴阶段、目标价格补贴试点阶段、生产者补贴阶段。以下对中美两国的粮食补贴制度进行比较。

### 一、粮食补贴政策目标比较

中美粮食补贴政策目标的相同之处在于：降低粮食市场价格、提高农业国际竞争力、稳定粮食产量以及提高农民收入都是其基本政策目标。其不同之处在于两点。①根本目标与地位不同。中国作为世界上最大的粮食进口国，希望通过补贴提高产量和粮食自给率，减少对国际市场的依赖，实现国家粮食安全。中国的粮食净进口量，从加入WTO的837.0万吨，增长到 2017 年的 12763. 9 万吨，增长了 14. 2 倍。美国作为世界上最大的粮食出口国，希望通过补贴来提高本国粮食的国际竞争力，扩大粮食出口，维护其在国际粮食市场中的主导地位，并换取外汇和争取战略利益[①]。一方面，粮食等农产品出口是美国保持顺差的三大产业之一，粮食出口对于维持美国外汇平衡至关重要，如 2016—2017 年，美国农产品贸易顺差分别高达 166 亿美元、213 亿美元；另一方面，粮食的政治属性和经济属性决定，维持美国的粮食出口国地位，可以使美国在国际政治中保持优势，提升其在国际事务中的主导权。②提高农民收入的目标有差异。美国是高收入国家，中国是中等收入国家，2016 年中国人均国民总收入仅为美国的 14. 7%。根据速水佑次郎的三种农业问题的理论[②]，美国作为高收入国家，面临的是农业调整问题，要加大政府补贴，使农民获得与从事其它行业相同的收入水平。中国作为中等收入国家，面临的是贫困问题，一方面要通过补贴缩小农民与其他行业的收入差距；另一方面粮食仍然是一种公共品，要保持较低的粮价以促进工业、服务业及国民收入水平的提高。因此，美国同中国相比，其提高农民收入水平的政策目标更高。

## 二、粮食补贴约束条件比较

中美粮食补贴约束条件的相同之处有两点：①粮食补贴是《WTO 农业协议》农业国内支持的重要内容，各国的补贴总量、补贴结构和补贴方式都要受到制约。②国际约束是推动各国政策改革的重要动因。就美国而言，《2014 年农业法案》取消了直接补贴，其重要原因之一就是美国在巴西向 WTO 起诉其棉花直接补贴案中败诉。就中国而言，2014 年开始的粮食补贴政策改革，其重要原因之一就是应对国际冲击及适用 WTO 规则的需要。

中美粮食补贴约束条件的不同之处在于：美国作为发达国家，其是 WTO《农业协议》的制定者和主导者，不仅可以享受比中国更为有利的补

---

① 肖琼琪，王文涛．粮食补贴政策的中美比较、效应评价及我国补贴建议[J]．湖南科技大学学报（社会科学版），2019（4）．

② [日]速水佑次郎，神门善久．农业经济论[M]．北京：中国农业出版社，2002.

贴政策[①]，而且其规避 WTO 补贴约束的能力更强。①美国承诺的 TAMS 的约束水平大于中国。美国的 TAMS 约束水平为 191 亿美元，而中国的 TAMS 约束水平为零。这意味着，中国只能对稻谷、小麦等特定农产品实施微量允许补贴[②]，否则该特定农产品的 AMS 将计入 TAMS 使 TAMS 大于零；而美国可在微量允许（5%）之外对多种农产品实施补贴，只要计入 TAMS 的特定农产品的补贴总额不超过 191 亿美元即可。②中国使用 MPS 政策的范围大于美国，而 MPS 存在高估现象。实施 MPS 的农产品种类，2016 年美国只有 1 种，其中粮食 0 种；而中国有 10 种，其中粮食有 4 种。③美国创新补贴工具来规避 WTO 约束的能力更强。如美国在巴西起诉其高地棉补贴案败诉后，创新性地使用保险补贴，把给保险公司的经营管理费用补贴和亏损补偿按“绿箱”补贴通报，再保险支持不向 WTO 通报，从而把本质上的“黄箱”补贴转为“绿箱”补贴通报[③]。而中国所用的都是国际通用的补贴工具，通报方法虽然仍有一定争议，但是其基本规则已经形成。

## 三、粮食补贴本质特征比较

中美粮食补贴的本质特征相同，都是目标价格补贴，具有价补分离的特征。美国从 1973—2012 年农业法案实施的各种粮食补贴，毫无疑问都是目标价格补贴。2014 年实施的价格损失保险计划，用参考价格代替了目标价格，但是参考价格与目标价格的本质是相同的，因为市场价格低于参考价格就会有政府补贴，这与目标价格补贴的启动条件相同。我国实施的直接补贴及生产者补贴与目标价格补贴虽然名称不同，但是这些补贴实质上都是目标价格补贴[④]。其原因如下：

---

① 江虹.《WTO 农业协定》对发展中国家粮食安全的影响[J]. 江西社会科学,2011(9).

② 黄箱补贴总量包括 TAMS 和微量允许两部分。

③ 齐皓天,徐雪高,朱满德,等. 农业保险补贴如何规避 WTO 规则约束：美国做法及启示[J]. 农业经济问题,2017(7).

④ 王文涛,张美玲. 我国粮食生产者补贴制度的历史渊源、理论基础及改革方向[J]. 农村经济,2019(2).

1. 生产者补贴、直接补贴与目标价格补贴并无本质差异

生产者补贴显然是对农民的直接补贴，直接补贴也是补贴给生产者。目标价格补贴与生产者补贴相比，其不同之处在于：一是发放时间不同，前者是次年发放，后者是当年发放；二是玉米生产者补贴是玉米限产计划下的补贴，大豆目标价格补贴具有提高产量的政策目标。

2. 目标价格及目标价格补贴的本质概念

目前，理论界对目标价格的概念尚未取得一致。美国历次的农业法案中将“目标价格”定义为用来计算生产者得到的差价补贴或反周期补贴的工具。从提高我国政策操作性的角度出发，对目标价格及目标价格补贴概念的认识要把握以下两点：①目标价格就是与基期播种面积或实际播种面积挂钩的农户生产粮食的边际收益或平均收益；②所谓目标价格补贴，就是农民由目标价格决定的，政府不干预市场下的农产品价格之外的补贴总和。也就是说，市场价格+粮食单位补贴=目标价格，即“价+补”最终要等于目标价格。国家对临时收储制度及最低收购价制度的改革，其实质是把因市场价格降低农民减少的收入损失，转为生产者补贴或直接补贴，市场价格与生产者补贴或直接补贴之和仍然等于原来的支持价格或平均收益，即目标价格。

## 四、粮食补贴政策结构比较

当前我国粮食补贴结构为“价格支持补贴+耕地地力补贴+生产者补贴”，其中价格支持补贴与粮食生产量（或销售量）挂钩，耕地地力补贴与粮食实际播种面积脱钩，生产者补贴与粮食播种面积挂钩，这种补贴结构类似美国的直接与反周期补贴制度，即耕地地力补贴、生产者补贴分别类似直接补贴和反周期补贴，而且保留了支持价格制度。当然，对玉米、大豆而言，由于取消了市场价格支持，因此市场价格支持补贴为零。中美粮食补贴政策结构的不同之处在于以下两点：①支持价格补贴的形式不同。美国的支持价格以无追索贷款为主，具有融资功能；而中国的支持价格补贴就是传统的托市收购，农民卖掉粮食才可以获得收入。②生产者补

贴的计算方法与反周期补贴不同。以玉米为例，生产者补贴为中央政府对各省确定总量，三年不变，然后由各省根据本省的总播种面积计算得出本省单位面积补贴额，再根据各个农户的实际播种面积得出农户的补贴总量；反周期补贴则是根据目标价格与有效价格之差，得出单位产量的反周期补贴率，再根据各农户的基期面积得出农户的反周期补贴总额。其中，有效价格为直接补贴率加上市场价格与无追索贷款率中的最大值。因此，反周期补贴不是每年都启动，而生产者补贴是年年启动。

## 五、粮食补贴领取条件比较

中美粮食补贴领取条件不同。中国对补贴的领取基本上是普惠制。如生产者补贴，其领取条件主要是在合法的耕地面积上生产；对于耕地地力补贴，其领取条件主要是耕地不抛荒。美国对补贴的领取则不是普惠制的。政府要与农民签订合同，农民达到合同约定的条件，才可以领取到补贴。如反周期补贴的领取适用的条件是：满足积极从事农业生产的要求，遵守灵活种植性合同，从事农业及相关活动，如控制杂草等。

## 六、粮食补贴规模与结构比较

### （一）粮食补贴规模比较

就中美两国而言，农业国内支持总水平[①]、“绿箱”补贴均呈现增长性特征，如图 7－1、图 7－2 所示。1995—2016 年，中国农业国内支持总水平、“绿箱”补贴均持续增长，美国的农业国内支持总水平、“绿箱”补贴在 2013 年前均呈现出增长趋势，但是自此之后却呈现下降趋势。就“黄箱”补贴而言，1996—2006 年中国一直为负值，自 2007 年起转为正值并持续增长，直到 2016 年由于实施属于“蓝箱”补贴的玉米生产者补贴制度，才首次出现下降；美国的“黄箱”补贴一直为正值，1995—2000 年呈现出增长特征，2001—2006 年呈现出下降特征，2007—2016 年虽然有波动但是很平稳。

① 农业国内支持总水平是“绿箱”补贴、“黄箱”补贴和“蓝箱”补贴之和。美国仅 1995 年农业国内支持通报中有“蓝箱”，我国在 2016 年的通报中首次使用“蓝箱”。

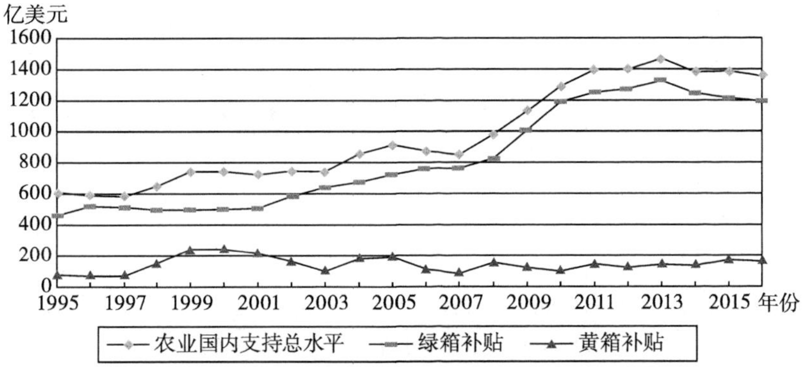


**图 7－1　1995—2016 年美国"黄箱"补贴、"绿箱"补贴及农业国内支持总水平变化趋势**

数据来源：1995—2013 年数据来源于刘超：《美国农业国内支持与 WTO 规则一致性分析》，《世界农业》2017 年第 1 期，第 6 页；2014—2016 年数据来源：美国向 WTO 农业国内支持通报（G/AG/N/USA/109，G/AG/N/USA/121，G/AG/N/USA/123）.

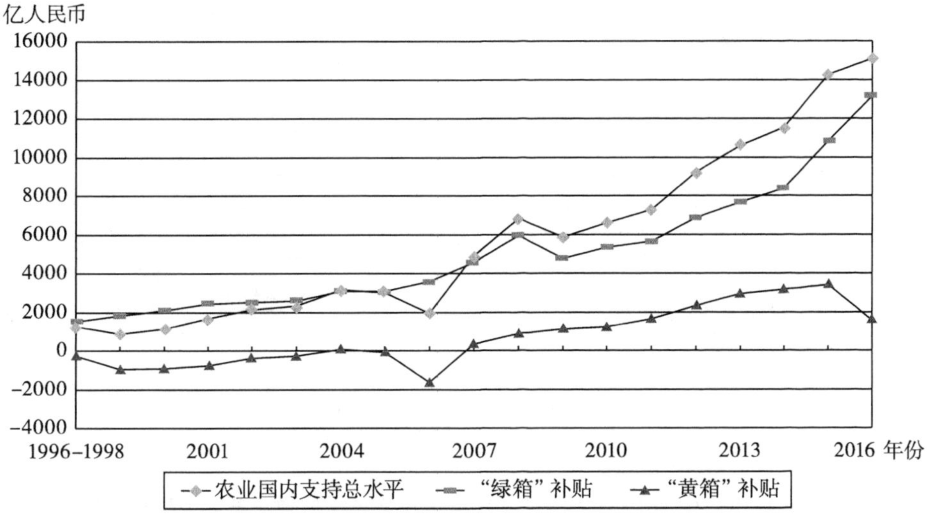


**图 7－2　1996—2016 年中国农业"黄箱"补贴、"绿箱"补贴及国内支持总水平变化趋势**

数据来源：中国向 WTO 的历年农业国内支持通报。

就四种粮食（稻谷、小麦、玉米和大豆）的"黄箱"补贴而言，如图 7－3所示，2008—2016 年中国呈现出波动上升的趋势，自 2016 年才开始出现下降；美国虽然有波动但是波动不大，而且近年来又呈现出下降趋势。

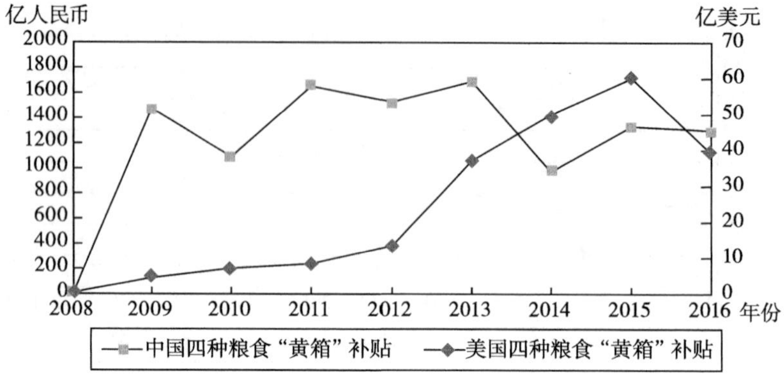


**图 7－3　2008—2016 年中美两国四种粮食“黄箱”补贴总量**

## （二）粮食补贴结构比较

（1）国内支持总水平占农业总产值比例，如图 7－4 所示，美国长期以来在 35% 左右，中国在 10% 左右，虽然从 2011 年开始呈现增长趋势，但是也在 15% 以下。

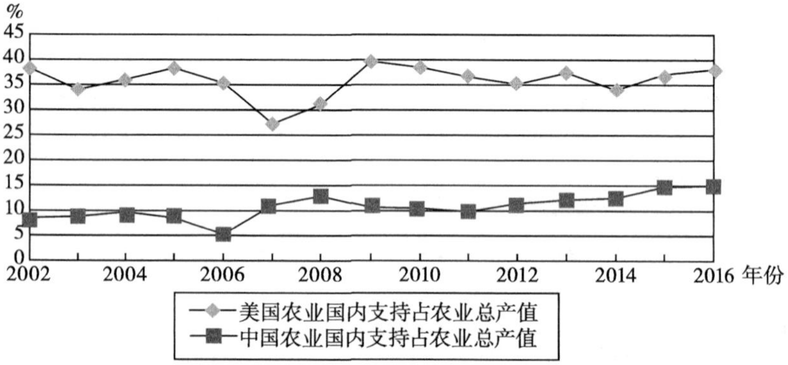


**图 7－4　2002—2016 年中美两国农业国内支持占农业总产值的比重曲线**

数据来源：根据 WTO 网站中美两国向 WTO 通报的农业国内支持数据计算得出。

（2）“绿箱”补贴占农业国内支持总水平的比重：2008—2016 年中国为 72.2%～87.1%，美国为 87.6%～91.3%，除 2008 年外，美国都高于中国。

（3）“黄箱”补贴占农业国内支持总水平的比重：2011—2016 年中国为 18.7%～27.7%，美国为 8.7%～12.4%，除 2008 年和 2016 年外，美国都低于中国。

（4）非特定农产品补贴占农业总产值的比重：2008—2016 年美国大部分年份要高于中国，中国仅有 4 年高于美国。[①]

（5）四种粮食“黄箱”补贴占农产品“黄箱”补贴的比重：美国呈现出波动下降趋势，从 2009 年的 42.57% 下降到 2016 年的 28.37%；中国则呈现出上升趋势，从 2008 年的 1.52% 增长到 2016 年的 72.27%，且自 2014 年以来这一比中国一直高于美国。

**表 7－1　中美两国补贴比例对比**　　%

| 年份 | 非特定农产品补贴占农业总产值比重 | | “黄箱”补贴占国内支持总水平比重 | | “绿箱”补贴占国内支持总水平比重 | | 四种粮食“黄箱”补贴占农产品“黄箱”补贴的比重 | |
|---|---|---|---|---|---|---|---|---|
| | 美国 | 中国 | 美国 | 中国 | 美国 | 中国 | 美国 | 中国 |
| 2008 | 1.13 | 1.49 | 15.92 | 13.06 | 84.08 | 86.94 | 0.22 | 1.52 |
| 2009 | 2.34 | 1.63 | 10.74 | 18.53 | 89.26 | 81.47 | 42.57 | 11.85 |
| 2010 | 1.61 | 1.55 | 7.75 | 18.71 | 92.25 | 81.29 | 38.15 | 16.52 |
| 2011 | 2.42 | 1.41 | 10.30 | 22.47 | 89.70 | 77.53 | 40.25 | 14.70 |
| 2012 | 0.08 | 1.64 | 8.69 | 25.38 | 91.31 | 74.62 | 44.17 | 16.49 |
| 2013 | 0.07 | 1.53 | 9.72 | 27.78 | 90.28 | 72.22 | 41.51 | 35.97 |
| 2014 | 1.36 | 1.46 | 9.84 | 27.53 | 90.16 | 72.47 | 25.01 | 44.96 |
| 2015 | 2.19 | 1.39 | 12.39 | 23.89 | 87.61 | 76.11 | 27.17 | 50.49 |
| 2016 | 2.08 | 0.26 | 11.83 | 10.27 | 88.17 | 87.14 | 28.37 | 72.27 |

## 第二节　粮食生产者补贴制度的机制设计

### 一、约束条件

我国粮食生产者补贴制度既要考虑外部约束条件，又要考虑内部约束条件。外部约束条件是指 WTO 对我国“黄箱”补贴的约束，以及外国粮

① 肖琼琪，王文涛．粮食补贴政策的中美比较、效应评价及我国补贴建议[J]．湖南科技大学学报（社会科学版），2019（4）．

食进口对我国粮食市场的影响进而对补贴的影响；内部约束条件就是指财政约束，既要考虑提高补贴效率，又要降低补贴成本。当然，就我国财政而言，粮食财政支出不是矛盾的主要方面。当前我国的约束条件，主要为如何使“黄箱”补贴而不突破约束，减少国际摩擦。从制度改革来看，我国根据 WTO 专家组报告的要求，在 2020 年首次对稻谷、小麦实施限量收购。我国粮食生产者补贴制度的实施，必然也要关注“黄箱”补贴控制的问题。因此，“黄箱”补贴约束不突破仍将是我国较长一段时间内面临的突出问题。

## 二、政策目标

### （一）应对国际冲击

在世界经济一体化不断加深，特别是中国高水平开放的背景下，如何应对国际粮食市场对中国粮食市场的冲击，是我国农业政策特别是粮食生产者补贴制度的重要目标之一。随着我国工业化城镇化的发展，出现了劳动力成本上升进而粮食生产成本快速上升的现象，国内外粮食价格严重倒挂，而我国粮食进口的关税和非关税壁垒又低，特别是《中美第一阶段经贸协议》的签署更方便了美国农产品进入中国市场。我国为实现粮食进口多元化以确保本国粮食进口来源的稳定，也进一步扩大了国外粮食等农产品的准入。因此，粮食补贴政策的目标之一，是要防止国外农产品的大量进口对本国粮食市场造成大的冲击。

### （二）稳定粮食产量

稳定粮食产量，保障国家粮食安全，是基本政策目标之一。我国已经确定了“口粮绝对安全，谷物基本自给”的国家粮食安全战略，其中口粮就是指稻谷、小麦这两个品种，在 2019 年中央一号文件中将口粮作为必保品种。“中国人的饭碗主要装中国粮”，无论政策如何设计，这一政策目标都是不可动摇的。这是我国粮食安全的战略底线。2020 年新冠肺炎疫情更凸显了稳定国内粮食产量的必要性。新冠肺炎疫情对全球粮食生产和贸易造成了消极影响，有部分国家出台了限制出口的禁令，国际社会预期粮价上涨甚至会形成粮食危机。但是，由于中国粮食储备充足，没有参与限制粮食出口，甚至鼓励粮食借机出口，所以国际粮食价格开始回落，国际粮食市场才得以稳定。通过这个事例更进一步说明，作为世界上人口最多的国家，可以适度进口粮食，以满足国内粮食需求，但是只能利用绝对不可以依赖国际市场。这就进一步要求，国家的粮食生产者补贴制度也要发挥出稳定粮食生产的作用。

### （三）粮食结构合理

粮食品种结构合理，这意味着稻谷、小麦、玉米、大豆等主要粮食品种的播种面积和产量保持合理的比例，不能出现有的品种供过于求，有的品种供不应求的结构失衡现象。在粮食市场开放程度越来越大，国内市场与国际市场联动性不断加强的背景下，贸易保护程度高的品种因受国际市场冲击小而有可能保持高的产量甚至供过于求；相反，贸易保护程度低的粮食品种，则难以有效提高产量。长期以来，我国三种谷物受到的贸易保护程度大，配额外进口无价格优势，故国内总产量较高，自给率高。而大豆的贸易自由化程度高，受国际冲击大，国产大豆与进口大豆相比竞争优势弱，所以大豆本国产量相对较少，巨大的国内市场被进口大豆所垄断。当然，我国不追求大豆自给，但是要保持一定的自给率，要保证在大量进口大豆的前提下，本国大豆也要有稳定的市场和产量。作为世界上最大的粮食净进口国，粮食结构合理的基本要求是，谷物基本自给但不严重过剩，大豆产量基本稳定且为国内有效供给。

### （四）稳定粮食价格

价格稳定也是评价粮食安全的主要指标之一。但是价格稳定并不是指价格长期不变，或不允许有一定波动，而是指价格波动保持在一定范围之内，既要防止“谷贱伤农”，又要防止“米贵伤民”。如果粮食价格波动幅度大，特别是价格过低，会降低农民收入，甚至会使种粮大户、家庭农场等大的经营主体破产。虽然政府补贴会弥补农民的一定损失，但是无论如何，农民的经营收入主要来自市场而不是政府。相反，如果粮食价格过高，又会使农民形成粮食价格高的心理预期，进而大规模扩大生产，而这有可能造成价格的再次下降，形成价格周期性波动。所以，基于粮食价格对稳定农民收入和保障粮食安全的重要作用，稳定粮食价格必然是我国农业政策特别是粮食生产者补贴制度的重要目标之一。

## （五）稳定农民收入

稳定农民收入也是补贴制度的重要目标之一。没有稳定的农民收入，粮食产量难以稳定，而且农民收入的稳定也是建设和谐社会、实现乡村振兴的必然要求。当前我国正处于工业化和城镇化进程的加速阶段，农民数量依然很大，农业收入特别是种粮收入依然对农民非常重要。而且，大规模的农业经营主体不断增大，其所面临的经济风险和对粮食安全的影响都已经远超小农经营主体。虽然我国总的来说还是以小规模农业经营为主，但是农业规模经营的趋势已经势不可当。有的农业经营主体的经营规模已经达几万亩之多，逐渐向发达国家的农业经营规模靠近。所以，通过补贴制度来稳定农民收入特别是稳定大规模经营主体的收入，已经变得越来越重要。

## （六）确保收入公平

一方面，城乡收入或工农业收入要公平；另一方面，区域间或农民内部收入也要公平，既要防止收入集中于少数人或少数地区，又要避免收入“撒胡椒面”式的完全公平，或损失效率的公平。一个国家在工业化过程中，农业的比较优势会逐渐下降，农民从事农业获得的收入低于工人或市民，所以会导致农民离开土地到城镇务工，从长远来看，这会进一步导致从事农业的年轻人减少，甚至会产生“谁来种地”的难题，从而影响本国的粮食生产。如果能够使城乡收入或工农业收入趋于公平的话，就会有更多的劳动力以及更多的工商资本投资于粮食生产等农业劳动，从而保障本国的粮食产量。而且，从农业生产内部来看，区域间或者农民内部的公平也很重要。如果区域间不公平，不仅会对社会和谐产生不良影响，而且会影响到农业生产，特别是补贴获得少的地区，会减少本地区粮食等农产品的生产。如果这些地区也是粮食生产的优势区域，其减少粮食生产的话，会对全国的粮食生产造成不利影响。同时，如果粮食生产过于集中在某些地区，又会使我国仅对部分地区粮食生产实施补贴以规避 WTO 补贴约束的目标落空。所以，粮食补贴政策的实施，确保收入公平非常重要。

## 三、理论基础

### （一）实行生产者补贴就意味着放弃支持价格制度吗

我国实行粮食生产者补贴制度后，还要不要实行支持价格制度呢？从国内实践来看，直接补贴制度阶段，国家为稳定粮食价格，仍然对稻谷、小麦实施了最低收购价形式的支持价格；从国际经验来看，以美国为例，无论美国补贴制度如何改革，长期以来无追索贷款率一直作为支持价格对主要农产品实施。因此，即便实行生产者补贴制度，我国仍然要保留支持价格，以防止粮食价格大幅度下跌之后对农民收入产生损害，对粮食生产和粮食安全带来不利影响。但是，如何实施呢？

根据 DS511 案专家组报告及我国的承诺，我国已于 2020 年 3 月前对我国小麦、稻谷的价格支持政策进行改革。对价格支持政策的改革，可选择的方案有以下三种：①将支持价格降至参考价格以下，但是参考价格太低，起不到支持农民收入的作用，因此行不通；②价格支持补贴只在局部地区，但是由于存在着生产向主产区或实施区域集中的现象，因此也行不通；③维持当前的收购地区范围，但是预先宣布粮食收购量以此来降低 QEP，从短期来看行得通，但是从长期来看，随着粮食生产成本的提高，农民种粮利润会进一步下降，因此还需要对支持价格进行改革。所以，较好的方案是第③种。

根据国际经验，我国实施价格支持的形式要转化为金融支持形式，即类似美国无追索贷款的营销贷款补贴模式，在农民种植作物后，根据对平均产量的估计及贷款率，向农民发放贷款。对于种粮大户而言，由于面临资金约束，他们会向政府申请贷款，但是对于种植规模较小特别是以自用为主的农户而言，其向政府贷款的概率或规模要小。农民以其收获后的粮食可销售量作为向其发放贷款的依据，自用粮不能用来贷款。如果收获后粮食价格高于贷款率，则农民可以将粮食卖掉，归还贷款；如果收获后粮食价格低于贷款率，则农民可以将粮食用来归还贷款。这样实际上意味着政府以贷款率作为支持价格收购粮食，当然政府也可以将贷款率与市场价格之间的差价补贴给农民。这样做的好处在于，规避 WTO 对我国粮食补贴的限制。①差价补贴类似目标价格补贴，但是贷款率显然要低于目标价格；②差价补贴的范围小于目标价格，目标价格是普惠制，农户无论大小、无论自用或销售都可以获得补贴，而营销贷款补贴范围仅限于大户的市场销售部分；③由于市场价格高于固定的 FERP，因此应销售贷款的贷款率与市场价格的差决定的差价补贴会小于 MPS，后者由支持价格与参考价格的价差所决定。而且，按照美国向 WTO 的通报方法，其是将市场营销贷款纳入“绿箱”进行通报的，这样就有效解决了价格支持的“黄箱”补贴约束问题[①]。

### （二）与当期种植面积脱钩的补贴会产生粮食安全问题吗

鉴于与当期播种面积挂钩的补贴产生了农民收入提高与“黄箱”补贴量加大进而会引起国际贸易摩擦的矛盾，政界与学者们都提出了要使用与当期面积脱钩的目标价格补贴的想法。如刘慧和赵一夫（2016）[②]，王文涛和张秋龙（2015）[③] 等都特别指出可借鉴美国 2002 年和 2008 年农业法案使用与当期种植面积脱钩的直接与反周期补贴，其中直接补贴与当期价格脱钩、反周期补贴与当期价格挂钩。同时，我国政府也提出为规避“黄箱”补贴对我国的约束，要使“黄箱”变“绿箱”的政策导向。但从实践来看，有的学者以及粮食行政管理人员提出了要提高粮食补贴的精准性，种粮的人才应该拿到补贴，不种粮的人不能获得补贴，这是一种典型的“黄箱”补贴想法。产生这些想法的原因，就是对脱钩补贴的产量效应还存在疑问。受传统思维的影响，大部分人认为实行脱钩补贴会导致农民拿钱不种粮，而“绿箱”补贴对产量影响小或没有影响，因此实施的话可能导致粮食产量降低，影响我国粮食安全，对此我们必须正确分析。

---

① 王文涛，张美玲．我国粮食生产者补贴制度渊源、理论基础与改革方向[J]．农村经济，2019(2)．

② 刘慧，赵一夫．完善农产品目标价格补贴的思考[N]．农民日报，2016-01-16(03)

③ 王文涛，张秋龙．美国农产品目标价格补贴政策及其对我国的借鉴[J]．价格理论与实践，2015(1)．

"黄箱""绿箱"补贴的判断标准，就是该政策对粮食产量的影响或扭曲的大小。根据《WTO农业协议》，"绿箱"补贴是指没有或只有极小的贸易扭曲作用，或者对生产没有或只有极小的影响，其中包括不挂钩的收入补贴。不挂钩的收入补贴是指获得该补贴的资格应由明确规定的标准确定，如收入、生产者或土地所有者的身份、限定的和固定的基期内生产要素利用或生产水平，补贴数额不与实际产量、产品价格、生产要素使用量等挂钩或以此为基础。不符合"绿箱"补贴标准，与实际作物播种面积、价格、产量挂钩的，对生产量影响较大的补贴，就要归到"黄箱"补贴。因此，我国粮食补贴，如种粮直接补贴，如果与原计税面积或承包地面积挂钩，就属于"绿箱"补贴；如果与粮食播种面积挂钩，就属于"黄箱"补贴。"黄箱"补贴与"绿箱"补贴的界定标准并不很清晰，有的补贴按原先的标准要计入"绿箱"，但是也可能对产量有影响①。如2004年巴西向WTO起诉美国对高地棉的补贴案，其中与当期生产面积脱钩的直接补贴本来属于"绿箱"补贴，但是WTO最终裁定该补贴是"黄箱"补贴，其理由是美国没有严格遵守WTO的"绿箱"标准：一是不能依据基期后任何一年从事生产的类型进行补贴支付，但是生产灵活性合同和直接补贴这两种补贴是有条件的，即不得生产水果、蔬菜、甜瓜、坚果或野稻。二是"绿箱"补贴必须基于一个明确的和固定的基期，但是美国2002年农业法案规定的基期是1998—2002年的某一年，其与1996年农业法案规定的基期不一致②。对中国而言，我国可以严格根据WTO"绿箱"标准中的"不挂钩的收入支持"标准，即发放直接补贴可只依据基期1996—1998年耕地面积，这样就不必担心受到国外的起诉。因为我国使用任何粮食补贴的目的或结果，都不可能是扩大出口量，而是以稳定粮食产量为目标，而非该案中美国运用各种补贴手段扩大市场占有率，压低市场价格，损害他国利益。

脱钩或半脱钩的目标价格补贴最核心的问题是其具有产量效应。以美

① Andrew Schmitz, Troy G. Schmitz, and Frederick Rossi. Agricultural Subsidies in Developed Countries: Impact on Global Welfare[J]. Review of Agricultural Economics, 2006, 28(3): 416-425.

② 韩一军，柯炳生. 巴西成功起诉美国棉花补贴的意义与启示[J]. 世界农业，2004(9).

国的直接与反周期补贴制度为例进行分析，其中直接补贴为脱钩补贴，反周期补贴为半脱钩补贴，因为该补贴与市场价格相关联，但与农户实际播种面积或产量无关。①直接补贴具有财富效应和投资效应。财富效应是指由补贴所带来的农业生产者收入的增加，或者补贴通过资本化入农地价值来提高生产者总的财富，进而影响生产者风险规避的态度及由于信贷约束减少而增加农业投资，最终影响农户种植决策和产量。对于持续的风险厌恶生产者，目标价格补贴政策所带来的财富效应不会改变其种植决策；对于风险厌恶递减的生产者，财富效应的增加会促使其扩大种植面积，导致产出增加。然而，对于风险厌恶递增的生产者，财富效应的增加反而促使其减少种植面积，导致产出减少（Westcott，Leslie，and Meyer，2003）[①]。②反周期补贴具有保险效应。保险效应是指目标价格补贴所带来的减少收入波动的功能，从而对农户生产决策产生影响。Westcott 等（2003）针对美国 2002 年农业法案中的反周期补贴进行了研究，研究表明反周期补贴不会直接影响农民的生产决策，但由于反周期补贴与当期的市场价格相联系，其可能会通过间接的保险效应而影响产量。反周期补贴的保险效应使得收益风险减少，会促使一部分农业生产者转而种植高风险高收益的农作物。研究还发现以历史面积和产量数据为基础计算的反周期补贴，并不能完全抵销由市场价格下降而带来的收入损失。Westcott（2005）在进一步研究中发现，反周期补贴由于其巨大的保险效应为农业生产者提供了一种新的保险工具，这会直接影响到农业生产者使用其他风险管理工具的策略[②]。但随着农场规模的扩大，收入水平的增加，抵御风险的能力增强，农户对风险的厌恶程度会降低[③]。因此，反周期补贴对那些规模较大的农场影响较小，但对于中小规模的农场十分重要。

国外的研究成果为我国实施脱钩、半脱钩的目标价格补贴政策提供了

---

① Paul C. Westcott, Leslie A, Meyer. U. S. Cotton Supply Response Under The 2002 Farm Act, USDA, Economic Research Service, presented: Friday, February 21, 2003.

② Paul C. Westcott. Counter - Cyclical Payments Under The 2002 Farm Act: Production Effects Likely to Be Limited [J]. Choices, 2005(3).

③ Chavas J, Holt M T. Acreage Decisions Under Risk: The Case of Corn and Soybeans [J]. American Journal of Agricultural Economics, 1990(72).

依据，对我国的粮食产量有积极影响。中国与美国等发达国家相比又有不同的特点，目标价格补贴对产量的作用反而更大。一方面，我国有众多的农户是自给自足，不以生产利润最大化和风险最小化为目标，对补贴并不敏感，这从近年来农户生产亏损但是产量并不下降这一事实可以得到验证。我国大农户并不多，以风险规避为主，从事非粮生产的可能性更小，当然对于资金雄厚的大农场或大资本来说，从事风险高、利润高的非粮生产的概率较大。另一方面，如前所述，目标价格补贴具有投资效应、财富效应与挂钩效应，因此脱钩、半脱钩的目标价格补贴仍然会对粮食产量有正向影响，当然其没有与播种面积或产量挂钩的目标价格补贴的产量效应大。因为与播种面积或产量挂钩的目标价格就是农民生产的边际收益或平均收益，农民根据边际收益等于边际成本的原则（MR = MC）来直接决定粮食产量。因此，我国实施脱钩、半脱钩的目标价格补贴也会有产量效应。中国可以实施类似美国的直接补贴与反周期补贴政策，来改革我国的生产者补贴制度，而不必担心粮食产量下降过大带来粮食安全问题[①]。加之我国作为一个大国，如果市场粮食供给量减少引发价格上升，就会刺激农民增加粮食生产。而且政府有粮食储备，市场供应量的暂时减少自然不会引发粮食安全问题。从现实来看，近年来我国粮食市场供应充足，还可以利用充足的外汇从国际市场进口粮食，而且我国已经切实实施了粮食进口多元化战略，与“一带一路”国家建立了较好的粮食贸易联系[②]。所以，我们不必担心实施与播种面积脱钩的补贴会产生粮食安全问题。

### （三）单一粮食补贴制度会达到政策效果吗

在粮食生产成本高于国外，粮食市场高度开放和粮食补贴空间小并受到国际实质性的约束条件下，我国可以直接增加补贴以达到降低成本、价格及增加产量和农民收入的目标吗？答案是否定的。从理论上来讲，市场开放程度高，粮食生产成本高，要实现粮食产量的增加和农民收入的提

① 王文涛,张美玲．我国粮食生产者补贴制度渊源、理论基础与改革方向[J]．农村经济,2019(2).

② 王文涛,肖琼琪．改革开放以来中国粮食贸易从调剂余缺到适度进口的战略转变[J]．湖南师范大学社会科学学报,2018(6).

高，就要加大对农民的补贴，但是我国对农民的补贴又受到 WTO 的约束，即补贴增加与约束加大之间的矛盾越来越突出。虽然有些补贴可以采用与产量脱钩的方式，但是这意味着政府对粮食市场控制力度减弱，粮食市场的波动性可能会增强。具体政策实践也说明，单一的粮食补贴制度难以达到政策效果。

1. 国家实施的大豆目标价格补贴政策并没有解决粮食三量齐增难题

我国粮食补贴面临着 WTO 的实质性约束。自 2013 年起国外低价粮食不断冲击国内市场，形成生产量、进口量和库存量三量齐增的尴尬局面，我国不仅大豆是全球第一进口大国，谷物也成为全球第一进口大国和库存大国。同时，粮食结构不平衡，大豆生产量低且销售困难，国内生产不能满足需求，而玉米却生产过剩。为此，国家实施了大豆目标价格补贴政策，但是不仅没有达到政策目标，还受到“黄箱”微量补贴的强烈约束。

2. 增加大豆作为农业供给侧结构性改革的重要内容之一，单一的补贴政策不可能实现其政策目标

自 2016 年起，农业供给侧结构性改革的一个重要工作就是：调减玉米、增加大豆，政策逻辑是通过增加大豆种植面积来调减玉米种植面积，并减少玉米库存，解决玉米多了、大豆少了的难题，从而实现结构调整的目的。但是，大豆作为贸易开放程度最高的粮食品种，仅靠现有补贴政策的改革，难以实现增加大豆的政策目标。

（1）增加大豆必须解决市场需求不足的问题，市场需求不足是长期困扰我国大豆产业发展的关键。从表面来看，我国大豆似乎供不应求，据农业部预警团队 2016 年 10 月发布的《中国农产品供需形势分析》预测，2016/2017 年度我国大豆产量为 1250 万吨，消费量为 9820 万吨，供求缺口为 8570 万吨。但是，我国市场需求量大的是低价进口大豆，而非国产大豆。我国大豆即使产量再低，也可能有卖难现象存在。自 1996 年我国大豆市场开放以来，国产大豆长期销售困难就是明证。因此，要增加大豆，就

必须扩大大豆的有效市场需求，否则政策目标难以实现。

（2）扩大国产大豆需求必须提高大豆的国际竞争力，这需要政府的全方位努力。影响大豆国际竞争力的因素有生产、贸易、价格、投资等诸多方面。生产方面，我国土地资源禀赋差和大豆技术进步慢，决定了大豆生产成本较高。贸易方面，大豆市场高度自由开放，大豆进口只有 3% 的关税，且不设关税配额。价格形成方面，世界大豆的定价中心位于美国的芝加哥期货市场，且美国农业部的全球粮食供求信息系统、金融资本对大豆价格的形成具有重要推动作用。我国虽然是世界上大豆第一进口大国，却没有定价权。投资方面，我国大豆加工市场基本被外资所垄断，同时外资企业还垄断了世界大豆贸易，凭借贸易投资一体化的优势，对我国国产大豆加工企业形成了强烈的挤压。因此，我国单一的政策作用力度都有限，必须发挥政策合力，才能有效扩大大豆的国际竞争力①。

（3）增加或保护大豆的政策目标不是权宜之计，应长期化。2016 年农业供给侧结构性改革提出的增加大豆的政策目标，以及农业部《关于促进大豆生产发展的指导意见》明确提出的“绝不能轻言放弃大豆”的口号说明，大豆在我国粮食安全中的地位已经悄然发生了转变。我国增加或保护大豆的政策目标不是权宜之计，应长期化。这是因为：首先，谷物市场受到的国际冲击日益严重，增加大豆的政策条件长期存在，且不断强化。其次，增加大豆有利于实施“藏粮于地”战略。如果大豆能够增加的话，就有利于减少玉米的生产，提高玉米等谷物的价格，稳定粮食作物播种面积，而且大豆种植能够提高地力。最后，增加大豆有利于实现包括营养安全在内的粮食安全。增加大豆既有利于提高粮食和大豆自给率，实现适度进口战略，又有利于提高蛋白质自给率。因此，无论是从近期的供给侧结构性改革还是从长远来看，我国都要把大豆产业上升为国家粮食安全战略，在国家粮食安全中要明确提高大豆的地位。

① 王文涛．增加大豆的政策应上升为国家粮食安全战略[N]．农民日报，2016－10－22(003)．

## 四、机制设计

通过国际比较发现，中国与作为国际补贴政策代表的美欧日相比，改革方向符合国际趋势，但是在某些方面还要加快推进，如“绿箱”补贴和非特定农产品补贴还没有充分利用，对市场价格支持的依赖还较大等，政府补贴转化为农民收入的效率还不高，这就为我国粮食补贴政策的进一步改革提供了思路，即继续调整“黄箱”，扩大“绿箱”，增加“蓝箱”。未来，粮食补贴制度的发展方向将是农民收入保险。目前，我们可以采取以下措施：

### （一）完善粮食收购制度

长期以来我国行之有效的粮食价格支持和收购制度必须改革[①]，而且正在改革。当前我国已取消了玉米和大豆的支持价格制度，但对于作为口粮及必保品种的稻谷、小麦[②]，国家仍然要实行最低价收购制度。从2020年起，我国适应WTO裁决报告对稻谷、小麦的收购制度进行改革，即改不限制粮食收购量为提前宣布收购数量。如宣布稻谷最大收购量为5000万吨，一旦收购达到这一数量，马上停止收购。同时，对于这一收购量，官方文件强调是由历年收购量决定的。因此，提前宣布收购量即限量收购，是我国粮食收购制度的重大改革。所以，必须科学测算并宣布粮食收购数量，其可基于粮食安全、农民收入等目标，根据我国年初的粮食库存量、粮食价格及贸易情况科学预测得出。而且，还要根据农户的耕地面积、历年销售量等数据，确定每个农户按最低收购价向国有粮食企业销售的配额。同时，粮食销售配额可在农户间进行转让。粮食限量收购制度改革成功的关键，就是管理好市场价格预期，防止农民扎堆卖粮。一方面，政府要加强宣传，限量收购只是预先宣布收购数量，并不是少购，因为这是根据历年收购量等因素来决定的；另一方面，政府仍然要提供

① 倪洪兴．开放视角下的我国农业供给侧结构性改革[J]．农业经济问题，2019(2)．

② 中共中央 国务院关于坚持农业农村优先发展做好“三农”工作的若干意见[M]．北京：人民出版社，2019．

有利条件，如贷款、利率等方面的优惠，鼓励企业特别是大型国有企业常年入市收购。

从长远来看，粮食支持价格收购制度要过渡到融资形式的无追索权贷款制度。这就需要设立相应的农产品信贷公司，其业务主要是根据农民的粮食售卖量及贷款率向农民发放贷款。同时，当粮食市场价格低于贷款率时，还可以向农民发放贷款率与市场价格之间的价差补贴。

### （二）夯实粮食生产者补贴通报为“蓝箱”补贴的必要条件

我国对2016年的玉米生产者补贴首次按限产条件下的“蓝箱”补贴向WTO通报，并对该制度做了具体说明：根据《农业协定》第6条第5款（a）项的规定，此类补贴按固定面积和单产补贴（“蓝箱”补贴）；补贴金额按东北地区2014年（基期）玉米种植面积和固定产量数据；补贴率每年调整一次[①]。我国“蓝箱”补贴与其他国家不同的是，国家层面的总补贴量是按固定面积和单产补贴，农户层面的补贴是按实际播种面积和可变补贴率。因此，从减少与美国农业国内支持摩擦的角度出发，建议农户的播种面积和补贴率也要固定，而且要继续限制“镰刀弯”地区的玉米生产，以夯实粮食生产者补贴通报为“蓝箱”补贴的必要条件。同时，从当前国内形势来看，鉴于稻谷、小麦的巨额库存，以及美国诉中国农业国内支持案后我国农业补贴政策必须进一步进行市场化改革，因此未来探索稻谷、小麦使用限制生产的“蓝箱”补贴以规避“黄箱”补贴约束也是非常有必要的。对于口粮使用“蓝箱”措施，国外有日本的经验可以借鉴。长期以来，日本对作为口粮的稻谷实行高度保护的政策，其价格远远高于国际市场。在美国的压力下，日本被迫开放市场，但是为了防止粮食进口对其稻谷生产的严重冲击，就对稻谷实行了限产补贴的“蓝箱”政策。这样，就可以确保本国稻谷有较高的自给率，减少对国际市场的依赖。

---

① Committee on Agriculture – Notification – China – Domestic Support(G/AG/N/CHN/49)[EB/OL]. https://docs.wto.org/dol2fe/Pages/FE_Search/FE_S_S006.aspx? Query = (%20@ Symbol = %20g/ag/n/chn/ * )&Language = ENGLISH&Context = FomerScriptedSearch&languageUIChanged = true#,2018 – 12 – 14.

### （三）生产者补贴可部分转化为固定补贴

对稻谷补贴而言，可把生产者补贴分为两部分，一部分并入耕地地力补贴，与原耕地计税面积或确权面积挂钩而与实际作物的播种面积脱钩，将其转变为“绿箱”补贴；另一部分仍然为生产者补贴，但要减少补贴量。当前与实际作物的播种面积脱钩的补贴实际也可以看作固定补贴①。就小麦生产而言，当前我国没有对其实行生产者补贴制度。但是，如果国外小麦进口对国内市场有冲击，或者由于我国粮食生产成本的提高，小麦国内价格提高，也不排除对小麦实施生产者补贴的可能性。与稻谷相同的是，对小麦增加的补贴也应以固定补贴为主，挂钩补贴为辅。

### （四）建立区际补贴公平机制

从保障农民总收入的角度来看，在“黄箱”补贴受约束的条件下，可以对不实施稻谷生产者补贴、最低价收购的省份或地区，以及不实行玉米生产者补贴制度的地区，增加与生产不挂钩的收入补贴，该补贴属于“绿箱”补贴，从而可增加农民收入，实现区际补贴公平。与生产不挂钩的收入补贴，可以以增加耕地地力补贴的形式发放。但当前，我国粮食补贴结构决定，各地区获得的粮食补贴是不公平的。如东北四省可以获得大豆、玉米和稻谷生产者补贴，且获得补贴最多。而其他粮食主产区如河南省、山东省获得补贴相对较少，并且农民由于玉米、大豆价格下降而降低了收入，因此建立区际补贴公平机制日益重要。

### （五）签订粮食补贴合约

政府要与农民签订合同，符合条件的农民才能领取粮食生产者补贴甚至地力补贴。其规定只有经营规模较大、效率较高的商业化农户，并且符合积极生产、科学轮作等条件，才可获得生产者补贴。因此，要克服单纯垒大户的不良倾向，不能简单地以经营面积作为发放的标准，而要以提高经营效率、提高土地肥力为根本目标。当前我国的粮食生产者补贴，主要

---

① 肖琼琪，王文涛．粮食补贴政策的中美比较、效应评价及我国补贴建议［J］．湖南科技大学学报（社会科学版），2019（4）．

与特定作物的播种面积挂钩，作为农户特别是租地农户，一般以当年收入最大化为目标。这样，就有可能使农户根据国家发放的补贴来决策自己的生产，如当前大豆补贴多，就多种大豆，从而放弃了科学的作物轮作要求，从长远来看会影响地力和粮食产量。所以，对农户发放补贴，要规定作物轮作要求。同时，对于不能领取粮食生产者补贴的农户，政府可通过建立收入安全网向其发放补贴，该补贴属"绿箱"补贴。这样，就可以达到粮食生产与低收入者收入脱钩的目标，符合 WTO 补贴发放的规则。

### （六）粮食各品种的补贴要科学合理

粮食生产者补贴的本质为目标价格补贴，"价格 + 补贴"就等于目标价格。一方面，目标价格水平的设定宜低不宜高，防止粮食补贴与生产成本同向变动；另一方面，合理设定各粮食品种的目标价格水平。一般来说，目标价格高于生产成本的比例将影响农户的生产决策和各粮食品种的产量。该比例越高的粮食品种，农民越愿意生产，产量也越高。因此，要根据国家对稻谷、小麦、大豆的产量目标，合理确定其补贴水平。仅就大豆、玉米间补贴而言，既不能过高地偏向于玉米，也不能过高地偏向于大豆。玉米补贴高，目标价格高，农民就会尽量多种玉米；相反，就会多种大豆，这都有可能造成种植结构不合理。补贴结构合理，农民才会正常地去科学轮作，合理地决定自己的种植结构。这也要求，大豆、玉米的年际间补贴要稳定，不能变化太大。建议国家对玉米、大豆的生产者补贴计算公式进一步细化和说明，而不是仅仅秋后算账。

从长远来看，为适应《WTO 农业协议》规则和加入 WTO 的承诺，我们可以将补贴分为与生产挂钩和不挂钩的两大类补贴，其中与生产不挂钩的补贴，可将其定义为"价格损失保险"，可委托给专门的保险公司发放，从而把特定农产品补贴转化为非特定农产品补贴甚至"绿箱"补贴，规避特定农产品补贴约束。同时，我国也可以针对农民建立收入安全网，对于包括务农收入在内的农民人均收入低于一定水平的农户，可以向其发放补贴，该补贴属于"绿箱"补贴的脱钩收入支持，补贴总量不受 WTO 约束。

## 七、建立粮食补贴制度的配套措施

### （一）加强国际贸易谈判与贸易规则制定，为我国农业国内支持创造良好的补贴空间和外部条件

美国向 WTO 起诉中国的农业国内支持案件，其最终裁决结果缩小了我国的补贴空间，扩大了国外农产品的市场准入，对我国农业补贴政策的实施产生了一定的不利影响。但是，国内支持和贸易涉及的问题还很多，我们必须加强预研，采取主动措施，争取减少贸易摩擦或在贸易摩擦中占据优势，使我国的农业补贴制度具有良好的国际条件。如国内支持通报中的补贴归箱、玉米价格支持是否取消等都需要深入研究。

### （二）采取措施降低粮食生产成本

生产成本是决定粮食补贴制度成功与否的基础和前提条件。既要科技创新、加强农业基础设施建设，又要促进土地的合理流转，发挥规模经济的作用，来降低粮食生产成本。2017 年我国稻谷、大豆的单产分别为美国的 82.1%、54.3%，通过科技进步提高单产从而降低成本的潜力还很大。当前我国补贴与成本的正相关关系必须尽快打破，这就要求建立农地承包退出机制和加强土地流转合同的管理。建立农地承包退出机制，就是给年老的农民发放退休金，同时要求其出让农地承包权。加强土地流转合同的管理，要求建立土地流转平台，流转双方签订长期合同，减少土地转出方随时分享国家补贴的不良现象。

### （三）完善粮食价格形成和调控机制

完善粮食价格形成和调控机制目的在于，使农产品保持相对较高的价格，并降低价格波动风险，从而既降低政府补贴量，又稳定农民收入。这包括以下三个方面：

（1）加强粮食供求紧平衡调控，使国内粮食价格适当提高。通过对粮食供给、需求和进出口调控，即当粮食进口量过多或库存较多时，既可以限制国内的粮食生产，如退耕还林、休耕轮作等，又可以扩大本国的粮食需求，以保持粮食市场供求平衡于较高的市场价格。可以借鉴美国的经

验，扩大国内食物援助的范围和力度，如2016年美国国内食物援助支出占农业国内支持总水平的比例高达75.4%①。我国总人口多，人均收入低于美国，还有大量的低收入人口。按照美国国内食物援助的比例实施的话，无疑可以大幅度扩大需求，而不受国际补贴规则的约束，因为食物援助补贴属于“绿箱”补贴。而我国当前实施的玉米加工补贴，美国认为提升了玉米加工品的国际竞争力，不宜长久实施。扩大国内食物援助意味着我国可在不受国际规则约束的条件下向中小学生、贫困户等特殊群体免费发放粮食及其加工品。

（2）提高粮食定价权与利用好期货市场。大豆作为开放程度最高的粮食品种，提高定价权对于稳定大豆及粮食市场价格异常重要。因为大豆价格的波动，将向其他粮食品种传导，从而影响其他粮食品种价格的稳定。这要求我们既要建设好粮食供求价格信息系统，又要建设好大连期货市场，使之成为全球大豆定价中心，还要建设与四大粮商媲美的跨国粮商，提高大豆定价权。同时，农民、大豆加工及贸易企业还要积极参与期货市场，这既可以发挥其在大豆价格形成中的作用，又能将期货市场作为套期保值的场所。

（3）加强粮食的非价格竞争能力。在成本和价格难以形成竞争优势的条件下，我国还要提高粮食的非价格竞争能力，以提高农民收入。特别是国产大豆作为非转基因大豆，还要发挥出与进口的转基因大豆相比较的质量优势，实行差异化竞争手段，不走与进口大豆打价格战而失败的老路。国产大豆与进口大豆实质是两种产品、两个市场，国产大豆要想在进口大豆面前有竞争优势，必须通过差异化竞争的手段将其竞争优势发挥出来。而实行差异化竞争，要求我们宣扬国产大豆的传统文化及品种特征，实行产品差异化和营销渠道差异化。

① Domestic Support: United States of America: G/AG/N/USA/123 [EB/OL]. https://docs.wto.org/dol2fe/Pages/FE_Search/FE_S_S006.aspx? Query = (%20@Symbol =%20g/ag/n/usa/ * ) &Language = ENGLISH&Context = FomerScriptedSearch&languageUIChanged = true#.

# 第八章　粮食生产者补贴制度的基础保障

前面七章分析了粮食目标价格补贴的概念与内涵，论证了粮食生产者补贴的目标价格补贴本质，分析了我国粮食目标价格补贴所面临的约束条件，探析了大豆目标价格补贴效应、玉米和小麦生产者补贴效应，提出了粮食生产者补贴制度机制设计的相关建议，构建了一个较为完整的粮食目标价格补贴政策与生产者补贴制度研究框架。但是，由于我国粮食安全问题的特殊性、粮食贸易问题的复杂性与竞争性，我们必须对这些决定粮食补贴制度的基础性问题进行深入分析，并从提高全球粮食治理能力的角度提出我国粮食行政管理体制改革相关的建议，这些都是我国粮食生产者补贴制度成功实施的基础保障。本章分为三部分，一是对我国粮食安全形势进行科学评价，因为粮食安全是生产者补贴制度的重要目标之一；二是探讨粮食适度进口战略的有效实施，因为粮食生产者补贴制度面临着复杂的国际环境，粮食进口对粮食安全及粮食生产者补贴制度的实施有重要影响；三是探讨市场基础条件和调控能力建设，因为粮食生产者补贴制度要在复杂多变的国际竞争环境及国内市场环境中实施，作为一个市场经济不完善的国家，必然要加强市场基础条件和提高市场调控能力。

## 第一节　正确评价国家粮食安全形势

对我国粮食安全形势的科学评估，有助于我国明确粮食补贴制度的政策目标。如果本国粮食安全形势不好的话，从保护国家粮食安全的角度出发，根据“以我为主，立足国内，确保产能，适度进口和科技支撑”的国家粮食安全战略，必然要求扩大国内生产，而扩大国内生产的话就要求政府增加补贴，而政府对粮食的补贴又受到 WTO 的强烈约束，这样就会产生政策实施的困境。相反，如果我国粮食安全形势好的话，就要求我国稳定产量甚至限制粮食生产，粮食生产与补贴约束的矛盾就不突出，就会同步实现粮食安全、农民增收和缓解国际贸易摩擦的目标。

## 一、国内外关于中国粮食安全的担忧

### （一）关于中国粮食安全的国外相关观点

长期以来，中国作为一个人多地少的国家，如何用有限的耕地来满足世界上最多的人口，一直受到国内外的广泛关注。马尔萨斯的人口理论认为，人口按指数率增长，而食品生产受固定的自然资源特别是土地的制约只能按算术级数增长，最终人类会产生严重的粮食危机[①]。具体到中国粮食问题，影响最大的就是美国学者布朗于 20 世纪 90 年代提出“谁来养活中国”的命题，而近年来布朗又提出了“世界能养活中国吗?”的新命题。

布朗在《谁来养活中国》一书中，预计中国人口到 2030 年将增长到 16 亿人，但由于中国工业化导致耕地减少、粮食作物单产增长潜力有限，最终导致中国粮食产量增长有限，失去养活本国人口的能力。因此，中国将成为全球最大的谷物进口国，需要大量的外汇进口粮食，但国际市场也不可能有这么多的粮食满足中国进口需求，由此就会产生“谁来养活中国”的问题。而且，中国在国际市场上粮食进口量过大，势必会拉动国际市场粮价上涨，影响低收入国家从国际市场进口口粮的能力，从而加剧世界的贫困，甚至导致全球经济崩溃[②]。

布朗 2014 年提出“世界能养活中国吗?”的新命题，称中国粮食进口急剧增加、结构性粮食缺口继续拉大、中国加快在国际上“抢粮”等[③]。

---

① 王文涛．确保安全的粮食供求紧平衡研究[D]．长沙：湖南大学，2013.

② 封志明．关于谁来养活中国的讨论[J]．地理学与国土研究，1997(5).

③ 谢作诗．说“粮食不够中国人吃”很蠢[N]．环球时报，2014-05-29.

### （二）国内关于中国粮食安全观点

布朗“谁来养活中国”的论点一提出，就引起了全球关注，特别是我国政府高度重视粮食安全问题。我国政府长期以来在多个重要文件中用紧平衡的观点来说明中国粮食安全形势。即一方面随着工业化的进展，土地越来越少，粮食增产困难；另一方面由于人口增长、人均收入增加，粮食需求呈现出刚性增长的特征，用国内有限的耕地保障粮食安全的难度越来越大，粮食长期处于供求紧平衡状态。特别是近几年我国粮食进口量屡创新高，大豆、谷物都是世界第一进口大国，作为衡量粮食安全重要指标的粮食自给率不断下降，中国的粮食安全问题日益受到挑战。国内也有很多学者预测我国粮食供需缺口，以此来说明我国粮食安全问题不容乐观。

总之，长期以来，国内外很多学者对中国粮食的供应或粮食安全持比较悲观的态度。

## 二、中国粮食安全水平较高的现实与理论分析

自布朗提出“谁来养活中国”的命题以来，中国的粮食产量快速增长，粮食安全长期处于较高的保障水平，还创造了2004—2015年粮食产量“十二连增”的历史奇迹，安然渡过了2008年国际粮食危机，中国保障粮食安全的成就获得了联合国粮农组织及国际社会的广泛称赞，并于2014年、2015年先后获得联合国粮农组织授予的联合国千年发展目标中减少饥饿目标证书和世界粮食首脑会议减少饥饿目标证书①。值得一提的是，我国在20世纪90年代中后期和自2014年以来还出现了两次较为严重的粮食过剩，为此政府还要采取措施扩大粮食需求，进行种植结构调整，以降低粮食产量和库存。如2000年国家建立了四大酒精厂来消化陈化粮，向国际市场大量出口玉米等谷物并一度成为世界主要的玉米出口国；自2016年起国家进行农业供给侧结构性改革，提出粮食要去库存和去产能的要求。当然，与20世纪90年代不同的是，自2014年起出现的粮食过剩即库存量过大还与进口量过大并存，影响我国粮食安全的重要问题是限制非需进口问

① 这五年：农业全球治理的中国担当[N]. 农民日报，2017－10－17.

题。农业供给侧结构性改革降低市场价格以限制进口和保护国内市场的做法，还间接产生了与主要出口国美国的贸易摩擦。2016 年 9 月 13 日，美国商务部向 WTO 起诉中国 2012—2015 年对稻谷、小麦、玉米的补贴超过了入世承诺的限制①。2019 年《中国的粮食安全》白皮书则指出②，中国人口占世界人口的近 1/5，粮食产量约占世界粮食产量的 1/4。中国有能力依靠自身力量端牢自己的饭碗，实现了由“吃不饱”到“吃得饱”，并且“吃得好”的历史性转变。这既是中国人民自己发展取得的伟大成就，也是为世界粮食安全做出的重大贡献。

因此，我们必须对布朗“谁来养活中国”的命题进行客观分析。布朗命题的科学性在于，它说明了粮食增产难与需求刚性增长的矛盾，这是粮食市场的一个基本特征，促使政府必须重视粮食安全问题，否则会产生粮食危机。其局限性在于，对粮食增产的潜力认识不足，过于夸大了粮食需求的刚性增长。粮食产量的增长，主要依靠科技进步，这包括科技创新、科技推广、基础设施改善等。科技进步提高了粮食单产，使边际土地得到开发和利用，因此即使原有耕地减少，但是最终粮食产量也会上升。以我国为例，近年来，耕地面积确实不断减少，但是粮食单产不断增加，所以最终我国粮食总产量还是不断增长。而且，科技对于开发边际土地以提高粮食产量很有潜力，如袁隆平开发的海水稻，可以广泛利用我国闲置的盐碱地来种植水稻。中国有 15 亿亩盐碱地，可利用来种植海水稻的盐碱地有 2 亿亩。海水稻当前最高亩产达 620 公斤，若能推广利用 1 亿亩，以亩产 300 公斤计算，就可以增产 300 亿公斤，养活 8000 万人，所以应用前景非常诱人。国外粮食增产的潜力也很大，美国、欧盟等国不仅都有大量的耕地休耕，而且技术进步也很快。所以，其粮食增长潜力很大。

粮食需求方面，其主要影响因素为：人口增长和收入增长，其中收入

---

① GL/1171;WT/DS517/1:CHINA - TARIFF RATE QUOTAS FOR CERTAIN AGRICULTURAL PRODUCTS - REQUEST FOR CONSULTATIONS BY THE UNITED STATES [EB/OL]. https://docs.wto.org/dol2fe/Pages/FE_Search/FE_S_S006.aspx? Query = (@ Symbol = % 20wt/ds517/ * ) &Language = ENGLISH&Context = FomerScriptedSearch&languageUIChanged = true#.

② 中国的粮食安全[EB/OL]. 中华人民共和国国务院新闻办公室网站, http://www.scio.gov.cn/ztk/dtzt/39912/41906/index.htm.

增长会导致消费结构升级进而人均消费量增长。人口方面，近年来我国人口增长缓慢，我国先是实行世界上最严格的计划生育政策，人口生育率在同等收入国家中处于最低水平。即使近年来国家放宽人口生育政策，2013年实施一方是独生子女的夫妇可生育两个孩子的政策，2015年全面实施一对夫妇可生育两个孩子的政策，但是人口生育率仍然较低。就粮食人均消费量的增长而言，由于恩格尔系数不断降低，食物作为生活必需品，缺乏收入弹性，而且收入水平越高其弹性越小，可见因收入而上涨的粮食人均消费量的增长是有限的，其增长率越来越低。

因此，从供求两个方面来讲，我国的粮食安全是有高度保障的。或者说，只要政府重视粮食生产，作为人口大国的中国粮食安全就会有较高的保障水平。

## 三、基于粮食自给率指标的粮食安全形势评价

### （一）传统的粮食自给率指标及测算方法用于衡量粮食安全的缺陷

我们必须客观地衡量我国粮食安全的形势，以利于政府制定科学的生产、贸易等粮食政策。从理论研究来看，传统的用于衡量粮食安全的粮食自给率指标及其测算方法①，在粮食功能多元化、粮食库存过大等背景下不能科学、客观地衡量粮食安全水平，计算出的粮食自给率较低，从而对我国粮食安全持较悲观的态度。作为衡量粮食安全的粮食自给率，其公式为：粮食自给率＝粮食生产量/粮食需求量。

#### 1. 忽视了粮食的非食物用途

粮食传统的用途就是用于粮食安全（Food Security，食物安全），即满足国内居民对食物的需求或生产。人类可以直接食用小麦、大米等口粮，也可以把粮食用作饲料来生产蛋白质肉类，还可以用于加工业生产味精、啤酒等食品，生产出来的粮食都直接或间接用于食物用途。但是近年来，

---

① 游建章．粮食安全预警与评价的评价[J]．农业技术经济，2002(2)．

粮食已经不再全部用于食物用途，而是更多地用于非食物用途。如粮食可用于生产作为汽车燃料的乙醇，这样粮食市场就与能源市场关联起来了。当石油价格高涨，用粮食生产液体燃料有利可图，需求量自然增加，而且这些产品的需求价格弹性和需求收入弹性大，其导致的粮食需求增加幅度可想而知。2008 年的全球粮食危机的重要原因之一就是粮食能源化。因此，当粮食不再全部用于食物用途后，其供给是否能够满足需求的程度再用于衡量粮食安全就不科学了。因为粮食安全位于国家经济安全之首，当粮食的非食物用途太多或需求量过大时，国家是可以宏观调控的，可以将粮食优先用于食物用途。而且，从市场角度来看，当粮食市场价格过高时，非食物用途的粮食需求量由于其需求价格弹性较大，必然会大幅度下跌。也就是说，当粮食非食物用途多、需求量大时，反映的粮食安全较有保障。用于衡量粮食安全的自给率公式中的粮食需求量，应是食物用途的粮食需求量，而非整个市场的粮食需求量。如果将用于非食物用途的粮食需求也计入衡量食物用途的粮食需求的话，必然夸大了用于食物安全的粮食需求量，降低粮食自给率，从而对我国的粮食安全持悲观态度。

2. 库存变化大条件下将表观自给率等同于自给率不科学

由于没有粮食库存和消费量的国家权威数据，多数学者计算粮食自给率时，为简化分析，将“粮食产量 + 净进口量”作为粮食消费量，这样计算出来的自给率称为“表观自给率”，并将表观自给率等同于粮食自给率。这个公式成立的条件是，粮食库存年度变化不大。如里粮食净进口量增加了，但是库存也相应增加的话，粮食消费量实际上是不变的，也就是说实际的粮食自给率不变，但是表观自给率却变小了，那么将表观自给率作为自给率就会有很大的误差，当误差过大时，该公式就是错误的。如自 2012 年以来我国粮食进口量急剧增长，但是实际上很多进口的粮食替代了本国的生产，我国生产的粮食大量进入仓库，库存量不断增加，表观粮食消费量似乎增加很快，但是粮食实际消费量增加并不大，这样计算出来的表观自给率自然偏小于实际值，显然就会得出悲观的结论。

3. 忽视了粮食供给方面对消费量的影响

很多学者对历年粮食消费量或需求量是通过折算方法得出的，即对于口粮需求根据人口与人均粮食消费量，饲料用粮需求根据肉蛋奶、水产品等产量及其耗粮系数，工业用粮需求根据粮食产品产量及其耗粮系数折算得出，最后再加上种子用量就得出全国粮食需求量。得出历年粮食需求量后，再据此建立时间序列数据模型，来推测未来中国的粮食需求量和供求缺口，并最终计算出用以衡量粮食安全的粮食自给率。这样测算粮食自给率的缺陷在于，在粮食出现阶段性过剩或粮食总体供过于求的年份，粮食生产量必然要小于消费量或需求量的，从而计算出来的粮食自给率就会小于1，显示国内粮食供不应求，这样就出现了自相矛盾的现象。其错误的本质在于，忽略了累积性供给对当年需求量的影响，从而得出错误的结果。也就是说，当粮食出现阶段性过剩，需要国家采取加工补贴等手段降低库存时，测算出当年的粮食需求量必然很大，生产量小于需求量，从而根据时间序列模型推测出的粮食需求量大，粮食供求缺口大，粮食自给率低，进而要求政府扩大生产，这会再次导致阶段性库存增加，又需要政府扩大粮食需求量，周而复始，给政府粮食安全判断带来误导。

### （二）粮食自给率指标体系构建

粮食自给率指标体系构建原则基于以下三点：①粮食的用途可以转化，特别是当出现粮食不安全或危机状态时，政府可以强制将粮食的非食物用途用于食物用途，次要的食物用途用于基础的食物用途；②粮食的食物用途较多，即使食物消费量大，也不代表营养安全，因此可从营养的角度来衡量粮食最优的食物用途量；③食物需求与食物生产都是衡量粮食安全的重要方面，因此可从食物需求和食物生产两个视角来衡量粮食需求量。因此，构建以下粮食自给率指标体系。

#### 1. 满足基础食物生产的粮食自给率

历史上粮食主要用于人类所需的直接食用消费，用于动物的饲料消费仅占较少的一部分。而随着物质水平的提升，饲料用粮迅猛增长，从宏观层面看待食物消费，应该包含口粮及饲料用粮两种直接或间接的粮食需求。伴随口粮消费的降低，饲料用粮不断增长为国民提供了多样化的肉制品、水产品和奶制品等食物消费，带来积极健康的生活膳食需要及食物喜好。口粮、肉蛋奶是人类生活所必需的基础食物，其中肉蛋奶可以由粮食转化而来，也可以从大自然直接获取，但是直接获取量或比例已经越来越少。由此，构建满足基础食物生产的粮食自给率为：

$$满足基础食物生产的粮食自给率 = \frac{粮食生产量}{口粮消费 + 饲料用粮} \times 100\% \tag{8-1}$$

2. 满足基础食物消费的粮食自给率

随着各国对外开放程度的提高，贸易全球化、经济全球化已经成为世界发展的趋势，为进一步有效测算我国居民实际食物需求量，摒除贸易出口等因素对饲料用粮的影响，应采用人均国内居民食物消费量乘以国内居民人数的方法计算，其中料肉比按《中国饲料产业发展报告》中计算并乘以相关比例。基于人均食物消费量的指标修正可以由口粮消费加上肉类、禽蛋、奶类以及水产品构成的动物性食物消费构成：

$$满足基础食物消费的粮食自给率 = \frac{粮食生产量}{口粮消费 + 动物性食物消费用粮} \times 100\% \tag{8-2}$$

3. 满足营养需求的粮食自给率

国务院办公厅印发的《中国食物与营养发展纲要（2014—2020年）》，提出了为满足营养需求，全国人均全年应达的各种膳食的消费数量标准，包括口粮消费为135千克，动物性消费中肉类29千克、蛋类16千克、奶类36千克、水产品18千克。为此，可以从满足营养需求的视角，构建粮食自给率指标。

$$满足营养需求的粮食自给率 = \frac{粮食生产量}{口粮消费 + 基于营养需求的动物性食物消费用粮} \times 100\% \tag{8-3}$$

4. 满足食物消费的粮食自给率

微观食物消费是满足国民食物喜好的深层次发展，其包含口粮消费、动物性食物消费用粮和其他食品消费用粮。粮食结构的转变不仅体现在饲料粮消费的增长，还表现在其他食品消费用粮上，其他食品包括啤酒、白酒、味精、高果糖、柠檬酸等。随着我国居民生活水平的提高，其他食品消费及其用粮也不断增加。

$$\text{满足食物消费的粮食自给率} = \frac{\text{粮食生产量}}{\text{口粮消费} + \text{动物性食物消费用粮} + \text{其他食品消费用粮}} \times 100\% \tag{8-4}$$

5. 传统的粮食自给率

该指标为传统的粮食自给率指标，即在我国居民消费的各种粮食及其产品所包含的粮食总需求量中，我国生产的粮食所占的比重。

$$\text{粮食自给率} = \frac{\text{粮食生产量}}{\text{粮食需求量}} = \frac{\text{粮食生产量}}{\text{食物用途粮食需求量} + \text{非食物用途粮食需求量}} \times 100\% \tag{8-5}$$

式（8－5）中，食物用途粮食需求量就包括口粮、动物性食物和其他食品消费所引致的粮食需求量。式（8－4）与式（8－5）相比，分母减了非食物用途粮食需求量。该式与常见的粮食自给率的计算公式不同，常见公式的粮食需求量，是指国内市场对粮食的需求量，包括口粮需求、饲料用粮需求、工业用粮需求和种子用粮需求；本公式的粮食需求量，是指居民消费的各种商品中包含的粮食需求量，这与市场需求的粮食量是两个概念，后者没有考虑贸易对市场粮食需求量的影响。食物或非食物的进口会减少国内粮食需求量；食物或非食物的出口会增加粮食需求量。即使国内粮食产量和居民消费量不变，用常见的自给率计算公式衡量的粮食自给率，前者会增加，意味着粮食安全水平提高；后者会减少，意味着粮食安全水平下降，而实际上粮食安全水平在大多数情况即正常的国际贸易环境下并没有发生变化。

## （三）粮食自给率指标体系测算

1. 测算方法

粮食生产量数据可来自《中国统计年鉴》，自给率公式分母中的各个粮食需求量，可用折算的方法求得。①口粮消费：根据年度城镇居民和农村居民人数，及城市居民人均粮食消费量、农村居民人均粮食消费量，加权计算出年度口粮消费量。②饲料用粮：查找每年我国肉蛋奶等动物性食品的产量，扣除天然捕捞量，并根据转化比例求出总的饲料用粮量。③动物性食品消费用粮：根据《国家统计年鉴》中城镇和农村居民人口数及人均消费量，分类求出动物性食品总的消费量，并根据转化比例求出动物性食品消费用粮。④基于营养需求的动物性食品消费用粮：根据城乡居民人均营养需求的各类动物食品数量及城乡居民人数，求出基于营养需求的动物性食品消费总量，再根据转化比例，求出该数据。⑤其他食品消费用粮：首先要分类求出国内居民对其他食品的消费数量。由于《国家统计年鉴》中并没有总量消费数据及人均消费数量，可用国内生产量加上净进口量分类求出其他食品的消费量。其次根据粮食转化系数，求出其他食品消费用粮。⑥食物用途粮食需求量：由口粮消费、动物性食品消费用粮、其他食品消费用粮加总可得。⑦非食物用途粮食需求量：首先，求出非食品的国内消费量。其可用国内的产量加上净进口量得出。其次，乘以转化系数即可得出非食物用途粮食需求量。

2. 测算结果

基于以上粮食自给率指标体系的测算，可以获得相应的粮食自给率数据。满足主要食物生产的粮食自给率整体略低于其它标准测算的粮食自给率，总体来看，我国粮食自给率水平呈现缓慢上升的态势，2012 年前后粮食自给率达到顶峰，近几年维持相对平稳的状态（见图 8 –1）。从图 8 –1 中可以看出：我国生产的粮食是可以满足粮食安全需求的，每年自给率都超过 100%。

从图 8 –1 中可以看出，中国的粮食自给率水平较高，粮食安全有高度保障。满足基础食物消费的粮食自给率和满足营养需求的粮食自给率一直都远远高于 100%，从而进一步说明中国的粮食安全水平高，无需担忧传统的粮食自给率较低这一问题。但是这一指标也存在以下问题：把每种粮食对营养的作用等同，实际上其作用是有差异的，如大豆蛋白含量高，谷物能量含量高，前者对人的保健作用更强；没有考虑粮食单产，大豆单产显然低于谷物，长期以来我国大量种植高产的谷物，进口低产的谷物，进

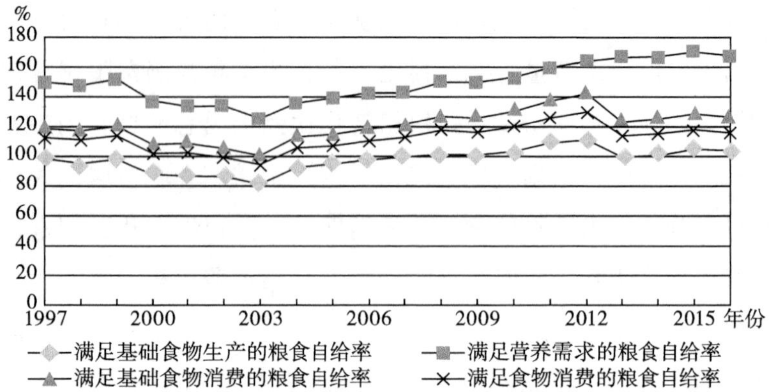


**图 8－1　1997—2016 年各类粮食自给率变化曲线**

口大豆所含的虚拟耕地量大，显然忽视了从资源利用方面计算的粮食自给率。这使得粮食自给率值相对偏高。虽然存在这些缺陷，但是其用于衡量粮食安全水平的科学性是毋庸置疑的。

## 第二节　适度贸易保护国内粮食市场

要提高粮食生产者补贴制度实施的有效性和长效性，必须对我国粮食市场进行适度贸易保护。如前所述，国外低价粮食的进口，会降低我国粮食市场价格，一方面会降低农民收入；另一方面政府要通过收储拉动价格提升的话，又会增加粮食收储量，如果政府预先宣布粮食收购量的话，还会增加政府的 MPS，从而与我国的“黄箱”补贴约束产生矛盾。长期以来，我国对粮食进口量很大，特别是大豆的高度国际市场化，有的人可能担心限制粮食进口会影响本国粮食安全。如何看待这一问题呢？事实上，2013 年底中央农村工作会议就首次提出了粮食适度进口战略。粮食适度进口，即要求既能保障国家粮食安全，又能适度保护国内粮食市场，从而可以使补贴达到既提高农民收入又符合国际补贴约束的目标①。为此，需要

① 王文涛，肖琼琪．改革开放以来中国粮食贸易从调剂余缺到适度进口的战略演变［J］．湖南师范大学社会科学学报，2018（6）．

我们对粮食适度进口战略有正确的认识，这需要总结我国粮食贸易的历史轨迹，深入探讨适度进口战略的可行性和必然性，并结合当前国内外粮情等变化，提出适度进口战略的政策建议。

## 一、改革开放以来我国粮食贸易历史轨迹

改革开放以来，我国粮食贸易的历史轨迹如图 8 - 2 所示。从改革开放到加入 WTO 之前，我国粮食基本自给，净进口与净出口交替出现，呈现出波动性的特征；从加入 WTO 起，我国粮食就呈现净进口的特征，且进口增长较快；自 2015 年之后，粮食净进口量和产量双下降，这说明我国粮食适度进口战略开始取得成效。

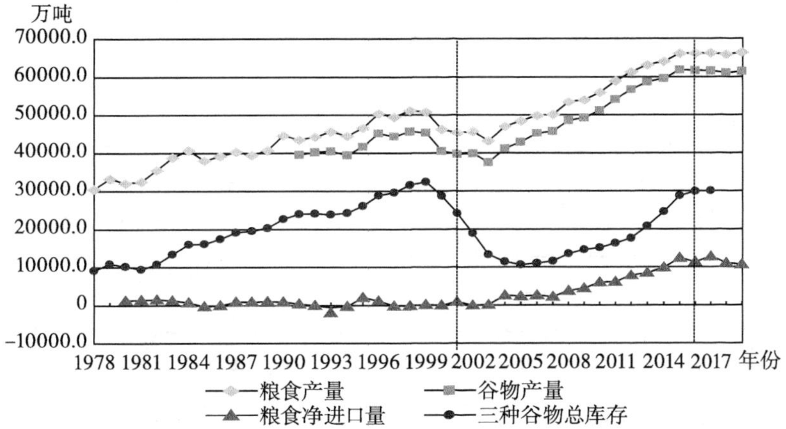


**图 8 - 2　1978—2019 年我国粮食产量、谷物产量、库存量、粮食净进口量曲线**

### （一）1978—2000 年 调剂余缺阶段

改革开放以后，政府高度重视粮食生产，先后采取了一系列政策措施来提高农民生产积极性和粮食产量，我国的粮食产量从 1978 年的 3.0 亿吨增长到 1998 年的 5.1 亿吨，20 年间增长了 70%，粮食基本上实现自给，有力地回击了布朗先生提出的“谁来养活中国”的命题。由于粮食需求增长刚性和生产具有波动性的特征，当国内粮食供不应求时，国家就要通过进口来满足国内粮食需求以实现粮食安全，但是我国的粮食净进口量并不

大，最大净进口量为1995年的1967万吨；1984—1998年，我国出现了三次粮食过剩①，只能通过扩大粮食出口来减少超额供给。从图8－2中可以看出，1978—2000年，我国粮食贸易波动性明显，粮食净进口和净出口交替出现。

从具体品种来看，如图8－3所示，①就谷物品种而言，小麦常年为净进口，但是净进口量呈现出波动下降的趋势；玉米多数年份为净出口，且出口量较大；大米绝大多数年份也为净出口，其出口量小于玉米；②就大豆而言，1996年前大部分年份为净出口，即1978—1982年为净进口，1983—1995年为净出口。自1996年起我国主动开放大豆市场，大豆进口关税由114%降低到3%之后，由大豆净出口国变为净进口国，大豆进口量增长迅速。1996年大豆净进口量为92万吨，2000年我国大豆进口量增长到1021万吨，4年间增长了10.1倍。

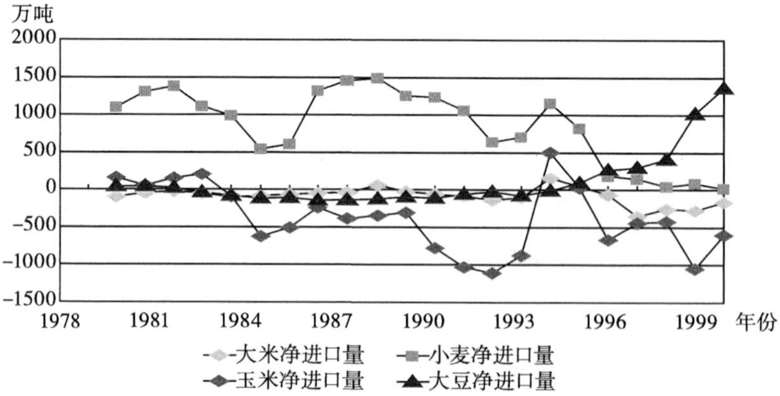


**图8－3　1978—2001年四大主粮净进口曲线**

由此可见，在加入WTO之前，我国就实现了粮食基本自给，丰年有余，国际市场仅起到调剂余缺的作用。在该阶段，粮食贸易为国营贸易，每年的进出口量由国家计委根据粮食供求情况来决定，而且国际价格与国

① 卢峰．三次粮食过剩（1984—1998年）：我国粮食流通政策演变的备择解释［R］．NO．C1999003，1999－2－22．

内价格能很好地隔离①。

## （二）2001—2015 年 进口快速增长阶段

2001 年底我国加入 WTO，实行高度开放的农业贸易政策，粮食进口进入了快速增长阶段。如图 8 －2 所示，从 2001 年起，我国粮食贸易由原来的进出口交替或波动，转变为进口持续快速增长。2004 年我国粮食净进口量就达到 2492 万吨，超过了入世前的历史最高值。2013 年进口高达 8402 万吨，且呈现出快速增长的趋势，2015 年粮食净进口量高达 1. 23 亿吨，是入世前历史最高值的 6. 25 倍。同时，还出现了与加入 WTO 前不同的重要特征，即自 2005 年起就出现了粮食进口量、生产量、库存量三量齐增的反常现象，这表明非需进口情况严重（如图 8 －2 所示）。2013 年，我国粮食库存已接近历史库存的中位值，这说明我国粮食已经进入第四次过剩阶段。与前三次粮食过剩不同的是，第四次粮食过剩已经不可能通过国际市场消除过剩，因为过剩主要的原因是非需进口造成的。

虽然粮食整体呈现出进口快速增长的特征，但是不同粮食品种的进口特征有所不同。如图 8 －4 所示，就谷物整体而言，除 2004 年为净进口外，加入 WTO 之初我国还是谷物净出口国，直到 2009 年，我国才变为净进口国。其中，玉米、大米一直都是净出口，特别是 2003 年玉米净出口高达 1986 万吨，玉米、大米分别于 2009 年、2011 年由净出口转为净进口；而小麦首先是净出口、净进口交替出现，自 2009 年起就一直成为净进口国；高粱、大麦、干玉米酒糟、DDGS 自 2014 年起作为玉米替代品，成为重要谷物进口品种。虽然谷物由净出口国变为净进口国，但是总的趋势为净出口量越来越小，净进口量越来越大，净进口快速增长的趋势明显。2014 年、2015 年谷物净进口分别同比增长 38. 0%、71. 7%，成为除了大豆外影响我国粮食进口的重要粮食品种。

大豆作为我国粮食贸易中主要和关键品种，其进口量一直呈现出进口快速增长的特征。2003 年我国大豆进口量高达 2047 万吨，首次超过国内产量 1539. 3 万吨，并取代欧盟成为世界第一大豆进口国。2015 年我国大

---

① 王新华. 改革开放以来我国粮食贸易政策演变及启示[J]. 粮食科技与经济,2014(4).

豆进口量高达 8155 万吨，2017 年又增长至 9531 万吨，占世界贸易量的 60% 以上。

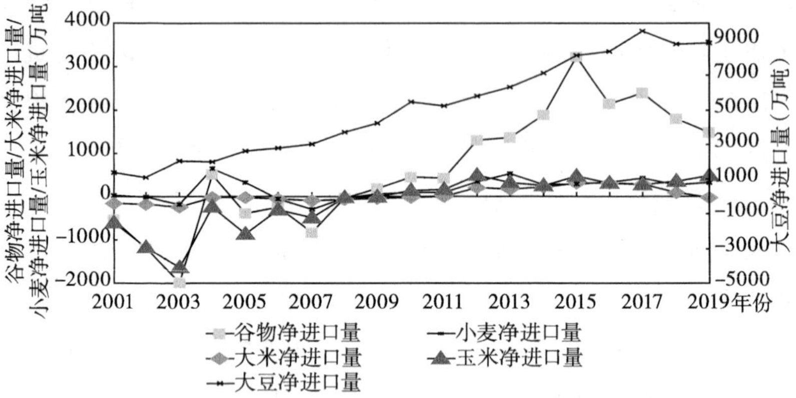


**图 8－4　2001—2019 年我国谷物与大豆净进口曲线**

我国粮食进口的快速增长主要由国内外价差所致，这与我国的粮食支持政策有很大关系。自 2004 年起，我国实行工业反哺农业、城市支持农村的战略，出台了《粮食流通管理条例》，实施了“粮食直接补贴＋支持价格（含最低收购价、临时收储价）”制度，2008 年还规定连年提高收购价格，最终导致国内价差不断拉大。从图 8－5 中可以看出，2008—2015 年国内外粮食价差均呈现出持续增长的趋势。

粮食进口快速增长的积极作用在于，能有效地保障我国的粮食安全。但是目前粮食进口快速增长的消极作用越来越大。①粮食三量齐增现象日益严重，非需进口突出，库存达到极限，原有的粮食收储制度无法持续。根据 FAO 统计，我国谷物产量、进口量和库存量均居世界第一位①。2015 年谷物库存量为 3.201 亿吨，占全球库存量的 42.93%。根据农业部贸易促进中心的研究②，2014 年粮食进口量为 1.06 亿吨，可见一半以上为非需进口。②粮食产业受进口冲击日益严重，从大豆受冲击扩展到谷物即粮食产业受到全面进口冲击，影响到我国粮食安全。三种主粮（谷物）的平均

① FAO. Food Outlook, July 2018.

② 农业部贸易促进中心．粮食安全与非必需进口控制问题研究[J]．农业贸易研究，2015(9)．

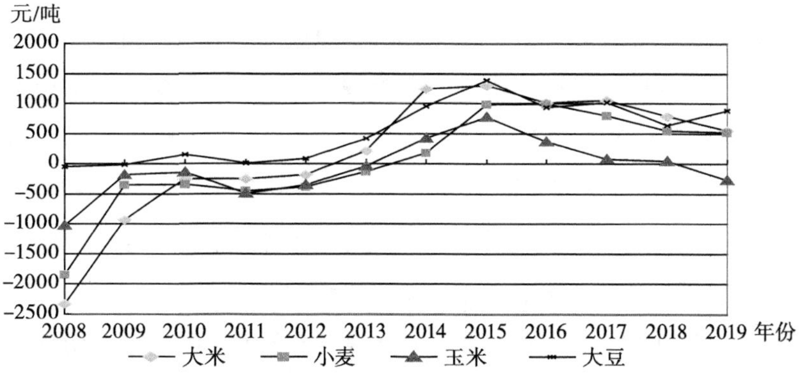


**图 8-5　2008—2019 年四种主粮国内外价差曲线**

数据来源：根据农业部网站《农产品供需形势分析月报（大宗农产品）》计算。其中，价差=国内价格-国际价格；国际价格为到岸税后价格，国内价格为批发价格。

成本利润率也不断下降，2016 年为-7.34%①。

### （三）2016 年至今适度进口阶段

早在 2013 年底的中央农村工作会议上，国家就确定了“以我为主、立足国内、确保产能、适度进口、科技支撑”战略，首次提出适度进口战略。2015 年我国粮食进口量首次下降，这标志着粮食适度进口战略开始取得成效，粮食进入适度进口阶段。

为实施适度进口战略，国家主要实施如下政策：①粮食价格形成机制和农业供给侧结构性改革。2016 年，国家开始农业供给侧结构性改革，实施玉米、大豆、稻谷生产者补贴制度②，以降低本国粮食价格，提升国际竞争力。②调控进口和贸易救济。2018 年，作为对等贸易报复的手段，我国对来自美国进口的大豆、谷物加征 25% 的关税。如图 8-4 所示，2018 年谷物、大豆进口都比上年下降。其中，谷物净进口由 2017 年的 2398.5 万吨下降为 2018 年的 1795.8 万吨，下降了 25.1%；大豆进口由 2017 年的

① 国家发展和改革委员会价格司编. 全国农产品成本收益资料汇编 2017[M]. 北京:中国统计出版社,2017.

② 农业农村部　财政部发布 2018 年财政重点强农惠农政策[EB/OL]. http://www.moa.gov.cn/xw/bmdt/201804/t20180403_6139533.htm,访问日期 2018-8-1.

9530.6万吨，下降为2018年的8803万吨，下降了7.6%。③培养跨国粮商。2014年、2016年中央一号文件都提出要培育具有国际竞争力的粮棉油等大型企业。④进口多元化。包括积极建立自由贸易区、加强农业对外投资、签订政府间进口协议等，如中国与泰国政府间签署了高铁换大米计划。⑤参与全球粮食安全治理。2018年中央一号文件提出"积极参与全球粮食安全治理和农业贸易规则制定，促进形成更加公平合理的农业国际贸易秩序"。其主要措施有：积极参加联合国粮农组织、G20和亚太经合组织等倡议建立的治理机制，维护全球粮食贸易市场秩序[①]；创新国际农业合作机制，以"一带一路"沿线国家及最不发达国家为重点，加强农业对外投资和援助，促进农业技术交流与合作，提升全球粮食生产能力。

我国的粮食适度进口战略取得了初步成效，如粮食国内外价差不断缩小、粮食进口的全球布局更加合理、中粮集团已经跻身世界第二大粮商、有效提升了全球尤其是非洲国家的农业技术和粮食生产能力[②]。

但是，粮食适度进口战略的实施，与世界最大粮食出口国的美国产生了较为严重的贸易摩擦。2016年9月，美国以中国2012—2015年对三大谷物的补贴超限为由向WTO起诉，而根据2019年WTO争端解决机构的裁决，要求我国改革粮食最低收购价制度，这对我国粮食适度进口战略形成新的挑战。

## 二、粮食适度进口的必然性与可行性分析

### （一）粮食适度进口的必然性分析

#### 1. 粮食需求刚性增长与生产增长缓慢的矛盾必然需要适度进口

一方面，随着人口、收入增长及城镇化的加速，粮食需求呈现刚性增长。我国的粮食需求量将在2030年达到峰值7.18亿吨[③]。另一方面，由于

---

① 李伟．新时代粮食与食品安全保障[J]．新经济导刊，2017(12)．

② 白锋哲，吕珂昕．开放合作引领农业走向世界：党的十八大以来农业国际合作成就综述[N]．农民日报，2017-09-25(001)．

③ 程郁，周琳，程广燕．中国粮食总量需求2030年将达峰值[EB/OL]．http://www.drc.gov.cn/zjsd/20161201/4-4-2892168.htm.

工业化、城镇化占用水土资源及保护生态环境等原因，粮食产量增长受到约束，从中长期来看，中国粮食呈现供求紧平衡。虽然改革开放40多年来我国粮食总产量翻了一番至6亿多吨，但是总产能中存在透支生态环境从而要逐渐退出的边际产能①。因此，我国要实现粮食安全，必须进口粮食来满足国内需求。

2. 开放经济条件下农业比较优势下降必然会扩大粮食进口

首先，加入WTO之前我国可利用关税及非关税壁垒来限制粮食进口，高度保护国内粮食市场；而加入WTO后，受《WTO农业协议》及入世承诺的约束，我国对粮食市场的保护政策是受到限制的，我国的粮食市场更容易受到冲击。其次，开放经济条件下农业的比较优势下降，生产成本提高，会扩大粮食进口。农业与工业相比，其生产增长率慢于工业，因此比较优势会降低。近年来我国劳动力供应量不断减少②，劳动力成本不断上升，这使我国粮食生产的比较优势进一步下降。从2011年到2017年，稻谷、小麦、玉米三种粮食的平均总成本提高了38.2%，其中生产成本提高了35.8%，人工成本提高了56.1%。

3. 工业化、城镇化加速下农民收入相对下降必然要限制粮食进口

一方面，工业化、城镇化加速会促进劳动力、土地向城镇及工业转移，会导致农业劳动力与耕地面积减少，这会提高农业劳动力和土地使用的成本；另一方面，劳动力向城镇、工业的转移是有限的，特别是中年以上劳动力的转移更难，所以留在农业中的劳动力规模较大，而且多为老年、妇女等难以转移的劳动力。耕地面积不断减少，进一步缩小了农业生产的规模，限制了规模经济对粮食生产成本的降低作用。因此，劳动力和土地要素成本的提高，规模经济的有限性，必然会导致农民种粮收入相对下降。要提高农民收入，就需要保护粮食市场，特别是限制国外粮食进口

---

① 李伟. 新时代粮食与食品安全保障[EB/OL]. http://www.drc.gov.cn/zjsd/20171221/4-4-2895120.htm.

② 韩俊. 中国已经到了刘易斯拐点了[EB/OL]. http://finance.ifeng.com/a/20161218/15085462_0.shtml.

对我国粮食市场的冲击。这说明，在工业化、城镇化加速背景下为避免农民收入的大幅度下降，也必然要限制粮食进口。

### （二）粮食适度进口的可行性分析

（1）综合国力提升及对国际市场掌控力度不断加强为粮食适度进口提供了坚实基础。我国是世界第二大经济体，国际商品贸易第一大国，外汇储备全球第一，参与全球粮食安全治理的能力不断加强。①中国作为贸易大国，农产品贸易占总贸易额的比重较小，我国是世界消费品的主要市场，这决定了粮食出口国对我国粮食禁运的可能性已经越来越小。同时，中国对国际公平贸易规则的影响能力不断增强，在 WTO 中发挥的作用越来越大。②中国作为世界上主要的粮食生产国、进口国和消费国的地位决定，大国效应的存在将限制中国的进口规模，保持适当的粮食生产能力。不同于小国，如果中国进口规模过大，将会拉动国内外粮食价格上涨，促进本国粮食产能的提升。③中国作为世界上最大的粮食消费市场，在本土市场占有率高、竞争力强的企业进行跨国投资具有天然的垄断优势，根据跨国投资的垄断优势理论，这有利于中国大型国有粮食企业进行跨国投资，提升对全球粮食价值链、产业链的控制能力。

（2）技术进步与制度创新将缩小与发达国家的差距，为粮食适度进口提供了内在保障。①技术进步是中国突破资源约束瓶颈，降低粮食生产成本，提升竞争力的重要手段。中国作为一个发展中的大国，农业技术创新方面与发达国家的差距越来越小，而且具有国家研发投入大、市场规模大等独特的自身优势。②制度创新有利于降低成本和国内粮食价格。加强农民之间的联合，提高农民的管理能力，完善土地的流转和管理，以改变农业弱质性特征，这都有利于降低粮食生产成本；改革原先的价格支持体系，有利减小国内外价差，减少进口量。

（3）国际资源开发利用潜力大，为粮食适度进口提供了重要保障。如果各国充分开发农业资源、技术的话，那么国际的粮食供给是有高度保障的，甚至有可能快于需求的增长。因此，我国加强与这些非洲地区发展中国家的联系，开发其农业资源，提升粮食生产能力，必然会有利于国际粮食保障能力的提升。

（4）WTO赋予各国保障国家粮食安全的基本权力，为适度进口提供了制度支撑。WTO倡导各国按照比较优势进行分工，但是又强调了对粮食安全的非贸易关注，以及各国可进行贸易救济适当保护本国产业发展的权利。《WTO农业协议》具有不公平性，保障发展中国家或粮食进口国的粮食安全的呼声越来越得到国际社会的重视。《WTO农业协议》规定了基于粮食安全的储备是“绿箱”政策，可以免予削减。对于贸易救济，我国可以利用“两反一保”来对农业进行适当保护。其中，两反是指反倾销和反补贴，一保是指国家可以采取保障措施来保护本国粮食产业。

## 三、粮食适度进口战略的挑战及政策建议

当前我国的粮食进口量很大，实现适度进口战略还有很长的路要走，并且面临着一场激烈的国际竞争。这是一场在WTO规则框架下，由各国政府及其跨国粮商、农业资源、市场基础条件组成的粮食综合能力之间的竞争。在这场竞争中，我们必须扬长避短，掌握粮食安全主动权，既要掌握适度进口的本质和标准，也要灵活运用WTO规则，加快实施多元化进口战略。

（1）把握适度进口的核心要义。关于适度进口的概念，当前理论界普遍认可的解释是[①]进口规模要适度、进口品种和渠道要多元化、进口方式要多样化。考虑到适度进口战略的实现要受各种国际国内因素的影响，从提高政策的可操作性角度出发，还需要对适度进口概念进行更深入的解读。①从总量上分析，是进口多了不行，少了也不行。②从政策操作层面来看，我国既要防范国际贸易正常开展前提下进口过多而冲击国内市场的问题，又要防范国际市场波动或供应紧张时我国难以进口到正常数量的粮食从而产生的国内粮食安全问题，即适度进口必须控制粮食进口风险。这要求我国在对粮食市场进行适度保护的前提下，一方面提高粮食的价格和非价格竞争力，保障有效供给，形成对我国粮食的有效需求；另一方面要

---

① 竹子俊．粮食适度进口时代来临[J]．中国对外贸易，2014(6)．

提高全球粮食安全治理能力，增强对国际粮食市场的控制能力，防范进口风险[①]。

（2）掌握适度进口的基本标准。其主要有以下五种：①非需进口标准。粮食适度进口的量应该由确保产能的生产量、库存量以及粮食需求量确定的供求差额来确定，即非需进口为零。粮食产量由产能决定，而且生产量与库存提取量都为有效供给量，两者之和与市场需求的差额应为适度进口量。因此，产能上升、库存增加，粮食进口量就应减少。②总量标准。适度进口要求，我国粮食进口量占全球贸易量的比重不能过大，更不能对国际市场形成依赖，我国必须保持较高的粮食自给率，否则主要出口国或国际市场的变化，将使我国产生很大的进口风险。③增长率标准。粮食的适度进口增长率必须与全球贸易增长率相适应，而且粮食进口增长要平稳。④农民收入标准。粮食适度进口要求我国粮食产能不能受进口冲击过大，要确保粮食农民收入。⑤品种标准。2013 年底确定的粮食安全战略的底线是“谷物基本自给，口粮绝对安全”，根据我国实际，就是要确保三大主粮即稻谷、小麦、玉米的基本自给。这是粮食安全的底线，绝不容突破。

（3）发挥好世贸组织基本作用。①推动建立公平的贸易规则。我国要推动 WTO 多哈回合谈判，一方面要确保粮食产品有限关税和国内支持空间不做减让[②]；另一方面要联合发展中国家在争取农产品特殊保障措施等方面获得突破，特别是要规定粮食出口国的出口义务，确保其粮食出口的稳定性。②积极运用粮食贸易救济措施。目前，我国粮食产业包括三大谷物和大豆受到的冲击是全面的，必要时要对主要粮食品种实施贸易救济措施。③运用好争端解决机制解决中美贸易摩擦。当前美国诉中国农业国内支持案的专家组报告对我国有一定影响。但是，中美农业国内支持争端内容绝不仅限于此，日后还有可能发生在其他领域。因此，我们必须加强跟踪美国政界特别是农业部、贸易代表办公室的动态，加强对《WTO 农业协

---

① 王文涛，肖琼琪．改革开放以来中国粮食贸易从调剂余缺到适度进口的战略演变[J]．湖南师范大学社会科学学报，2018(6)．

② 农业贸易促进中心．粮食安全与非必需进口控制问题研究[J]．农业贸易研究，2015(9)．

议》特别是补贴通报方法的研究，前瞻性地提出改革及应对措施，做到防患于未然。我们还要联合与我国国情或补贴阶段类似的粮食进口国，加强贸易争端的应对。④根据 WTO 规则完善农业国内支持改革，其核心问题是既要符合 WTO 规则，又能调动农民种粮积极性，这是实现适度进口的有效途径。根据《WTO 农业协议》关于“绿箱”“黄箱”的界定标准及我国的入世承诺，来完善我国的农业国内支持政策。我国补贴的改革方向就是“黄箱”补贴向“绿箱”补贴和“蓝箱”补贴转变，特定农产品向非特定农产品补贴转变。

（4）加快实施多元化进口和走出去战略。通过多元化战略的实施，我国还可以提高发展中国家乃至全球粮食综合生产能力，为我国粮食进口创造良好的国际供应条件。我国更要有重点地加强与某些国家的联系，如巴西、俄罗斯、刚果都是合作的重点国家，其可开发潜在耕地面积分别为 3.34 亿公顷、1.50 亿公顷、1.00 亿公顷①，粮食发展潜力很大。同时，我国还要积极开拓国外粮食出口市场，为我国阶段性过剩或库存高的粮食寻找适当的出口市场，以使国际市场能够对本国的粮食供求形成有效的调剂作用。

## 第三节　加强粮食市场基础条件和调控能力建设

### 一、加强粮食市场基础条件和调控能力建设的必要性

当前我国的粮食补贴政策还要根据世贸组织的要求进行改革，这意味着市场化程度不断加深，政府对市场直接控制能力随之减弱。同时，我国的粮食市场还面临着激烈的国际竞争，要实现确保粮食安全、提高农民收入等目标，必然要求政府加强粮食基础条件和调控能力建设。从理论上来讲，这是由以下因素决定的：

---

① 周曙东，赵明正，陈康，等．世界主要粮食出口国的粮食生产潜力分析[J]．农业经济问题，2015(6).

### （一）公共产品

首先，粮食安全具有公共产品属性。粮食具有私有物品属性，但是粮食安全却具有公共物品属性。一个国家的粮食安全了，本国所有居民都可享受粮食安全，粮食安全具有非排他性。因此，作为公共物品的粮食安全，必须由政府来提供。但是，在市场经济条件下粮食市场价格又是波动的，这也决定了政府必须对粮食市场进行干预和调控。其次，粮食生产、流通和消费中的公共产品需要政府提供。如粮食生产中的基础技术研究、粮食流通中的粮食供求信息就是公共产品，居民形成对国产农产品的偏好性就会使粮食生产者和加工商都能免费享受由其所带来的商业利益，且具有非排他性的特征，这就需要政府提供对本国农产品的营销这一公共产品。

### （二）弱质性

粮食产业弱质性表现在以下两个方面：一是粮食生产本身就具有弱质性特征。其主要是指我国粮食生产的水土资源紧缺、农业比较优势低于工业和服务业、粮食市场价格波动风险大等，这会导致农民不愿意多生产粮食①。二是粮食国际竞争中的弱质性。与发达国家相比，我国在粮食贸易、生产、流通、加工和消费等市场基础条件方面仍具有一定弱质性。加入WTO后，我国实行了世界上最为开放的粮食贸易政策，而发达国家可以实施的贸易保护程度却远高于我国；我国虽然在农业科技方面取得了很大进步，但是总体上与发达国家相比仍然具有一定差距；我国的粮食流通成本还较高，粮食物流大通道急需进一步完善；跨国公司已经垄断了我国的大豆加工和流通，民族企业与其相比竞争力较弱；期货市场虽然得到了长足的发展，但是粮食的国际定价中心仍然位于美国的芝加哥期货市场；国内居民对本国农产品的偏好程度有待提高，很多居民更偏好于外国的农产品。因此，粮食产业的弱质性决定，我国要在与农业补贴政策有关的领域取得优势，必须由政府进行适度干预。

---

① 怎样养活中国人：开放经济条件下的粮食供求紧平衡[M]. 北京：中国经济出版社，2019.

### （三）战略性

首先，粮食是关系国计民生的重要战略物资。无粮不稳，无粮则乱。作为世界上人口最多的发展中国家，中国人的饭碗主要装中国粮。因此，中国粮食问题的战略性是不言而喻的。其次，加入 WTO 后，从战略上影响其他国家的政策成为各国战略争夺的新高点。WTO 成员方的粮食政策的制定与实施已不仅是国内政策问题，还要受到国际贸易规则的约束。有些国际贸易规则是已经明确制定好，没有争议的，但还有一些规则具有模糊性。如何利用好这些模糊性，来达到对本国更有利的目标，是很多国家考虑的重要问题。如美国对本国农业政策的改革在国际上一直处于领先地位，经常变换补贴的名称，或使用新补贴工具及变更向 WTO 的通报方式，达到既规避 WTO 对其补贴的约束，又不引起其他成员国非议的目的。2014 年，美国农业法案就把原先的直接与反周期补贴改为价格损失保障，把新实施的本质上属于“黄箱”补贴的农民保险费补贴按“绿箱”补贴向 WTO 通报。同时，美国起诉中国的国内支持政策，以期通过中国相关政策的改变来减少中国对农业的补贴总量和方式，来降低中国农民收入和影响中国粮食安全。

## 二、加强粮食市场基础条件和调控能力建设的主要任务

### （一）完善粮食市场基础条件方面

1. 降低粮食生产成本

这是提升我国粮食产业竞争力，保障粮食生产者补贴制度可持续性实施的基础条件。其主要手段就是加强粮食科技创新、促进土地合理流转，扩大规模经济。粮食科技创新方面，2017 年我国稻谷、大豆的单产分别为美国的 82.1%、54.3%，提高单产、降低成本的潜力还较大。尤其是大豆要加大研发投入力度，提高单产和质量。我国拥有丰富的大豆种质资源，育种潜力很大。如中国农科院作物科学研究所选育的“中黄 35”品种在新疆地区的试验田已经连续 4 年创造了亩产超 400 公斤的纪录，而我国目前的大豆平均亩产仅为 120 公斤左右。土地合理流转方面，我国必须推动建

立低土地流转成本的规模经营。当前我国的土地流转成本很高，政府为提高农民收入的补贴又推高了地租，最终限制了粮食生产规模的提高和粮食生产成本的降低。如何建立一种土地流转规模大、地租成本低的机制迫在眉睫①。

2. 建设粮食供求信息系统

当前我国还没有建立起向公共免费开放的国内及全球粮食供求信息系统。虽然国家在粮食信息系统建立方面已经取得了一定成绩，如国家统计局网站有历年统计年鉴可查，也建立了数据查询系统；农业部也建立了专家预警委员会，定期发布粮食月度供需形势报告，但是这些数据覆盖范围还有待扩大，报告的研究深度及广度都有待提高，还不能完全满足社会需求，与美国农业部粮食供求信息系统相比还有很大差距。当前要尽快整合农业部、商务部、粮食局等部门及中粮、中储粮等公司力量，建立向社会免费开放的、权威的全球大豆供求信息系统，克服依赖美国农业部数据的缺陷。

3. 建设好期货市场

中国作为全球最大的粮食进口国，亟须形成全球的粮食定价中心，使其成为粮食价格发现中心和农民及粮食加工企业套期保值的场所。2004年，中国大豆加工企业远赴美国芝加哥期货市场采购大豆，采购时期货价格高，采购后期货价格大幅度下跌，使我国大豆加工企业损失惨重，最终全行业几乎整体落入跨国粮商手中，这样的教训实在太深刻了，绝不能再重演。当前大连期货市场成为全球大豆第二大期货市场，郑州期货市场发展也很快，但是仍然需要提高其在全球粮食期货市场中的地位。要提高国内企业和农户利用期货市场套期保值的能力，特别是对农户而言，直接参与期货市场的能力更弱，这要求国家成立专门的期货经纪公司，与农民签订合同，汇总农民的合同，代表农户参与期货市场。同时，政府要及时发布国内有关粮食供求和政策变化等方面的信息，影响粮食期货价格，并产

① 王文涛．增加大豆的政策应上升为国家粮食安全战略[N]．农民日报，2016-10-22(003).

生对我国有利的影响。

4. 打造粮食企业航母

做大做强国有粮食企业，打造国际粮食航母是扩大对国产粮食偏好和需求，提高农民收入与种粮积极性特别是增加大豆生产的重要载体。目前，我国的民营企业还很弱小，做大民族企业的重任天然地落在了国有粮食企业身上。2018 年曾是“大豆进口王”的山东晨曦集团破产事件就说明[①]，我国民营粮油企业的整体竞争力有待加强。国有企业与跨国粮商相比，总体上规模小，产业链条短，管理相对落后。当前中粮集团已跻身于跨国粮商行列，但是其竞争能力还有待提高。做大国有企业要求以混合所有制改革为契机，借鉴中国建材集团混合所有制改革的经验，吸引民营粮食企业资本参股国有粮食企业，提高民族企业的规模和竞争能力。

5. 规制跨国粮商以建立公平的竞争环境

这是建立粮食市场经济的必然要求。目前，跨国粮商利用贸易与投资一体化优势，已经垄断了我国大豆产业链，并向小麦、稻谷、玉米产业延伸。鉴于跨国粮商可能对粮食生产资料形成垄断进而提升农资价格和粮食生产成本，以及垄断粮食产业链条，尤其是打压本土非转基因大豆生产与加工的严峻局面，我国必须对其垄断势力及不正当竞争行为进行合理的规制。要根据《反垄断法》的要求，科学评判其垄断势力和不正当竞争行为，并进行相应规制，尤其要防止其对种子产业的控制、高价收购原粮低价销售成品粮的不正当竞争行为。

6. 提高消费者对国产粮食特别是大豆的偏好

运用差异化的非价格竞争手段是提升我国粮食竞争力特别是扩大国产大豆需求和增加生产的必由之路。在国产大豆存在价格劣势的情况下，扩大国产大豆需求必须运用非价格竞争手段，即差异化竞争手段。国产大豆与进口大豆实质是两种产品、两个市场，虽然有差异化，但是如果差异化

① 王文涛，肖琼琪．改革开放以来中国粮食贸易从调剂余缺到适度进口的战略演变[J]．湖南师范大学社会科学学报，2018(6).

不彻底，大豆市场需求就难以有效扩大。对此有三点建议：①宣扬国产大豆的传统文化及品种特征，提高消费者认知上的差异化。中国作为大豆的原产国，具有几千年的种植历史和消费文化。这要求政府职能部门、大豆协会与企业大力协同宣传。②对大豆产品实行全面的差异化。国产大豆油脂必须在扩大消费者认知的基础上，进行溢价销售。国产大豆油脂与高端油脂如茶油相比，仍然具有价格优势。③营销渠道差异化。这就要求通过互联网将国产大豆油脂等大豆产品销售给广大消费者，提高市场占有率和铺货率①。

### （二）加强粮食市场调控能力建设方面

粮食补贴制度改革是国家农业政策与贸易政策的一部分，服从于国家粮食安全和提高农民收入的大局，要把握好粮食“多”与“少”“质”与“量”、生产与流通、当前与长远、政府与市场、国内与国外这六对关系②，这就要求提高政府的政策制定能力、应急反应能力、政策执行能力。

1. 政策制定能力有待提高

在国际化市场化进程不断加快的背景下，我国的粮食安全政策必须与时俱进，这要求我国提高政策制定能力，以制定出适应国际化挑战及符合国际规则的市场化改革政策，但是从当前实际来看我国政策制定能力还有待提高。就粮食补贴政策而言，2001 年加入 WTO 后，我国为适应粮食国际化的需要进行了粮食市场化改革，取消了粮食保护价制度，实施粮食直接补贴制度，同时为了稳定粮食价格在粮食主产区实施了最低收购价制度。应该说，这些制度改革降低了政府的直接干预力度，更大地发挥了市场作用。用粮食直接补贴制度取代粮食保护价，是把政府对农民的间接补贴变为直接补贴，变暗补为明补，大幅度降低了支持价格水平和实施范围，这意味着市场化改革在不断推进。但是，随着 2008 年国际粮食危机以及粮食进口增加对国内粮食市场冲击的出现，我国政策制定能力方面还不能适应国际化冲击下推动市场化改革的要求，特别是要根据 WTO 规则及

---

① 王文涛. 增加大豆的政策应上升为国家粮食安全战略[N]. 农民日报,2016-10-22(003).

② 张务锋. 坚决扛稳粮食安全重任[N]. 人民日报,2019-9-19.

借鉴各国的政策实践，适时对我国政策进行改革，以缓解贸易摩擦并实现粮食安全。

2. 政策执行能力有待加强

政策执行能力的提高是提高政策效果和有效应对国际竞争的需要。以2014 年大豆目标价格补贴政策试点为例，2014 年的中央一号文件提出要试点大豆目标价格补贴政策，但是直到 5 月 17 日大豆播种期结束后国家才公布大豆目标价格，8 月 26 日国家发展改革委、财政部才印发《关于印发大豆目标改革试点方案的通知》，11 月 18 日财政部正式发布《关于大豆目标价格补贴的指导意见》，12 月初国家发展改革委、财政部对东北四省联合下发《国家发展改革委 财政部关于大豆目标价格改革试点工作实施方案的批复》，2015 年 1 月底东北试点省份才制定出关于大豆目标价格补贴实施方案的细则①，各省份才开始丈量农户的播种面积，而此时大豆早已收割完毕且大雪封地，根本难以准确测量出农户的大豆播种面积。最终，政策实施对农户大豆生产决策的影响有限，农户的大豆积极性难以有效提高。所以，提高政策执行能力对农业政策特别是补贴政策效果有重要意义。

## 三、加强粮食市场基础条件和调控能力建设的对策建议

### （一）建立粮食统筹管理机构

当前我国的粮食市场管理和调控涉及多个部门、各级政府，统筹管理难度大，难以形成政策合力，不适应粮食市场化和国际化的挑战。粮食市场管理和调控涉及发展改革委、农业农村部、商务部、科技部、国土资源部、粮食局等多个部门，如发改委负责全面的市场管理及价格调控，农业农村部负责粮食生产和贸易促进，国家粮食和物资储备局负责粮食收购与储藏，商务部负责粮食贸易和国际争端，科技部负责农业科技进步，财政部负责粮食补贴拨款及补贴政策制定，统计局负责信息统计等。因此，涉

① 徐雪高，齐皓天，张振，等．大豆目标价格补贴政策及其执行效果分析[J]．中国物价，2017(2)．

及粮食管理和调控的部门多，统筹管理难度大，势必会影响市场管理和调控的最佳效果。

同时，粮食管理和调控又涉及中央政府、省政府、市政府、县级政府等，这需要各级政府加强协调，减少利益冲突。粮食安全省长负责制要求各省（直辖市、自治区）政府必须切实承担起保障本地区粮食安全的主体责任，全面加强粮食生产、储备和流通能力建设，对于我国这样一个国土面积大、人口多的国家来说，是很有必要的。但是，由于全国已经形成统一的大市场，而且粮食生产、流通给本省带来的收益远低于其他产业，因此各省会从本地区的利益出发去处理粮食问题，减少对粮食安全方面的投入，却希望其它省份或中央政府加大投入①。

因此，要加强粮食市场管理和调控，首先，必须解决政出多门的弊端。我国有必要成立类似美国大农业部的部门，行使粮食生产、科技、价格、储备、调控、统计、贸易等职能，对外处理贸易争端，对内维护市场竞争环境。其次，合理划分中央和地方管理权责。要明确粮食安全的公共物品属性，中央政府要在粮食安全中承担首要责任。

### （二）提高粮食调控机构的管理能力

在国际化市场化背景下，加强粮食市场的宏观调控，要求政府部门具有很强的管理能力。一方面，粮食市场运用了市场经济的高端工具，如信息、期货、国际贸易等；另一方面，国内外粮食市场的整合与竞争，又要求政府熟悉国际贸易规则，并根据国际竞争需要提出新的竞争战略。提高调控机构的管理能力，关键是要提高粮食行政管理人员的管理能力。粮食行政管理人员不仅要有经济学、管理学、国际贸易等各学科丰富的理论知识，还要有高超的沟通能力和丰富的管理经验。因此，既要做好粮食行政管理人员的招聘工作，加大从政府相关部门、粮食企业、高校以及海外大型粮食企业的招聘力度，还要加强对粮食行政管理人员的学历培训、在职培训甚至海外培训，不断提高其管理能力。

---

① 王文涛．确保安全的粮食供求紧平衡研究[J]．长沙：湖南大学，2013.

# 附录1　大豆目标价格补贴政策农户调查问卷

尊敬的农民朋友：您好！

我们是来自××科技大学的调查员，正在进行东北三省和内蒙古自治区大豆目标价格补贴政策的调查，您的合作对我们了解相关信息意义重大。问卷中问题的回答无对错之分，请根据自己的想法和做法填写即可，无需任何顾虑，我们将严格保密并只用于科学研究分析。请您在横线上填写数据或在方框内打√。谢谢您的合作！

调查时间：________

被调查者姓名：________

地址：________省（区）________市________旗（县）

________ 乡（镇）________村（屯）________组（队）

## 一、农户基本情况

1. 被访问者情况：年龄____岁

**性别**：□男　□女

受教育程度：□小学及以下　□初中　□高中　□大专及以上

2. **您家庭人口**____ 人，劳动力有____ 人，自有耕地面积有____ 亩；土地流转出____亩，土地流转入____ 亩，耕地面积共有____ 亩。

3. **从事农业劳动**____人，分别受教育程度：小学及以下__ 人；初中____ 人；高中____ 人；大专及以上____ 人。

4. **您家属于哪种农业经营主体**：□普通兼业农户　□种粮大户　□家

庭农场 □农民合作社成员

5. **您家在：** □高原 □平原 □丘陵 □浅山 □深山

6. **您家的土地肥沃程度：** □贫瘠 □比较贫瘠 □一般 □比较肥沃 □肥沃

7. **您家看天收的耕地有**______（亩）；旱涝保收的耕地有____（亩）。

8. **请问您家耕地适合种植**（可多选）：

□大豆 □玉米 □小麦 □水稻 □其它

9. **请问您购买化肥等农资的主要支付方式是：** □现金 □赊购

10. **请问您是否因为没钱而耽误购买农资？**

□从来没有 □偶尔 □经常

11. **请问您销售大豆等粮食的主要渠道是：** □粮贩子 □粮食加工企业 □私有粮食收储企业 □国家指定的粮食收购点

## 二、大豆等粮食生产成本—收益情况

1. 2014 **年天气情况：**

□严重干旱 □较干旱 □正常年景 □有些涝 □严重涝灾

2. **您对农资等生产成本的看法：**

□价格增长过快，难以承受 □基本合适 □价格低，很满意

3. 2014 **年大豆单产比往年：** □偏高 □差不多 □偏低

**2014 年粮食生产成本情况**

| 粮食品种 | 化肥 | 种子 | 农药 | 机械成本 | 服务费用 | 土地租金 | 用工天数 | 雇工天数 | 雇工成本 | 总成本 | 平均成本 |
|---|---|---|---|---|---|---|---|---|---|---|---|
| 大豆 | | | | | | | | | | | |
| 玉米 | | | | | | | | | | | |
| 水稻 | | | | | | | | | | | |
| 小麦 | | | | | | | | | | | |

**2013—2014 年粮食播种面积与收益**

| 粮食品种 | 2013 年 | | | | | 2014 年 | | | | |
|---|---|---|---|---|---|---|---|---|---|---|
| | 播种面积（亩） | 单产（斤/亩） | 售价（元/斤） | 政府补贴（元/亩） | 纯收入（元） | 播种面积（亩） | 单产（斤/亩） | 售价（元/斤） | 政府补贴（元/亩） | 纯收入（元） |
| 大豆 | | | | | | | | | | |
| 玉米 | | | | | | | | | | |
| 水稻 | | | | | | | | | | |
| 小麦 | | | | | | | | | | |

**2014 年您家庭收入及其构成**　　单位：元

| 总收入 | 其中 | | | | | | |
|---|---|---|---|---|---|---|---|
| | 种粮收入 | 种植其它作物收入 | 养殖业收入 | 经营收入 | 外出务工收入 | 政府补贴收入 | 其他收入 |
| | | | | | | | |

## 三、大豆目标价格补贴政策制定、执行及对种植意愿的影响

1. **您了解大豆目标价格补贴政策吗？**

□非常了解　□基本了解　□不太了解　□没听说过

2. **您是通过什么渠道了解大豆目标价格补贴政策的？**

□电视　□报纸　□网络　□亲朋好友　□政府宣传

3. **您了解 2014 年大豆目标价格补贴发放的流程吗？**

□非常了解　□基本了解　□不太了解　□没听说过

4. **您认为当地政府对目标价格补贴政策的宣传工作到位吗？**

□非常到位　□基本到位　□不到位

5. **大豆目标价格补贴政策与大豆临时收储政策，您更愿意接受哪一项政策？**

□目标价格补贴政策　□临时收储政策　□无所谓，哪个都行

6. **2014 年国家公布的大豆目标价格为 4800 元/吨（2.4 元/斤），您认为这一价格水平合理吗？**

□偏高　□合理　□基本合理　□偏低　□严重偏低

7. **您认为是否每一户都会据实申报自己的大豆种植面积？**

□都会　□大部分会　□少部分会　□都不会　□说不准

8. **请问政府是否已经核实过您的大豆种植面积？**

□是　□否　□不清楚

9. **政府核实每一户的大豆种植面积，您认为成本是否高？**

□很高　□正常　□不高

10. **大豆收获后，再核实每一户的实际种植面积，您认为测量误差大吗？**

□很大　□大　□正常　□不大

11. **如果虚报大豆种植面积被发现后，将面临严厉的处罚，比如几年之内不得领取补贴等，您认为会减少虚报面积的人数吗？**

□不会　□稍微减少　□大幅减少　□没有人敢虚报　□不好说

12. **政府对大豆市场价格的采价期为2014年10月至2015年3月，您认为时间：**

□太短　□短　□正常　□长　□不好说

13. **政府会在2015年5月发放大豆目标价格补贴，您认为时间：**

□不合适，过晚　□合适　□无所谓

14. **您是否希望国家尽快实行对玉米、水稻的目标价格补贴政策？**

□希望　□不希望　□无所谓

15. **您认为您家的大豆销售价格是否会高于政府采价期确定的市场平均价格？**

□会　□不会　□不一定

16. **请您填写2014年收获大豆的销售数据（注：2015年3月之后的可写预计值）**

| 销售时间 | 2014年10月 | 2014年11月 | 2014年12月 | 2015年1月 | 2015年2月 | 2015年3月 | 2015年4月以后 |
|---|---|---|---|---|---|---|---|
| 销售数量（公斤） | | | | | | | |

续表

| 销售时间 | 2014年10月 | 2014年11月 | 2014年12月 | 2015年1月 | 2015年2月 | 2015年3月 | 2015年4月以后 |
|---|---|---|---|---|---|---|---|
| 销售价格（元/公斤） | | | | | | | |
| 目前储存量（公斤） | | | | | | | |

17. **您认为大豆采价期结束后，大豆市场价格怎样变化？**

□上涨　□下跌　□不变　□说不准

18. 2015 **年中央一号文件没有提出对玉米实施临时收储价格或目标价格，您将如何调整玉米种植面积？**

□增加　□面积不变　□减少　□以后再说

19. **玉米的销售价格对您决定大豆种植面积的影响大吗？**

□非常大　□较大　□有一点影响　□基本没有影响

20. **今年您会调整大豆的播种面积吗？（选择“不会”请跳过** 21 **题）**

□会　□不会

21. **请问您今年会如何调整大豆播种面积呢？**

□大幅增加　□稍微增加　□大幅减少　□稍微减少

22. **您进行大豆播种面积决策时的依据是什么？**

□上一年的大豆销售价格　□临储价或目标价格　□凭感觉

23. **您种植大豆的主要目的是什么？**

□增加家庭收入　□满足家庭食用　□其它用途

24. **您认为影响您种植大豆积极性的主要原因是什么？（可多选）**

□没有玉米等作物的收入高　□劳动力不足　□水利等基础设施差

□外出务工收入更高　□种植成本高　□政府政策落实不到位

25. **您对正在实施的大豆目标价格补贴政策有什么样的看法或建议：**

______________________________________________________________

本次问卷调查结束，再次感谢您的配合，祝您生活愉快！

# 附录2　粮食生产者补贴与收购政策生产者调查问卷（东北卷）

尊敬的农民朋友：您好！

我们是来自××科技大学的调查员，正在进行粮食生产者补贴与收购政策的相关调查，您的合作对我们了解相关信息意义重大。问卷中问题的回答无对错之分，请根据自己的想法和做法进行填写与选择，无需任何顾虑，我们将严格保密并只用于科学研究分析。请您在横线上填写数据或在方框内打√，谢谢您的合作！

## 一、农户（生产者）基本情况

1. 请问您的地址：________省（区）________市（农垦局）______旗（县）[填空题]

2. 请问您的年龄____岁［填空题］

3. 性别：[单选题]

□男　□女

4. 请问您的受教育程度［单选题］

□小学及以下　□初中　□高中　□大专及以上

5. 请问您家有________口人，劳动力有________人，自有耕地面积________亩，土地流转（含转出、转入）后实际耕种总面积________亩［填空题］

6. 从事农业劳动：________人，其中文化程度方面，小学及以下__

______人，初中________人，高中________人，大专及以上________人［填空题］

7. 您家属于哪种经济主体［单选题］

□普通兼业农户　□种粮大户　□家庭农场　□农村合作社成员

8. 您家地理位置属于［单选题］

□高原　□平原　□丘陵　□浅山　□深山

9. 您家耕地适合种植［多选题］

□水稻　□大豆　□玉米　□小麦　□其他

10. 您近年来大豆种植面积：2017 年________亩；2018 年________亩；2019 年________亩；2020 年________亩［填空题］

11. 您近年来玉米种植面积：2017 年________亩；2018 年________亩；2019 年________亩；2020 年________亩［填空题］

12. 请问您在粮食生产过程中，是否担心资金不足影响生产？［单选题］

□非常担心　□比较担心　□一般　□比较不担心　□完全不担心

13. 请问您销售大豆、玉米、稻谷等粮食的主要渠道是［多选题］

□粮贩子　□粮食加工企业　□私有粮食收储企业　□国家指定的粮食收购点　□自己用，不卖

## 二、玉米、大豆生产者补贴与市场化收购政策相关问题

14. 您熟悉粮食生产者补贴政策吗？［单选题］

□非常熟悉　□较熟悉　□一般　□较不熟悉　□非常不熟悉

15. 您领取过哪几种粮食的生产者补贴？［多选题］

□大豆　□玉米　□水稻　□一种也没领过

16. 每亩大豆的生产者补贴与玉米相比，您认为是否合理？［单选题］

□严重偏高　□稍微偏高　□合理　□略微偏低　□严重偏低

17. 大豆取消目标价格补贴，实行生产者补贴和市场化收购制度后，您认为市场价格波动（或变化）大吗？［单选题］

□非常大　□比较大　□一般　□比较小　□很稳定

18. 玉米取消临时收储政策，实行生产者补贴和市场化收购制度后，您感觉玉米市场价格波动大吗？[单选题]

□非常大　□比较大　□一般　□比较小　□很稳定

19. 玉米由临时收储制度改为实行市场化收购，您是否担心卖难问题？[单选题]

□非常担心　□比较担心　□一般　□比较不担心　□完全不担心

20. 您是否担心大豆的卖难问题？[单选题]

□非常担心　□比较担心　□一般　□比较不担心　□完全不担心

21. 玉米由临时收储政策转为生产者补贴制度后，您认为农户种植每亩玉米的纯收入（含补贴）有什么变化？[单选题]

□大幅增加　□稍微增加　□不变　□略微降低　□大幅降低　□说不准

22. 大豆由目标价格补贴政策转为生产者补贴制度后，您认为农户种植每亩大豆的纯收入（含补贴）有什么变化？[单选题]

□大幅增加　□稍微增加　□不变　□略微降低　□大幅降低　□说不准

23. 您认为种植大豆与种植玉米的收入（加上政府补贴后的纯收入）相比，是否偏高？[单选题]

□严重偏高　□稍微偏高　□相同　□略微偏低　□严重偏低

24. 与种植玉米相比，您对种植大豆是否更偏好一些？[单选题]

□严重偏好　□稍微偏好　□相同　□略微偏好　□严重偏好　□不好说

25. 大豆目标价格补贴制度与生产者补贴制度相比，您更偏好哪一个？[单选]

□目标价格补贴　□生产者补贴　□无所谓

26. 玉米临时收储制度与生产者补贴制度相比，您更偏好哪一个？[单选题]

□临时收储　□生产者补贴　□无所谓

27. 明年您是否会增加大豆与玉米的种植总面积？[单选题]

□大幅增加　□稍微增加　□基本不变　□略微减少　□大幅减少

## 三、稻谷生产者补贴（或目标价格补贴）与收购政策相关问题

28. 您熟悉稻谷生产者补贴政策吗？[单选题]

□非常熟悉　□较熟悉　□一般　□较不熟悉　□非常不熟悉

29. 稻谷生产者补贴与玉米、大豆的补贴相比，您认为是否偏高？[单选题]

□严重偏高　　□稍微偏高　□相同　□略微偏低　□严重偏低

30. 稻谷的最低收购价格下降，并实施生产者补贴后，您种植（或认为别人种植）稻谷的总收入，是否增加了？[单选题]

□严重增加　□略微增加　□不变　□略微降低

□严重降低　□说不准

31. 种植稻谷与种植大豆或玉米的收入相比，是否较高？[单选题]

□严重偏高　□稍微偏高　□相　□略微降低　□严重偏低　□说不准

32. 自2020年起，国家对稻谷首次实施限量收购政策，您对这一政策变化是否熟悉？[单选题]

□非常熟悉　□较熟悉　□一般　□较不熟悉　□非常不熟悉

33. 您认为国家给予农民种植每亩水稻的生产者补贴（或目标价格补贴）是否合理？[单选题]

□严重偏高　□稍微偏高　□一般　□略微偏低　□严重偏低　□不清楚

34. 自2020年起，国家对稻谷实施限量收购，规定的限额收购量与往年实际收购量接近，与往年相比，您是否会担心稻谷会出现卖难问题？[单选题]

□非常担心　□比较担心　□一般　□比较不担心　□完全不担心　□没种稻谷，无所谓

35. 由于2020年国家对稻谷实施限量收购，与往年相比，您是否急于将稻谷在收获后尽快卖掉呢？[单选题]

□非常急　□比较急　□一般　□比较不急　□完全不急

□没种稻谷，无所谓

36. 由于国家补贴与收购政策的变化，自 2021 年起，您是否会减少稻谷的种植面积？[单选题]

□大幅减少　□稍微减少　□不变　□略微增加　□大幅增加　□从没种稻谷，无所谓

37. 您对国家正在实施的稻谷补贴与收购政策有什么样的看法或建议：[填空题]

________________________________________

本次问卷调查结束，再次感谢您的配合，祝您生活愉快！

# 附录3　稻谷补贴与收购政策生产者调查问卷（南方卷）

尊敬的农民朋友：您好！

我们是来自××科技大学的调查员，正在进行稻谷生产者补贴（目标价格补贴）与收购政策的相关调查与研究，您的合作对我们了解相关信息意义重大。问卷中问题的回答无对错之分，请根据自己的想法和做法进行填写或选择，无需任何顾虑，我们将严格保密并只用于科学研究分析。请您在横线上填写数据或在方框内打√，谢谢您的合作！

## 一、农户（生产者）基本情况

1. 请问您的地址：________ 省（区）________ 市（农垦局）________ 旗（县）[填空题]

2. 请问您的性别：[单选题]　□男　□女

3. 请问您的年龄 ________ 岁

4. 请问您的受教育程度 [单选题]

□小学及以下　□初中　□高中　□大专及以上

5. 请问您家庭人口________ 人，劳动力有________ 人，自有耕地面积有________ 亩，土地流转后（含转入、转出）实际耕种面积共有________ 亩 [填空题]

6. 请问您家从事农业劳动________ 人，分别受教育程度：小学及以下________ 人；初中________ 人；高中________ 人；大专及以上______

__ 人［填空题］

7. 您家属于哪种经济主体［单选题］

□普通兼业农户 □种粮大户 □家庭农场 □农村合作社成员

8. 您家位于［单选题］

□高原 □平原 □丘陵 □浅山 □深山

9. 请问您家耕地适合种植［多选题］

□水稻 □大豆 □玉米 □小麦 □其他

10. 您家的水稻种植面积，2017 年________ 亩 、2018 年________ 亩、2019 年________ 亩、2020 年________ 亩［填空题］

11. 您家销售稻谷的主要渠道是［多选题］

□粮贩子 □粮食加工企业 □私有粮食收储企业 □国家指定的粮食收购点 □自己用，不卖

## 二、稻谷生产者补贴与收购政策相关问题

12. 您熟悉稻谷生产者补贴（或目标价格补贴）政策吗？［单选题］

□非常熟悉 □较熟悉 □一般 □较不熟悉 □非常不熟悉

13. 国家降低稻谷的最低收购价格并实施生产者补贴（或目标价格补贴）后，您种植（或认为别人种植）稻谷的总收入，是否增加了？［单选题］

□严重增加 □略微增加 □不变 □略微降低 □严重降低 □说不准

14. 您认为国家给予农民种植每亩水稻的生产者补贴（或目标价格补贴）是否合理？［单选题］

□严重偏高 □略微偏高 □合理 □略微偏低 □严重偏低

15. 自 2020 年起，国家首次对稻谷实施限量收购政策，您对这一政策变化是否熟悉？［单选题］

□非常熟悉 □较熟悉 □一般 □较不熟悉 □非常不熟悉

16. 请问您在水稻生产过程中，是否担心资金不足影响生产？［单选题］

□非常担心 □比较担心 □一般 □比较不担心 □完全不担心

17. 自 2020 年起，国家首次对稻谷实施限量收购，并规定限额收购量与往年实际收购量接近，与往年相比，您是否会担心稻谷会出现卖难问题？[单选题]

□非常担心　□比较担心　□一般　□比较不担心　□完全不担心

18. 由于 2020 年国家对稻谷实施限量收购，与往年相比，您是否急于将稻谷在收获后尽快卖掉呢？[单选题]

□非常急　□比较急　□一般　□比较不急　□完全不急

19. 由于国家补贴与收购政策的变化，自 2021 年起，您是否会减少稻谷的种植面积？[单选题]

□大幅减少　□稍微减少　□不变　□略微增加　□大幅增加

20. 您对国家正在实施的稻谷补贴与收购政策有什么样的看法或建议：[填空题]

________________________________________

本次问卷调查结束，再次感谢您的配合，祝您生活愉快！